名师培养对象个人专著系列丛书

初心：
小学数学教研行与思

陈晓燕 著

世界图书出版公司

广州·上海·西安·北京

图书在版编目（CIP）数据

初心：小学数学教研行与思 / 陈晓燕著.—广州：
世界图书出版广东有限公司，2019.5
　ISBN 978-7-5192-6204-4

　Ⅰ.①初… Ⅱ.①陈… Ⅲ.①小学数学课—教学研究
Ⅳ.①G623.502

中国版本图书馆CIP数据核字(2019)第076476号

书　　名	初心：小学数学教研行与思
	CHUXIN：XIAOXUE SHUXUE JIAOYAN XING YU SI
著　　者	陈晓燕
责任编辑	刘　旭
装帧设计	苏　婷
责任技编	刘上锦
出版发行	世界图书出版广东有限公司
地　　址	广州市海珠区新港西路大江冲25号
邮　　编	510300
电　　话	(020) 84459701
网　　址	http://www.gdst.com.cn/
邮　　箱	wpc_gdst@163.com
经　　销	新华书店
印　　刷	广州市迪桦彩印有限公司
开　　本	880 mm × 1 230 mm　　1/32
印　　张	12.25
字　　数	318千字
版　　次	2019年5月第1版　　2019年5月第1次印刷
国际书号	ISBN 978-7-5192-6204-4
定　　价	49.80元

序 言 一

一位数学教研的行者

—— 我所认识的晓燕老师

　　我初识晓燕老师是在 2006 年 9 月，那时她第一次参加广东省地级市辅导员会议，给我的印象是：不苟言笑，稍显内向。她自我介绍说：2003 年从长沙来到东莞，2006 年 7 月通过东莞市教育局公开招聘，成为小学数学教研大家庭中的一员。

　　随着工作中的不断接触，我对她的了解逐渐加深。她的言语仍然不多，教研却做得很扎实、很投入。她有自己独特的思考，对教育有一份特殊的执着与笃定，是一个有思想、有研究、有成果、行胜于言的教研工作者。

　　"有思想"：在多次广东省数学教研工作经验交流及活动方案的讨论中，平时言语不多的她，发言时思路清晰、言简意赅，总能有自己独到的见解，给人以思考和启发。关于数学教育教研的理解、对教师培养的认识、对教研活动如何有效开展的思考与实践等，她既有大局观，又能关注细节，思虑周全、细致，从中我们不仅能看出其用心，更能看出其智慧。

　　"有研究"：一方面是参与过晓燕老师所主持的两个课题的结题鉴定。第一次是在 2010 年，她的省级立项课题《小学数学专题式教研活动的实践与研究》结题，邀请我做鉴定专家，阅读厚厚的几本成果集，在感叹其扎实研究的同时，更欣赏其规范的研究方法、严谨的研究态度，以及将"教研与科研"巧妙融合的工作智慧。第二次是在 2016 年，晓燕老师的市级招标课题《小学数学课程内容适切性研究》结题，再一次感受晓燕老师不懈研究的教科研情怀。另一方面是几次参与其组织开展的教研活动，发现她总能在常规中寻求突破，善于创新。如：将传统的"说课比赛"设计成"自选课题说课＋现场问答""自研课题说课＋现场抽签说课"等方式，既保留传统说课的优点，又突破其局限性，可见其对教研活动组织、策划、实施各环节的用心研究。第三是不断在《广东教育》《小学教学》《小学数学教育》《中小学数学》以及人大复印报刊资料《小学数学教与学》等杂志上读到晓燕老师发表的文章，印象中，每一篇文章都有其独到的研究视角。

　　"有成果"：一方面是教研工作完成出色。仅从完成省教研工作一个侧面便可知其一二。无论何时布置何项工作，晓燕老师都能在第一时间高质量完成；参加全省各项评比，东莞的成绩也都十分突出。另一方面是晓燕老师个人成果、业绩突出。主持的课题先后获"第八届广东省普通教育教学成果奖"二等奖，"广东省中小学教育创新成果奖"二等奖（2次），"东莞市普通教育科研成果一等奖"等奖项；发表的论文，仅被人大复印报刊资料全文转载的就有 4篇，足见其研究的高度和质量；近几年，时不时听到关于她的喜讯：被评为"广东省新一轮'百千万人才培养工程'小学名教师培养对象"、被选为"广东省名教师工作室主持人"、被聘为"国家义务教育质量监测视导专家"，通过正高级教师评审……

　　如今，喜闻晓燕老师的著作《初心：小学数学教研行与思》即将出版，甚是为她高兴！

拿到书稿，慢慢读来。书中关于教研的思考与实践、对课堂教学的观察与分析、学习的收获和体会，一篇篇文字，质朴却又充满教育情怀。20多万字，是晓燕老师对教育、教研、学科教学的思考，更是一位在小学数学教研沃土上扎实耕耘的"劳动者"的收获。

上篇"研者有其道"中，介绍了教研活动的策划与组织、教研案例的撰写、调查问卷的设计等教研技术层面的问题，给教研工作者良好的引领和示范。中篇"教者有其径"，可以看出晓燕老师课例观察和研究的高度。她对学生数学核心素养培养的关注，对当前教育热点问题的思考，对教育价值、教学目标定位的分析等，既结合具体课例，又有理论高度，值得一线教师认真研读、学习。下篇"学而有所悟"中，关于教育细节、我国台湾中小学补救教学、澳大利亚小学教育及NAPLANP评估项目的介绍，以及对我国基础教育的启示的分析，除内容值得学习之外，分析问题的理性态度、独特的观察视角同样能给我们启发和思考。

相信读者朋友会和我一样，通过文字的阅读，看到一位勤于学、敏于思、善于研、笃于行的优秀数学辅导员。

广东省教育研究院教学教材研究室主任　曾令鹏

2019年1月8日

序言二

初 心

实话实说，走上教师之路并非我的初心。年仅 16 岁的我，是在母亲所谓的"女孩当老师是最好的选择"的强大"理想"支配下被迫报考的师范学校。

与此相反，做辅导员却是我的自觉追求。具体说不清从什么时候开始萌发这一职业意愿。也许是当教师后第一次参加教研活动，学科辅导员的专业精神震撼了我；也许是在长沙工作时，参加小学数学青年骨干小组，辅导员黄生瑛老师那份敬业、专业深深感染了我；也许是做教师之后一直喜欢琢磨学科教学……总之，我发自内心地想做一名辅导员。

2005 年，这一愿望得以实现，我被调到塘厦镇担任数学辅导员。2006 年，通过东莞市教育局公开招聘，成为东莞市小学数学辅导员。

记得刚走上辅导员岗位时，领导让我们同期招聘的六个辅导员写职业发展规划，我借用了郭元祥教授"教育人生"的概念，写下"我的'教研人生'"的职业规划："于我而言，辅导员不仅仅是一个职业、一份工作，而是我人生的一部分。我要让其充实我的生活，完善我的人生。"

十三年来，我谨记自己的初心。在小学数学教研路上，不懈学习、踏实研究，努力让自己更好，以配得上这份职业，担得起"研究者""指导者""服务者""引领者"的角色。每一项教研工作的开展，我都问自己：你让参与的老师有收获了吗？如何让更多的人有收获？

如何让大家在参与中成长？有没有更好的方式？……每一次走进课堂，我都想：数学学习最终需要给孩子留下的是什么？这节课如何上能让孩子有更大的收获？如何与老师交流，能让他们实现教学相长？……这本书是我近五年来教研工作中学、思、研的部分记录和见证！之所以取名"初心"，一是每一篇文章都是当时自己对小学数学教、学、研的最真实的思考和感悟，发自内心，本真而纯粹；二是提醒自己不要忘记当初那份追求辅导员职业的本心。

全书分为三部分：上篇"研者有其道"，主要从辅导员角色定位、教研活动组织策划、教研工具、方法等角度探讨如何有效开展教研工作。8篇文章、4个案例均来自近几年工作中的行、思、悟，与教研同行交流，期待批评斧正；中篇"教者有其径"，侧重于小学数学课堂教学，是基于我日常观课、研课之后的思考，望能引发一线教师对教学的更多关注和探讨；下篇"学而有所悟"是近年来阅读、培训、学习考察的心得与感悟，有随感，有学习笔记、有考察报告，也有关于教育评价及学习弱势学生扶助的专题性文章，与同好者交流。

纪伯伦曾说："不要因为走得太远而忘记当初为什么出发。"整理这些文字，我回顾和重温了教研工作中的点点滴滴，再次忆起当年做辅导员的初心，鞭策我更好地前行。感谢一路上帮助过我的知名和不知名的朋友！

陈晓燕

2018年10月8日

目　录

上篇

研者有其道

小学数学辅导员角色定位及其实现

一、辅导员的"尴尬"

浙江省教育厅教研室刘宝剑主任总结辅导员的"尴尬境况"如下：

课程改革少不了，多方批评不讨好；

教学研究少不了，成果档次不太高；

教师成长少不了，晋级评优机会少；

质量提升少不了，论功行赏被忘掉；

教育发展少不了，专业定位不明了。

以上是身为辅导员的尴尬，作为我市辅导员[1]，除了以上尴尬之外，还面临以下"多层尴尬"：

1. "身份"不明

严格来说，在广东省，镇（街）教育办（局）这一机构是不被认可的。但由于东莞特殊的行政建制，即市级行政机构之下没有县级行政机构，直接管辖到镇（街道），所以镇（街）教育办（局）一直存在，但又没有明确的定位。因此，教育办（局）的工作人员，身份也一直不明确，干着辅导员的活，但又不是严格的辅导员身份，连称呼都有区别，叫"辅导员"，其编制也挂靠在学校，评优、评先、评职称等都面临诸多理不顺的问题。

---

[1] 辅导员：本市内对镇、街道及市直属学校负责小学数学教研工作人员的特殊称谓。他们担当辅导员的角色，但又不是专职辅导员，每人身兼数职，负责 2—3 个学科。本文为"东莞市小学数学辅导员培训班"开班讲稿.

2. "专业"不专

由于教育办（局）这种"不被认可"又"现实存在"的特殊境况，其工作人员的配置等方面一直没有明确的规定，每个辅导员都身兼数职，除负责自身专业所在学科教研工作外，还要负责另外 1—2 个学科的教研，以及其他诸如少先队、民办学校教育管理、科技活动，甚至妇联、工会等工作，所以很多辅导员自嘲为"万金油""千手观音"。

3. 工作境况——忙，却说不上忙什么

辅导员是忙碌的一群人，因为教育办（局）的上级机构有两个：一是市教育局。市教育局各个功能科室所开展的工作，下发的通知、文件，教育办（局）都需要有人员负责落实、跟进；二是镇（街道）政府和党委。行政上，教育办（局）属于镇（街道）级政府管理，政府所开展的相关工作（如卫生、文艺汇演、庆祝活动等），只要涉及教育，都需要通过教育办（局）去组织、落实。然而，教育办（局）工作人员，一般就只有 10—15 人。可以想象，要完成以上两个上级行政部门布置的各项工作，每人必须身兼数职，工作状态除了忙，还有杂、琐碎，用于学科教学研究的时间和精力也就非常有限。

二、辅导员的角色定位

虽然很忙，但每个辅导员还是非常尊重和在乎自己的专业及专业发展，也一直努力把自身定位在辅导员这样的角色层面。那么，我们需要先回顾一下辅导员的角色定位，即辅导员是什么？需要干什么？其作用是什么？

1. 权威论述

辅导员是我国特有的现象，在世界教育史上独一无二。目前，我国约有专职辅导员 10 万余人。关于教研室的职能及辅导员的工作性质，

权威性文件有原国家教育委员会于 1990 年颁发的《关于改进和加强教学研究室工作的若干意见》。其中明确规定："教研室是地方教育行政部门设置的承担中小学教学研究和学科教学业务管理的事业机构"、辅导员应"有系统、扎实的学科基础理论和专业知识；有一定的教育科学理论素养和较丰富的教学实践经验；掌握教学工作的一般规律，能运用科学的方法开展研究；具有一定的指导教学工作的水平和组织管理工作的能力。……全心全意为教学第一线服务"[1]。2001年，《国务院关于基础教育改革与发展的决定》中指出："教研机构要充分发挥教学研究、指导和服务等作用。"[2] 由以上文件可以看出，辅导员的工作职责主要为教学研究、指导、服务，兼一定的组织管理。

2. 专家观点

刘宝剑认为：辅导员的角色，之于行政是师爷、钦差；之于校长是伙伴、督察；之于教师是教练、裁判，因此，他提出辅导员应成为"五台高手"，即：统观全局，登得上"高台"；专业引领，站得稳"讲台"；激励先进，搭得起"舞台"；规范竞争，把得牢"擂台"；助师成名，坐得住"后台"[3]。

崔允漷则认为，"辅导员的角色需要定位在专业的课程领导者"，即"政策执行者、课程设计者、发展服务者、专业指导者、质量促进者"。[4]

3. 一位辅导员的自我描述

"我一直默默无闻地在做一名历史辅导员需要做和能够做的工

---

[1] 国家教育委员会.关于改进和加强教学研究室工作的若干意见.教基［1990］013 号.

[2] 中共中央、国务院.国务院关于基础教育改革与发展的决定.国发［2001］21 号.

[3] 刘宝剑.辅导员应当成为"五台高手"［N］.中国教育报，2007-04-13（5）.

[4] 崔允漷.论教研室的定位与辅导员的专业发展［N］.上海教育科研，2009（8）.

作。黎明即起，奔赴分布在城乡的各级各类学校，听课，与老师座谈、交流，评课（这也许叫"指导"吧）；或迅速集结于某处便捷宾馆，与3到4名历史教师组成命题团队，秘密命制高三检测题、学业水平测试题、以及期中期末考试题（这也许叫"教学质量监控"吧）；或马不停蹄地赶往某个会场，听专家讲座、同行经验宣讲、领导训话；或汽车换火车风尘仆仆地行走在祖国的一个又一个城市，参加各级研讨会，希望采得东山玉，攻我西山石。"

"辅导员是教育园地的边缘人和小角色，如果说辅导员还能有点作为的话，那完全靠和广大教师朋友加兄弟的温情。'你对我好，我才对你好'支撑着辅导员和教师的交往关系，与教师相处，行政命令式的'绝情'，是没有用武之地的。"

4. 应有的思考——现实工作中，辅导员的角色定位

文件、专家的阐述，也许过于抽象和概括。我们不妨着眼于自身教研工作实际思考：辅导员在工作中究竟扮演了哪些角色？从本市教研现状及本人多年教研工作经历而言，个人认为，辅导员的角色分为以下几方面：

①在学科发展中，辅导员是"领头羊""舵手"。

②在教研活动中，辅导员是"策划者""组织者""引领者""参与者"。

③在学校行政面前，辅导员是"伙伴""服务者"。

④在教师专业发展中，辅导员是"伯乐""引领者""助跑者"。

⑤在主管领导面前，辅导员是"参谋""执行者"。

三、辅导员角色的实现——思考与建议

辅导员一职，工作涉及的对象相对较多，在不同对象面前扮演的角色各不相同，如何实现每种角色的要求？应注意哪些问题？有哪些

工作方法与策略。以下是本人的体会和感悟。

1. 立足学习与研究，在学科发展中扮演好"舵手""领头羊"角色

"舵手""领头羊"有一个共同特点：把握方向。学科教育教学该怎样走？走向哪？辅导员承担着重要责任。在很大程度上，辅导员的专业水平、教育理念决定着一个区域内该学科教育发展的状况，教师、教学及教研的成就。要当好"舵手"，至少需要具备三方面的能力：研究、指导、管理。在这三者中，研究是基础，是立身之本。研究主要包括以下几方面：①教育思想、教育理论；②学科教学（课标、教材、教法、学法、评价等）；③教师专业发展；④教研方式方法。

体会与建议：

第一，意识和态度至关重要。有句话说得好：你永远没法叫醒一个装睡的人。如果辅导员自身没有研究的意识和态度，他人永远无法帮助其提高。

第二，多学习、勤思考。其实这是每个职业，或者说每个人都需要具备的能力。辅导员的学习，不仅要关注学科教育教研，还应站到整个教育甚至社会发展的高度。不仅阅读本学科相关书籍，参加与学科相关的培训与进修，还应有更广泛的阅读，应适当参加其他学科的活动，这样才能有更高的视野，才能避免"学科本位"的狭隘。

第三，讲究研究方法。方法得当，事倍功半。研究方法要注意科学性，要尊重客观规律，注意用事实、数据说话，尽量避免经验型、感觉型研究。包括研究报告和论文的撰写。

第四，注重积累。这里的积累包括学习资料的积累、研究资料及研究成果的积累等方面。平时要善于分类，要有较强的捕捉、收集、整理信息的意识和能力。

此外，根据目前我市辅导员队伍的实际情况，补充以下建议：

①一定要独立主持课题研究，经历课题研究的过程。②一个阶段内要有一项重点（核心）关注的内容。目前阶段需要重点关注的有以下方面：《课标（2011年版）》的学习；人教修订版教材的使用与实践；学生"学"的研究（以学反思教）；教师专业发展及骨干教师队伍建设研究等。③课题研究与教研工作保持一致。

2. 精心策划、认真组织，在教研活动中扮演好"策划者""组织者""引领者""参与者"角色

教研活动的开展是辅导员常规工作。在教研活动中，辅导员既是活动的策划、组织者，又要亲自参与其中，做好引领者、主持人。关于教研活动策划意识与组织能力，推荐阅读张丰所著的《校本研修的活动策划与制度建设》。其中提到"有效教研活动的特征"包括："研究主题与形式的针对性、活动过程的可参与性、解决问题的建设性、研究主题的连续性和渐进性、关注过程的生成性、理论结合实践的指导性"[1]。"教研活动的组织与策划"包括："形式背景的分析与教师需求的调查、活动环节的策划与教师参与点的设计、教研活动的准备与调控（主持调控技术）、行为跟进"[2]。以上所涉及的每一个要素，都是教研活动策划和组织过程中需要认真考虑的。当然，把握前沿信息、立足本区域实际是教研活动策划的两个基点，需要辅导员修炼好"顶天立地"的能力。此外，需要特别强调的是：凡事预则立，不预则废。每一项活动都要及早规划、精心设计、关注细节、有充分的准备。

---

[1]　张丰.校本研修的活动策划与制度建设［M］.上海：华东师范大学出版社，2007：73-79.

[2]　张丰.校本研修的活动策划与制度建设［M］.上海：华东师范大学出版社，2007：94-108.

需特别提到的是：教研活动一般分为研讨展示类和评比评选竞技类。在后者中，设计活动方案时，需要充分调研和广泛征求意见，尽可能考虑各方因素，制定公平、公正、科学、合理的评选方案；在实施过程中，一定要坚守评选规则，坚持原则，也就是刘宝剑主任所说的"规范竞争，把牢擂台"。辅导员工作的大忌之一就是"评比中不坚持原则，让自己威信扫地"。此外，评选类教研活动还应充分考虑研究的要素，增强"研"的成分，淡化"评"的成分，避免为比赛而比赛。

3. 替学校着想，在学校行政面前扮演好"伙伴""服务者"角色

辅导员与学校行政之间：一方面，辅导员的工作需要学校的支持和配合，例如：调用学科教师、承办教研活动、落实各项教研工作等；另一方面，学校教学教研及教师专业发展需要辅导员的指导和引领。所以，大家更多是伙伴、合作者的关系。站在辅导员的角度，还应该做好服务，因此是"服务者"角色。在"伙伴""服务者"角色中，应注意以下几点：①替学校着想。牢记自己"服务者"的角色，学会站在学校立场（特别是学校行政工作的立场）思考问题，交流时应真诚、坦率、专业，应避免"学科本位"思想及"领导者"思想［有些辅导员认为自己是教育办（局）工作人员，是学校的上级，学校应该服从自己的工作；有些辅导员只考虑自己学科工作的重要性，没有顾及学校的整体工作等］。②切忌随意评价。也许，在安排工作时，辅导员把自己当"领导"，学校行政却不一定认可；但在某些特定情境下，辅导员就是"领导"。例如：对学科教师的业务能力、专业水平的评价，对其他学校教学教研情况的评价等。这时候，辅导员是专业人士，是"专家"，所说的话具有一定"权威性"。正因为如此，在与学校行政的工作交往中，切忌随意评价，一定要"想好再说""实事求是地说""智

慧地说"。

4. 甘当人梯，在教师专业发展中扮演好"伯乐""引领者""助跑者"角色

学科教师是辅导员工作的核心对象。教研活动的每一项工作都需要学科教师的参与。学科教师的专业发展，学科教师队伍建设是辅导员工作的重点之重点。在这一工作中，辅导员要扮演好"伯乐""引领者""助跑者"的角色。

"伯乐"的首要本领就是善于"识人"。辅导员要善于识别和了解教师队伍中（特别是骨干教师团队）每位教师的专业水平、业务能力、性格特点、个人修养以及所长所短等。

当好"引领者"，首先需要自身业务指导能力和水平。其次，要了解教师的类型、成长规律及不同发展阶段的教师需要的服务和帮助，有针对性地进行指导和引领。例如：教师队伍中可能有新教师、"点子"型教师、表演型教师和工匠（教书匠）型教师等。新教师可塑性大，有发展潜力；"点子"型教师常有好的创意，并能落实于教学设计之中，但不善于自己在课堂上表达、展示；表演型教师具有较强的表现力，能用好现成的教学设计，但可能缺少自己的思考和见解；工匠型教师有较丰富的教学经验，常按惯性运作……那么，如何让新手型教师由稚嫩走向成熟；表演型教师具备自主研究的能力；"点子"型教师向研究型教师发展；工匠型教师具有研究意识和水平，向专家型教师发展。以上都需要辅导员有清晰的了解，做好相关研究，并有计划地设计引领路径和方案。

当好"助跑者"，就是要甘当人梯，多搭平台，为教师的专业成长和自我发展提供助力和服务。

在教师专业发展或队伍建设中，目前存在的问题主要有：

（1）不善于"识人"

部分辅导员对本区域内学科教师不甚熟悉和了解，以至于开展教研活动时找不到合适的教师承担相应的任务，既没法高质量地完成日常教研活动的开展，也没能有效促进教师的专业发展。

（2）不善于"用人"

一方面是没有充分发挥区域内有专长的教师应有的作用；二是"用人不当"，喜欢用"听话"的教师，不喜欢用"有能力"的教师。其原因是：觉得"听话"的教师态度好，容易沟通、乐于接受任务。"有能力"的教师往往不怎么"听话"。但似乎忽视了一点："听话"的教师，往往缺少主见，思考力相对弱一些，研究和专业也就会差一些，在活动中往往难以发挥示范、辐射作用。当然，理想的状态是既"有能力"又"听话"。但二者矛盾时，该如何处理和选择呢？

体会与建议：

（1）牢固树立"以人为本"的思想

学科教师是一个较大的群体，也是辅导员服务的主要对象。凡是与人打交道，首先需要确立的思想就是"以人为本"。具体来说，就是要做到"尊重人的天性、善待人的差异、宽容人的缺点"。

（2）用人所长、避其所短

人无完人，每个人都有其长处，也有其短处。在搭平台、用教师、促其发展的过程中，要用人所长，避其所短。例如：有的教师课堂教学很优秀，但不擅长教学研究；有的教师擅长研究和指导，但不适合自己亲自上示范课；有的教师组织、协调、统筹能力很强，但业务能力稍弱；有的教师写作能力很强，现场表达效果却不一定很好……。在每一次搭平台、使用教师的时候，都要尽可能发挥每个人的长处，让他们有能力、出色完成，从而感受成功的喜悦、激励其进一步发展。

（3）帮助其"化短为长"

是不是每次都用其所长呢？也未必如此。适当的时候，要在其"短处"给予一定的任务。俗话说，有压力才有动力。但作为辅导员，要特别注意：一是找合适的时机，所给的任务要能在其努力之后能较好完成，且不影响整体工作的开展；二是必须提前给予帮助和指导，让其在活动前做好充分的准备，活动中有良好的表现，自信心也就随之增强，"短"也就慢慢变成了"长"。

（4）多搭平台

教师的专业成长，特别是骨干教师的成长，需要各种平台。辅导员要善于搭建多种平台，让学科教师有展示、交流、学习、研讨的机会。

（5）关注全体

在教育中，我们经常会提到"面向全体"。在教师专业发展中，辅导员也同样要关注全体。虽然教研工作离不开骨干教师，骨干教师队伍建设是一种必须；但同时，不能只抓骨干教师，而忽略全体教师的专业发展，特别是"后进"教师的专业发展。对"后进"教师，要进行课堂跟踪，并进行必要的、具体的指导，促其能站稳讲台、保障教学质量。

5. 着眼共赢理念，在主管领导面前扮演好"参谋""执行者"角色

辅导员在主管领导面前扮演的角色，无非面临以下三个问题：

①怎样汇报工作？

②怎样争取资源与支持？

③怎样将领导的意图变为现实？

首先需要有一个基本理念和思考点：即"你好！我好！大家好！"简单说，就是"既让领导满意又有利于自身工作的开展，有利于学校、学科、教师、学生的发展"。

而现实中常见的问题则是：

（1）汇报工作

①时机不对，在领导忙或心情不好的时候汇报工作；②汇报前自己没有充分思考和提炼；③定位不准；④不明白自己的目标以及怎样达到。

（2）执行任务

①不明白领导意图；②拒绝心理；③应付心理。

体会与建议：

（1）摆正位置

没有领导喜欢跟自己作对的下属，哪怕下属是正确的。因此，当意见与领导不一致，甚至自己的想法非常正确时，也请注意"下属"的身份，找合适的时机、用合适的方式进行沟通。切忌当面拒绝、顶撞领导。

（2）请示工作时，做好充分的准备

首先，要想清楚说什么，怎样说；其次，要准备多种方案，以备领导提出不同意见时供其选择；第三，多角度思考，学会临场应变。

（3）换位思考、不钻牛角尖

工作中，不可能事事都朝自己的预想发展。也许，站在自身角度觉得不合理的事情，从领导的立场出发也就合情合理。因此，当你面对你认为不合理的事情时，应有的基本思考点是：存在就是合理，学会分析其合理的一面，学会换位思考、"积极"思考。

最后，以下观点与大家共勉：

①"研究"和"指导"是教研员的立身之本，"指导"建立在深入"研究"和真诚"服务"的基础之上，"服务"则不仅需要服务的精神，

更需要服务的水平，因此，我们要不断提高自身服务的水平。

②牢记：真心待人、诚心助人；坚持原则，积累诚信；己所不欲，勿施于人。

③时刻保持"共赢"理念，并学会借力。

④在工作中不断积累经验、增长智慧。积累"如何做好工作"的经验，思考"为什么这样能够做好"的道理，形成"以道理指导工作改进"的习惯。

⑤累出效率，累出品味，累出智慧和价值，在出色完成教研员工作的同时不断提升自己的专业发展和人格修养。

教研活动的策划与组织技术

　　教学视导、组织教研活动、参加上级教研部门组织的教研活动是辅导员的常规工作。每学期，我们一方面要组织全市性教研活动 5—8 次，参加上级教研部门组织的活动 2—3 次，每周下镇街（学校）进行教学视导 1—2 次。无论哪种方式，都与教研活动密切相关，区别只是活动中扮演的角色不同。市级教研活动自己是组织者，参加上级教研部门组织的活动我们是参与者，教学视导时参加教研活动则更多的是观察者和指导者。不管哪种身份，总会遇到教研活动中一些共同的现象与问题。

　　如教学视导时常遇到以下现象：1. 参加活动的教师缺乏主动参与和主动思考的意识，具体表现为：不愿交流，互动研讨时习惯听，不习惯表达自己的观点和想法；亦或没有想法，也提不出问题。2. 活动组织者缺乏教研策划和组织意识，具体表现为：基本的活动组织程序不清楚；为什么开展活动？想达到怎样的效果？需要做哪些前期准备？活动过程怎样组织？活动后还要干些什么？等问题没有清晰的思路。又如：参加上级教研部门组织的活动，会感觉：研讨的主题不够聚焦；没有参与研讨和表达的机会；专家引领不到位；活动实际收获离前期预想有一定差距等等。

　　观他人组织的教研活动，也常会反思自身工作，不免追问：是否存在同样的问题？什么样的教研活动受一线教师欢迎？怎样的教研方式更能激发参与者的积极性，调动其参与度？教研活动过程怎样安排更科学有效？

　　可见，教研活动的开展是值得研究的，作为辅导员，应提高教研活动的策划意识、教研过程的组织意识、教研效果的评估意识、教研资料的积累意识。本文先谈谈教研活动的策划和组织技术。

凡事预则立，不预则废。就像发起一次朋友聚会，需要策划主题、选择场地、确定具体时间、准备活动时具体材料（器材、食品、节目等）一样，一次教研活动的有效进行也需要精心的策划和有效的组织。从某种意义上说，教研活动的组织策划水平直接影响着活动的质量和效益，更决定着活动能否持续开展。一个好的策划，不仅能让参与者积极投入，在活动中不断思考，获得参与和成长的快乐，也能充分调动场外教师的热情，使其主动参与，获得思考和改变。

一、教研活动策划的基本流程

一般而言，策划一项教研活动需要经过以下步骤：确定主题—现状诊断与资源分析—确定具体内容与目标—活动流程设计—参与点设计—活动准备（资料、设备、专家等）—活动分工—跟进方式—形成方案—修改、完善。

需说明的是：以上流程，"确定主题"往往伴随着"现状诊断"，大多数时候，教研主题的确定是基于现状需要、现状分析。但确定主题后的"现状诊断与资源分析"是更为细致和准确的工作，是设计活动方案、细化活动内容、制定活动流程必要的准备工作。

二、教研活动策划的关键要素

（一）基于形势背景分析和参与者需求确定活动主题

有研究者曾指出："学生的学习动机与成效取决于教师能否满足他们对于知识和情感的需求。学生的求知欲望和情感需要共同制约着他们的学习态度和学习方式。"成人何尝不是如此，对于教研活动参与者来说，只有能够满足他们专业成长需要、能够解决他们工作中的困惑问题的学习和培训，才能激发其内在的、主动学习、研究和实践的动机和欲望。这就是说，要想使教研活动取得实效，必须了解参与者的真正需求。

一般而言，可以通过教学现状诊断、教学教研情况调研、需求调查、问题征集等方式了解教师需求。例如：每学期末，通过发放以下表格，了解教师教学困惑，搜集教师下一学期教研需求。

本学期（近阶段）教学中遇到的问题与困惑（按重要程度依次列出）		下学期（下阶段）最希望参加的教研活动的主题（依需求程度依次列出）	
1		1	
2		2	
3		3	
4		4	
5		5	

也可以采用先拟定部分主题，再征求意见的方式。例如：我市多年来采用的都是将学期教研计划以讨论稿方式提前一个学期发放，广泛征求意见，再于学期初定稿下发。无论哪种方式，在征集需求的过程中，教师提交表格之后，教研组织者需对问题和需求进一步整理、分类、筛选，再结合当前教研形势，如：学科热点、要点问题；教育发展大趋势等进行综合分析与考虑，最后才能确定教研主题。

在征集问题和需求的过程中，应尽可能采用多种方式让教师愿意公开其内心真实的想法。其中，民主氛围的营造必不可少，采用合理的方式保护教师隐私，让其既能说出真实的想法又不必担心自身教学水平、专业能力受到怀疑也是必须考虑的因素。因此，方式方法的选择，细节的考虑都尤为重要。此外，应尽可能对征集结果及主题确定作出必要的说明和解释。一方面是对提交问题和需求的参与者的一个交代，让其感受到教研组织者的真心与诚意；另一方面是通过这种方式进一步明确和强化要研讨的主题，让大家有准备地参与。

教研主题的确定还需注意以下问题：

（1）主题的连续性和渐进性

一次活动能给予教师的影响是有限的。一个主题的研究往往需要多次活动才能达成良好的效果。因此，活动主题的确定要注意连续性和渐进性，如：可以将大主题细化为若干小专题，开展某一主题的连续研究，或者围绕某一主题开展两次或三次的反思跟进式研究等。

（2）单次教研活动的主题需具体明确

对于单次教研活动，主题的确定应该有较强的针对性，研究的问题应明确具体，应与参加活动的对象匹配。

（二）做好资源分析，充分运用各种有利资源

主题确定之后，一个非常重要的工作是：寻找与该教研主题相关的资源，与之建立联系，尽可能争取最大化的支持。支持教研活动顺利开展的资源包括人力资源、物质资源、信息资源等。人力资源主要是指教研活动过程中的组织人员、特邀的专家、领导及活动中承担一定角色任务的人员（如：主持人、重要发言者等）。物质资源指活动过程中所需要的一切物质方面的资源，如：活动场地布置、资料印刷、教研经费等。信息资源主要包括两方面：一是文本信息，主要指提供给参与者的学习资料；二是视频等信息，如活动过程需用到的视频资料以及活动过程录像等。以上资源中，要特别重视人力资源分析，活动组织人员一定要责任心强、协调能力强，特邀专家一定要保证其专业引领性和指导力。对特邀专家，一是要分析其研究成果，是否真正能在该主题方面达到活动需要的引领目标；二是要分析其讲课风格，

是否与活动参与者切合；三是分析其个人修养和做学问的品格，是否能给教师以示范和引领。值得注意的是：专家引领资源不单指外请，还包括本区域内的专家。在物质资源方面，要考虑的因素一是以最少的消耗办好活动，二是尽可能不给活动承办单位增加负担。

（三）把握细节，精心规划活动流程

确定主题、分析各种资源之后，接下来就是制定教研活动方案。活动方案要尽可能详细、具体。目标描述要清晰、明确，活动的时间、地点、参加人员及要求等都应具体呈现，要列出详细的活动安排表及会务工作说明清单（即对活动场所、环境、条件及组织人员安排的具体要求）等。其中，活动流程是策划的关键要素，需把握以下要点：

1. 精心设计研讨引子

一个好的教研活动，从一开始就将参与者带入思考场。这种带入，需要一个能引发思考的案例或话题。因此，教研活动的开场，并不只是简单地介绍活动流程，还需要精心设计能引发思考的案例、话题或问题。如：课例研讨活动中，可以通过"导课"的方式，对即将呈现的课例所承载的研讨任务进行简单介绍，抛出课例研究过程的心得与困惑，让观课者带着问题有目的、有思考地观课。

2. 精心设计教师参与点

教研活动中，教师的主动参与、有效参与是其获得专业成长的关键因素，也是衡量教研活动效果的重要标准。而现实的情况却恰恰相反，不愿参与、不主动参与，旁观者心态十分常见。那么，如何设计参与点，保障教师能主动参与、主动思考。

（1）提前发布活动主题与方案

教师不愿参与，除了研讨的主题不切合其实际需求因素外，更主要的是没有准备，缺乏思考，不知道说什么，怕说错……因此，提前发布活动的主题和方案，让教师有准备的参与是一种有效的方式。就我市而言，一般提前半年发布学科教研工作计划，计划中附上一学期内所有教研活动的方案。尤其是评比类教研活动，方案详细、具体，涉及每一个环节每一项细节。

（2）提供相应的学习素材

为让教师更好地投入，更有效地参与，为参与者提供相应的学习素材也是一种有效方式。例如：我市举行的说课比赛、教学能手评选等活动，均提前三个月提供学习参考书目，让参与教师有准备、有计划地阅读；又如："如何说课"主题教研活动中，事先提供说课视频与思考的问题，让参与者活动前带着问题观看、思考，活动时研讨主动性明显增强。当然，学习素材的选择需要活动策划者依据活动主题和实际需求精心考虑。

（3）制定明确的参与任务

学习和提高需要"任务驱动"。教研活动中应制定明确的参与任务，并于活动前或活动开始时清晰地发布任务，让大家有准备地参与。教研活动中的任务可以分为以下几类：操作性任务、思考性任务、明确的任务、暗示性的任务等。在设计活动过程时，应具体列出每一环节参与者的目标和任务，并设计好参与方式与细节。

（4）巧妙设计参与方式——让更多的人卷入

有一定的准备，有参与任务，还需要有效的参与方式，才能保证让更多的人卷入其中，主动思考、主动参与。参与方式因具体活动有多样的选择，以下分享我市几个较为成功的案例。

【案例1】

"辅导员教研智慧分享活动"和"骨干教师读书交流活

动"。我们采用"主题分享＋抽签发言"的方式让所有参与者都卷入活动中。"主题分享"是根据活动策划时的资源分析，确定2—3人为主题发言者，围绕某一小专题有准备地报告。"抽签发言"则是将所有参与者的单位制成签，采用随机抽签的方式，抽中者即兴发言。因抽签的随机性和不确定性，所有参与者都必须做好分享准备。活动时，抽签的神秘感让大家既兴奋又有小小的紧张，活动不仅参与度高，氛围也非常好。

【案例2】

"优质课评比活动"中，为了让观课教师认真听课、主动思考，我们采用短信评课，并设置优秀点评奖。当然，现在网络评课很方便也很实用，大家用得也比较多，但是如何避免浅层次点评仍值得研究和引领，对评课设置优秀点评奖，一方面是鼓励观摩教师积极参与，另一方面也可引导其深度思考。

需要指出的是：教研活动的参与方式还有许多，每种方式也各有其优势和局限性，活动组织者需要依据具体情况灵活选择、精心设计。其原则就是尽可能调动更多的人主动、有效地参与，以提高教研活动的实效。

三、教研活动的组织技术

1. 教研活动的发布

一般来说，教研活动要尽早发布，让参与者在各方面做好准备。尤其是评比类教研活动，尽可能提前一个学期或数月发布活动方案；研讨、展示、交流类教研活动，主题与要求，特别是需关注的思考点应尽早发布，活动通知则至少提前一周下发，以便参与者安排好自己的工作，全心参与。

2. 教研活动的现场组织

教研活动现场组织除常规的组织工作外，应注意以下问题：

①按时活动：在规定的时间开始，不等迟到者。

②按时结束活动，不拖延时间。

③清楚地陈述活动目的和要求。

④控制讨论和发言的时间。

⑤注意组织过程的若干细节。

以上几点，守时是为了树立教研常规，而细节往往决定成败。例如：2016 年我市开展的"新教师教学技能评比"，其中"素养测评"环节，每组试题均采用 PPT 呈现，为了避免播放时提前泄露试题或不小心提前播放答案，在 PPT 制作中，我们在试题上设置了绿色长方形盖住试题（图 1、图 2），以确保所有选手在规定时间同时看到试题。在试题与参考答案、评分标准页之间设置了一页黑屏（图 3），避免不小心按快了播放键，导致选手做题时出现答案。

 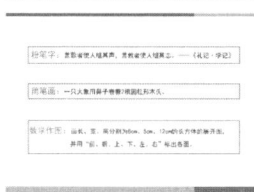 

图1　　　　　　　图2　　　　　　　图3

3. 教研活动的主持技术

教研活动的主持是一项专业性很强的工作，需要指向活动本质的专家型主持。一个好的主持人，须具备以下能力：

（1）较高的专业能力

教研活动是一项学术性很强的活动，主持人不应仅仅起到串联活动的作用，更需在主持中发挥引导、点拨、调控、引领作用。例如：通过一个好的引子，唤起大家对研讨主题的关注与思考；清晰、准确地传达活动所要传达的理念、观点、做法；对活动及时进行点评和小结等等，以上都需要主持人自身有一定的专业素养。

（2）较强的对话能力

很多时候，参与者是否愿意参与其中，是否愿意发言，表达自己的观点与想法，与主持人的对话技巧有很大的关系。一个好的活动主持人，总善于营造对话氛围，能在关键处挑起话题，引发思考和交流，让参与者愿意公开自我；同时，一个好的主持人，也总能把握好话语主动权，善于通过恰当的追问将讨论引向深处，善于用幽默的方式化解尴尬。

（3）灵活的调控与聚焦能力

教研活动中，一旦展开讨论，聊着聊着不免跑题。主持人要能把控全局，及时将跑题者拉回来，避免低效与无效的交流。同时，主持人还需有很强的现场聚焦能力，能根据活动过程中的研讨（发言），寻找重要问题、关键问题，予以概括、提炼，进行强调或突出，促使观点和结论的生成与强化，或者促进讨论和思考的深入。现场点评与小结对主持人是一项考验。

4. 教研活动成果的巩固

一次教研活动，能参加的教师是有限的。如何将教研活动的成果最大化扩散到一线教师中去，这也是教研组织者需考虑的要素。一般而言，有以下方式：

（1）文本资料

将教研活动过程中形成的文本性材料整理出来（如：课例资料、学习材料、专家讲稿、研讨所形成的主要内容与观点等），发给未参与的教师。

（2）撰写活动综述

活动综述不是活动过程的记录，而是将活动中的主要流程，特别是大家讨论的话题，形成的主要观点、做法、结论以及需进一步思考与研究的问题进行阐述，让未参加活动教师能较准确地把握关键问题，达到如参加活动般的效果。

（3）录制视频

将教研活动过程录制成视频，供有需要的教师观看。

总之，教研活动策划与组织是一项整体性、系统性、计划性很强的工作，从前期准备、流程的安排到活动的进行及后期的延伸，每一环节都需要一个个细节做保障。好的策划与组织能够令所有参与者在充分准备的前提下，全力投入到教研活动中来，在活动中获得最大化的收益。

案例 1：
2013 年东莞市小学数学说课比赛实施方案

一、比赛目的

1. 进一步推动我市小学数学高效课堂建设，加强教师对课标、教材、教法、学法的研究，提高教师教学理论水平和教学基本功。

2. 提供交流、学习与研讨的平台，发现和培养骨干教师。

3. 选拔优秀的选手代表我市参加 2014 年广东省第七届小学数学说课比赛。

二、参赛教师

1. 年龄：45 岁以下（1968 年 8 月 31 日以后出生）。

2. 教龄：从事小学数学教学三年以上，并且近三年一直从事小学数学教学（2010 年 9 月 1 日至今）。

3. 在广东省或省级以上课堂教学比赛（录像课除外）及说课比赛中获奖的教师以及五年内（2008 年 8 月 31 日）在市课堂教学评比或说课比赛中获一等奖的教师不参加本次比赛。

4. 参赛教师需认真填写"2013 年东莞市小学数学说课比赛参赛报名表"（附件 1）。

三、说课课例及主题

1. 课例：人民教育出版社出版的《义务教育课程标准实验教科书·数学》1—6 年级的教学内容（数学广角除外）。

2. 主题：小学数学思想方法及其教学

四、比赛程序

（一）镇赛

各镇辅导员自行组织，每镇选一名代表参加片赛。辅导员于 10 月

18 日前将本镇参赛教师的参赛报名表及说课课题上报给本片片长。

（二）片赛

1. 时间：11 月 7 日前。

2. 比赛规则：各片辅导员商议确定。（各片片长组织本片辅导员商议、制定片赛实施方案，方案打印稿需每位辅导员签名确认，电子稿于 10 月 15 日前上交至教研室小数科。）

3. 片赛结束后，片长于 11 月 8 日前将以下资料上交至教研室小数科（电子稿发至 chxy980824@163.com，打印稿直接上送）。

①所有参赛选手报名表（电子稿、打印稿各 1 份）；

②参赛课例教学设计和说课设计（电子稿）（参加市赛的选手的教学设计和说课设计如需进一步修改，可于 11 月 15 日前直接发送至 chxy980824@163.com）；

③片赛结果汇总表（附件 2，可根据片赛方案自行修改）（电子稿）；

④由本片全体辅导员签名的片赛方案、评分表、评选结果汇总表（打印稿）。

4. 各片参加市赛名额见附件 4。

（三）市赛

1. 时间：11 月下旬（暂定 27 日）

2. 地点：根据片赛结果另行确定。

3. 比赛方法

（1）说课

本次说课从要求和形式上都有所改变和创新，具体要求见附件 5。

（2）现场问答

参赛选手说课结束后，从指定题库中现场提取问题，现场进行回答。

（3）成绩计算

说课和现场问答分项评分，评分时均采用百分制，两项成绩之和为选手最后成绩，最后成绩采用说课占80%、现场问答占20%的方式计算。每位评委对说课和现场问答独立评分，上、下午比赛结束后上交评分表，由工作人员输入电子表格，按去掉1个最高分、1个最低分后的平均分计算选手分项成绩，并当场公布。

（4）评委：采取回避制，由教研室小数科及市小数教研会指定7—9人担任评委。

五、比赛结果

本次比赛设一等奖6名，二等奖8名，三等奖若干名（如有并列，则调整各等级获奖人数），同时，将从一等奖中选出1—2人代表我市参加2014年广东省第七届小学数学说课比赛。

六、其他事项

1. 上送资料：

（1）参赛报名表（打印稿、电子稿各1份）。

（2）说课课题教学设计和说课设计电子稿各1份，打印稿各15份（市赛上送15份，镇、片赛由各镇、各片自定）。

［要求：①标题黑体三号，正文宋体小四；②电子文档用"课题（教学设计或说课设计）＋单位＋姓名"的方式命名。］

2. 各镇需积极引导学校、教师重视比赛过程中的收获，组织教师认真学习相关理论，扎实开展教学研究和说课研究，通过比赛促进教师研究意识和专业能力的提升。

附：

2013 年东莞市小学数学说课比赛特别说明

一、关于"说课"项目的说明

本次说课在继承传统良好做法的基础上，结合时代要求和实际需要，进行适当改革和创新，主要遵循"删繁就简，寓教于研"的原则，摒弃传统说课活动中外在的、花哨的、脱离实际的东西，抓住说课活动的本质，使说课活动的功能回归到提升对一节课研的深度和教的效度上来，使说课活动真正为提升教师的教学设计能力和优化日常教学服务。具体说明如下：

1. 说课课例研究的主题：教学中如何有效渗透数学思想方法。

2. 说课时限：10—13 分钟。

3. 说课课题：自选人教版教材 1—12 册课题（数学广角除外）。

4. 说课内容：含说研究、说教学两部分。

说研究主要包括对教材、学生、教法、学法的研究；说教学主要是指教学过程：可以说整个教学程序，也可以只说重点片段，即选择精彩的、有创新性的教学片段进行解说。

5. 说课形式：课前说课。

具体说课流程可以有创新，即：可以先说研究，再说教学过程；也可以先说教学过程，再说研究；还可以有其他创新的方式。总之，把怎样教和为什么这样教说清楚、说明白即可。

6. 有关建议：

（1）本次说课课例研究的主题是"教学中如何有效渗透数学思想方法"，在进行教学设计和说课设计时，尽可能阐述清楚本课例主要渗透什么数学思想，教学过程中如何有效渗透。

（2）以学定教是新课改的基本要求，说教法、学法时，要注重分析学情，立足学生的实际情况，突出教学的针对性，教法、学法可以独立说，也可以自然地融入到教学过程一并说；在说教学活动时，要结合说明教师引导、教学评价的一些方法。

（3）在说课内容的两个主干部分，说研究要概括地、精要地说，重点要说好教学过程。如果采用片段说课，在说片段之前，应当对整节课的教学结构进行呈现，给人整体印象，然后选择精彩片段进行说课展示。

（4）要注意说清本节课的教学内容、教材编排以及与前后知识之间的联系；说清本节课的教学目标、重难点及其确定的理由和依据。教学目标的表述要严格注意区别课时目标与学段目标、课程目标的差异，应采用课时目标表述方式进行表述。

（5）为了提高说课的效率和效果，要注意增强说理、语言、板书、操作等应用技巧，让说课生动有趣，具有感染力。

（6）要实现有效时间内高效地说清对一节课的研究及教学，语言的简洁、精炼、准确非常重要，建议加强对说课内容如何精准表述的研究，注意反复修改说课稿、锤炼说课语言。

二、关于"现场问答"项目的说明

1. 现场问答主要考查选手《数学课程标准（2011年版）》、数学思想方法两方面的知识，推荐以下阅读书目：

（1）《数学课程标准（2011年版）》

（2）《普通逻辑（第五版）》

（3）《逻辑析理与数学思维研究》

2. 每组题目为两道题，第一题为选择题或填空题，第二题为问答题，每题10分。

3. 参赛选手在题库中选择题组号，然后根据题组号现场打开题目，现场进行回答。思考和答题时间一共为5分钟。

案例2：
东莞市小学数学说课比赛"现场问答"试题

第一组

数学是研究数量关系和（空间形式）的科学。

"能认、读、写万以内的数。"以上关于教学目标描述中的动词"能"，与描述结果目标的行为动词（"掌握"）属于同一水平。

简要阐述比较和类比的区别？（可以结合教学实例阐述）

第二组

普通逻辑的基本规律主要有（同一律）、（矛盾律/不矛盾律）、（排中律）、（充足理由律）。

第一学段"问题解决"目标的具体要求是什么？

第三组

认真听讲、（积极思考）、动手实践、（自主探索）、合作交流等，都是学习数学的重要方式。

请结合"平行四边形的面积"或其他课例的教学，阐述类比型猜想和归纳型猜想的区别。

第四组

数学课程资源主要包括：（文本资源）、信息技术资源、社会教育资源、环境与工具、（生成性资源）。

试阐述违反逻辑思维规律的常见错误有哪些？

第五组

义务教育阶段的数学课程是培养公民素质的基础课程，具有基础性、（普及性）和（发展性）。

归纳法可分为哪几类？请举一个教学实例对其中一类的含义进行阐述。

第六组

证明由三个部分组成，分别是（论题）、（论据）、（论证）

《课标》中关于"推理能力"是怎样阐述的？

第七组

小学阶段，"图形与几何"的内容主要包括：图形的认识、测量、（图形的运动）、图形与位置。

数学模型的建立是学生体会和理解数学与（外部世界）联系的基本途径。

衡量思维发展程度的基本标志主要有哪些？

第八组

根据推理中前提与结论之间是否有蕴涵关系，推理可以分为（必然性）推理和（或然性）推理。

请阐述义务教育阶段数学学习的总目标是什么？

第九组

在数学课程中，应当注重发展学生的数感、符号意识、空间观念、几何直观、（数据分析观念）、运算能力、推理能力、模型思想、（应用意识）和创新意识。

请结合教学实例说说化归方法的三要素及化归思想在教学中如何有效渗透？

第十组

思维大体上可以分为逻辑思维和非逻辑思维。非逻辑思维主要包括（想象）、（直觉）、（灵感）。

教师应成为学生学习活动的组织者、引导者、合作者。教师的"引导"作用主要体现在哪些方面？

第十一组

义务教育阶段数学课程目标分为总目标和（学段目标），从知识技能、（数学思考）、问题解决、情感态度四个方面加以阐述。

不完全归纳推理具有怎样的特点？怎样提高不完全归纳推理结论的可靠程度？

第十二组

分类的基本原则是（不重复不遗漏）。

下图中的两个概念属于（矛盾／不相容／全异）关系。

图4

《课标》中关于"数据分析观念"是如何阐述的？

第十三组

运算能力主要是指能够根据法则和（运算律）正确地进行运算的能力。

"1既不是质数，也不是合数"是（联言／复合）判断。

"综合与实践"教学，在进行教学设计时要特别关注哪些环节？

第十四组

数学活动经验需要在（"做"）的过程和（"思考"）的过程中积淀，是在数学学习活动过程中逐步积累的。

请结合一个数学实例，分别阐述分析法与综合法的思维过程。

第十五组

命题的四种形式分别是：（原命题）、（逆命题）、（否命题）和（逆否命题）。

第二学段"数学思考"目标的具体要求是什么？

第十六组

"偶数能被2整除；n是偶数；所以，n能被2整除。" 以上三段论中，小项是（n是偶数）。

演绎推理是必然性推理。完全归纳推理是（必然性）推理。

表述数学课程目标的行为动词有哪些？请解释其中一个行为动词的具体含义。

第十七组

几何直观主要是指利用（图形）描述和分析问题。

基本技能的教学，不仅要使学生掌握技能操作的（程序和步骤），还要使学生理解其中的道理。

谈谈教学中如何培养学生的创造性思维？

第十八组

"三角形分为锐角三角形、直角三角形和钝角三角形。"

以上分类，母项是（三角形）、子项是（锐角三角形、直角三角形、钝角三角形）、分类标准是（三角形最大内角的大小／三角形内角的大小）。

《课标》中关于"模型思想"是如何阐述的？

第十九组

学生获得知识，必须建立在（自己思考）的基础上，可以通过接受学习的方式，也可以通过（自主探索）等方式。

什么是概念？请举出一个数学概念，并说明其内涵和外延分别是什么？

第二十组

评价的主要目的是全面了解学生数学学习的过程和结果，激励（学生学习）和改进（教师教学）。

举一个渗透抽象思想的教学实例，并结合实例简要阐述抽象的基本过程。

"专题式"教研活动及其研究

　　"专题式"教研活动是指在一定时段内以系列活动的方式对某个教育教学问题展开专项研究，并通过序列化教研活动展示推广其研究成果的教研活动方式，与传统教研活动相比，它具有以下显著特点：

1. 教研主题明确化

　　每一个专题式教研活动都有明确的研究专题，"专题"来源于特定时间内某区域学科教学中最突出最亟待解决的问题。因主题明确、内容清晰，所以更具针对性。

2. 教研内容序列化

　　一般而言，一个"专题"的研究，需要系列教研活动来达成研究任务、展示研究成果。而"序列化"活动往往具有全程性、系统性、相对延时性等特点，为教师开展反思性实践提供了较为宽松的活动余地，有利于对问题解决的过程和方式作更为深入的探讨。

3. 教研行为主动化

　　因为活动研究的专题均来自一线教师教学实践，对于解决自身教学工作中遇到的问题，老师们有亲切感，有话可说，参加活动时有主人翁感觉，不会觉得自己是旁观者，就算他们自己对这一问题认识不够、思考不深入，他们也希望并乐于听取其他人对这些问题的看法和建议。因此，开展专题式教研活动，老师们一般都主动参与，积极性高。

　　下面，对专题式教研活动的"选题""流程""实施策略"逐一进行说明。

一、专题式教研活动的选题

"问题"是专题式教研活动的起点，通过对"问题"的提炼，可生成要研究的"专题"，确立了"专题"，也就确立了研究的方向和内容。

（一）"专题"的特征

1. 源于教学教研实践

专题式教研活动是教师或教学研究者针对教学实践中的真实问题所开展的研究，它强调教学问题的解决，因此其研究的专题通常不是来自某种现成的理论，而是来源于教师的教学实践，基本上是基于实践层面的研究。例如：某镇数学教师普遍对教材的理解和解读存在较严重的问题，这就需要开展关于"教材培训"的系列专题式教研活动，达到提高教师教材解读能力的目的。又如：某小学教师在计算教学中，对计算算理和算法的处理感到困惑，于是提炼出"小学数学计算算理教学专题"，并通过一年时间，多次教研活动，理清算理在计算教学中的重要性及具体落实策略。由此可见，专题式教研活动的"专题"多是基于教师日常教学中发现的问题，实际上，面对现实的课堂教学，也的确有太多问题需要思考，需要通过研究来解决。

2. 始于教学反思和教学调研

日常教学中虽处处存在问题，但能否发现问题、提炼问题，这基本取决于教师和研究者是否具有深刻的反思能力和较强的问题意识。从我市开展专题式教研活动的情况看，无论是哪个层面的活动，其专题都是基于教师或辅导员在教学教研反思中发现的问题。因此，从这一层面讲，专题式教研活动必然能唤起教师的反思精神和问题意识。当然，仅能发现问题是不够的，还需要运用科学的方法，对所发现的问题开展调研，进一步理清问题，找到根本问题。特别是比较大型、层面比较高的专题式教研活动，更需要运用教学调研，最终形成活动专题。如，我们在全市开展的"小学数学练习教学有效性专题式教研活动"，其专题就经历了"教学视导发现问题——教学质量调研聚焦问题"的提炼过程。

3. 具有典型性、迫切性和可研究性

教学中的问题无处不在，是否所有的问题都构成研究专题，需要通过开展专题式教研活动来解决？并非如此。一般适合开展专题式教研活动的专题，往往具有典型性、迫切性和可研究性的特点。

所谓典型性，即所研究的专题并不是某一个教师教学中存在的个别问题，而是某一区域内教师教学中共同存在或遇到的具有代表性的问题。如：某位教师教学五年级"多边形的面积"单元时，无论是平行四边形，还是三角形、梯形，在面积计算公式的推导过程中都无一例外地强调"转化"这一数学思想方法，这是该教师教学中个别现象，不足以构成研究专题。但是，当大多数教师，甚至80%以上的教师在多边形面积计算公式推导的教学中，都将教学目标聚焦于"转化"这一数学思想方法时，那么，"数学思想方法在同一教学水平上不断重复的问题"就具有代表性，这时就需要围绕"平面图形面积计算公式的教学"开展相关专题式教研活动，研究每一类多边形面积计算公式教学的核心价值目标。

所谓迫切性，一方面是指研究的专题是紧急且非常重要的，另一方面也指研究的专题是一些根本性、关键性问题。教学中的问题很多，但是问题之间是有联系的，往往解决一个问题，连带可以解决系列相关问题。这时，需要教师和研究者善于发现根本问题，这一点也说明专题的提炼不仅需要问题意识，还需要较强的聚焦问题的能力，善于

透过纷繁复杂的表象看到根本问题所在。当然,这里所说的紧急和重要依各区域教学教研实际情况而定,并不具有确定性。但是,专题式教研活动的专题一定是该区域当时较为迫切需要研究和解决的问题。

可研究性,主要指专题的研究价值。专题式教研活动所研究的专题虽来源于真实的教学环境,但并不是教学中存在的所有问题都具有研究价值,可以构成研究专题。这就需要教师和研究者具有"问题化能力",能够在大量的、随意的教学问题中"聚焦"某个值得"追踪"和"设计"的共性的"关键问题",从而产生研究专题。

4. 宜小而实、 忌大而空

专题的确立一方面要符合教学实际,是教学中真实存在的问题,另一方面要符合整体研究环境及研究者的实际水平和能力。一般来说,专题的选择要尽量追求小而实,大而空的专题让人无从入手。如有的学校确定的研究专题是"探究性学习",此专题确实是当前数学教学的热点和重点问题,但因为"探究性学习"涉及的因素很多,很难在短时期内完成相关研究,也就失去其研究价值。选题小而实,切入点明确,往往容易找到解决问题的办法。

(二) "专题"的类型

专题式教研活动所研究的专题大致可以分为以下几类:

1. 与数学教学内容有关的研究专题

教研活动的本质就是对教学进行研究,教学内容无疑成为其重要研究内容,关于教学内容的专题非常多,如:新课程所划分的四大教学内容领域,每一领域的若干小项,每一小项内又包含若干分支,这些都可以构成专题,通过开展专题式教研活动逐一进行研究。我们认为:这类专题式教研活动对学科教学而言具有统领性作用。因为学科教学内容涉及对学科本质的理解，它决定着教学目标的取舍、教材的解读和使用、教学方法的选取、学生学业评价的内容和方法等，直接影响着教师的日常教学。因此，帮助教师理解并抓住学科教学本质、准确把握教学目标、解读教材和文本等应成为专题式教研活动的研究重点之一。

2. 与学生学习特点有关的研究专题

教学的最终目的是指向学生的学习与发展的，教研活动的研究应重视对学生及学习特点的研究。而对于教育实践者来说，这一方面的研究目前处于较薄弱的位置。其实，学生的生活经验、思维发展特点、认知规律等对教学有着重要影响。例如：对于小学数学教材中"认识人民币"的教学，从成人的角度思考，我们通常认为是很容易理解和接受的内容，可是，实际教学效果却总是不随人愿。反思其原因，我们发现：当前社会，该年龄段的孩子几乎没有独立使用人民币购物的机会，也就是说孩子根本没有这方面的生活经验。那么，在进行本单元教学前，教师就要有意识地安排学生参加一些简单的购物活动，建立人民币使用的初步经验。又如：一年级"左右"的教学，是很多教师感到困扰的问题，后来我们通过对教师和学生进行调查，发现困扰的根本原因在于：根据"儿童左右概念发展的实验研究"，儿童一般在7—9岁时，不仅能以自身为中心辨别左右，而且也能以别人为标准辨别左右。一方面，一年级下学期的孩子普遍刚满7岁或不到7岁，左右概念发展相对还不完善；另一方面，很多教师对这一内容的教学目标把握不准确，出现拔高要求的现象，如要求学生不仅要正确理解生活中"左右"的相对性，还要在观察图片时准确区分左右的相对性，甚至要求学生首先确立观察者，这显然不符合一年级学生认知规律，从而造成教学的干扰。因此，以学生学习特点为研究主题的专题式教研活动应该进一步提倡和加强。

3. 与课程知识有关的研究专题

这一类专题主要侧重于对课程标准理念的理解和落实及数学校本课程的开发。例如：《义务教育数学课程标准（实验稿）》一直强调"学生的数学活动"，提倡"向学生提供充分从事数学活动的机会"、帮助学生"获得广泛的数学活动经验"。但在现实教学中，很多老师抱怨：一旦安排较多数学活动，给学生较多自主探索、合作交流的机会，往往就会完成不了教学任务。我市一个区的辅导员在调研中发现：在日常教学中，该区大多数教师只知道要尽可能安排多一些数学活动，这样才符合新课程理念。但是"活动该怎样组织、活动目的是什么？效果会怎样？"等问题往往欠考虑，以致既费了时又没有效果。因此，该区以"数学活动的设计与有效实施"为专题开展了教研活动，收到良好的活动效果。

4. 与教学方法有关的研究专题

虽然我们一直强调"教无定法，贵在得法"。但是，对于教师而言，是否能根据不同的教学内容、特定的教学环境灵活选择教学方法，是否具有在不同教学方法之间转换的能力是非常重要的。而这一点，需要通过教学研究在实践中积累经验。

5. 与教学行为有关的研究专题

在课堂教学中，教师的教学行为具有各自不同的特点，如教师的教学语言风格、课堂提问习惯、处理学生回答问题的方式、示范操作、板演、教学组织等，而不同的教学行为对教学效果将产生不同影响。因此，围绕教师教学行为开展研究也是专题式教研活动的重要方面。

6. 与数学课型有关的研究专题

小学数学基本课型可以分为"新授课""练习课""复习课""测验课""讲评课""实践活动课"等。其中，"新授课""练习课""复习课""讲评课"几乎占了教学时间的 90% 以上，对于各类课型的基本模式、教学程序、注意问题等的研究就构成非常多的研究专题。如：我市 2008 年开展的"小学数学练习教学有效性"及连续三年均举行的针对六年级毕业复习的"复习课教学专题研讨"等教研活动就属于此类。

（三）"专题"确立的途径和方法

专题的确立依教研活动的层次不同采用的途径和方法也不同，以我市为例，主要有以下方式：

1. 区域性专题式教研活动"专题"确立的途径和方法

（1）通过教学视导、教学质量调研发现问题，聚焦问题，形成研究专题

区域教研中，一般有专门负责教学研究的辅导员。教学视导、教学质量调研是其常规工作。同时，辅导员由于经常深入一线，对教学中存在的普遍性问题、典型性问题较为容易发现和感知，而其所组织的教研活动也需要更高的引领性。因此，对于区域性专题式教研活动，一般可以通过教学视导、调研等方式确立研究专题。

（2）采取自下而上的方式提交教学问题，然后聚焦问题，形成研究专题

自下而上提交问题的方式既适合区域性专题式教研活动，也适合学校教研组。其主要操作流程如下：教研活动组织者提前研究确定并公布大专题（如，"图形的认识"教学）—— 一线教师结合自身教学实际向教研组（或年级备课组）提交大专题领域内个人教学存在问

题——学校教研组（或年级备课组）初步整理，提交本校（本年级）共性问题——教办辅导员（年级备课组长）再次整理，提交本镇（本备课组）共性问题——教研活动组织者整理，提炼并聚焦共性问题，形成教研活动专题。在实践中，我们感觉此种方式生成教研专题，需要注意两点：一是大专题确立及公布宜早不宜晚，以保障各级提交问题、聚焦问题有足够的时间；二是年级备课组长、教研组长、辅导员及辅导员聚焦问题的能力、找关键问题、本质问题的能力要比较强，才能保证专题的价值和质量。

2. 学校教研组专题式教研活动"专题"确立的途径和方法

（1）从集体研课中捕捉研究专题

课例研究是学科教研活动中最普遍、最常见的方式。在集体研课过程中，对同一问题往往会有不同的观点和建议，产生意见的分歧甚至冲突。有些分歧是可以通过大家的进一步探讨、辨析及时得到解决，而有些冲突则需要通过进一步研究才能明朗。教师或教研组织者如果善于捕捉研讨辨析中的关键因素、本质问题，往往能发现和形成优秀的研究专题。

例如，某校在计算教学的课例研讨中，老师们就算理教学在课堂教学的比重问题上产生了意见分歧，有的教师认为：现行教材已经弱化了算理教学的力度，学生只要掌握基本的计算方法即可，无需花大力气在算理教学上，应把大量的时间用于练习上，通过学生反复练习达到提高计算准确率的目的。有的教师则认为：学生在学习过程中不应只知其然，而不知其所以然，教师应让学生在充分理解算理的基础上，再通过练习内化算理，达到融会贯通的目的。针对这样的研讨冲突，他们在全校各年段进行跟踪调查，发现这样的冲突是普遍存在的，于是开展了各年级计算检测，通过数据发现，学生的计算准确率不理想，不同年段的学生都存在算理模糊的现象。通过分析，他们认为：对于学生而言，由于缺乏对算理的正确理解，不懂得法则及运算定律的真正意义，在练习中无法选择合理、灵活的方法进行计算，准确率也就得不到保证，灵活计算、简便计算的计算教学目标也就无法实现，因此，在计算教学中重视算理和算法是十分重要的，于是，"计算教学之算理教学"的研究专题也就由此产生。

（2）从教学实践中提炼研究专题

参加各类教学评比是学校教研的一项重要内容。参加评比的课例通常需要反复打磨，精心研究。在这样的深入思考过程中，往往会发现日常教学过程中难以发现的问题。如：我市东华小学的"例题教学'度'的把握的研究与实践"专题就是在这样的背景下确立的。2009年，我市开展"空间与图形"领域专题教学评比活动。他们的参赛课例是"垂直与平行"。在磨课过程中，他们发现：第一次试讲时，表面上学生的参与度和课堂气氛都很活跃，但在课后访谈中却了解到学生对于同一平面及延伸方向相同的本质并不清楚。当对这一现象进行深入分析的时候，发现：教师备课时，仅限于知识的表面的解读，并没有把着力点放在如何让学生真正理解知识的本质上。那么，这节课如此，其他有关这一类知识的教学是不是都如此呢？他们进行了如下的工作：一是对其他有关图形与几何类型的课进行观察，了解教师在备课时对教材的把握情况，看教师是从哪个角度去思考例题教学的；二是与科组教师就所上课进行互动交流。通过这一调研，他们发现教师"图形与几何"领域教学中有关"图形认识"的概念教学存在把握不准的现象。于是，他们在"图形与几何"这一教学领域内选择了概念教学作为切入点，并将着力点放在如何把握例题教学的"度"上面，既而确定了研究专题——例题教学"度"的把握的研究与实践。

（3）在教学调研中确立研究专题

调研是教学管理常用的一种方式，通过调研一方面可以了解教师的教学和学生的学习情况，另一方面也可以帮助教学管理者发现学科教学中存在的普遍性问题，从而挖掘出教研活动的研究专题。如前面所述"练习教学有效性"专题的提炼方式对于学校教研组同样适应。

（4）从教师研究最近发展区挖掘研究专题

对于教师个体而言，在平时的教学中，往往对自己所任学科的教材体系、自身的教学现状、专业知识、教研能力等比较清晰。因此，我们可以利用问卷调查的形式了解教师教学研究的最近发展区，并从中寻找他们的共同点，从而寻找到选题的生长点，以确定研究专题。如，我们可以为科组教师提供这样一份教研活动专题征集表：

填表人		教龄	
实际工作中遇到的问题与困惑			
已研究的专题			
希望研究的专题			
你的研究构想			
需要哪些帮助			

通过这份征集表，我们能较清楚地了解每位教师的研究现状与需求，这样就能较准确地寻找选题的生长点，进而有针对性地按需求大小确定研究专题，并逐一开展研究。

（四）"专题"的细化和序列化

一般而言，一个专题的研究不可能一次活动就完成，通常需要一系列活动才能达成预期的研究目标。这就涉及"专题"的细化和序列化问题。"专题"细化及序列化主要有两种方式：一是预设，即研究前将某个大专题分解为几个小专题，逐一研究，如开展"小学数学计算教学研究"，就可将其分解为四个小专题，即口算、笔算、估算及算理，如果觉得专题还不够细，可以再次进行分解、细化；二是生成，即随着某个专题的研究不断挖掘出新的研究专题，即在活动过程中对原有专题进行拓展、延伸得到新专题。如：开展"图形与几何"领域专题式教学评比后，通过对课例的分类研究，又拓展出"图形的认识教学研究""几何图形教学学具选用研究""平面图形面积计算公式教学研究"等专题。

二、专题式教研活动的基本流程

根据我们的研究，总结了专题式教研活动的基本流程：

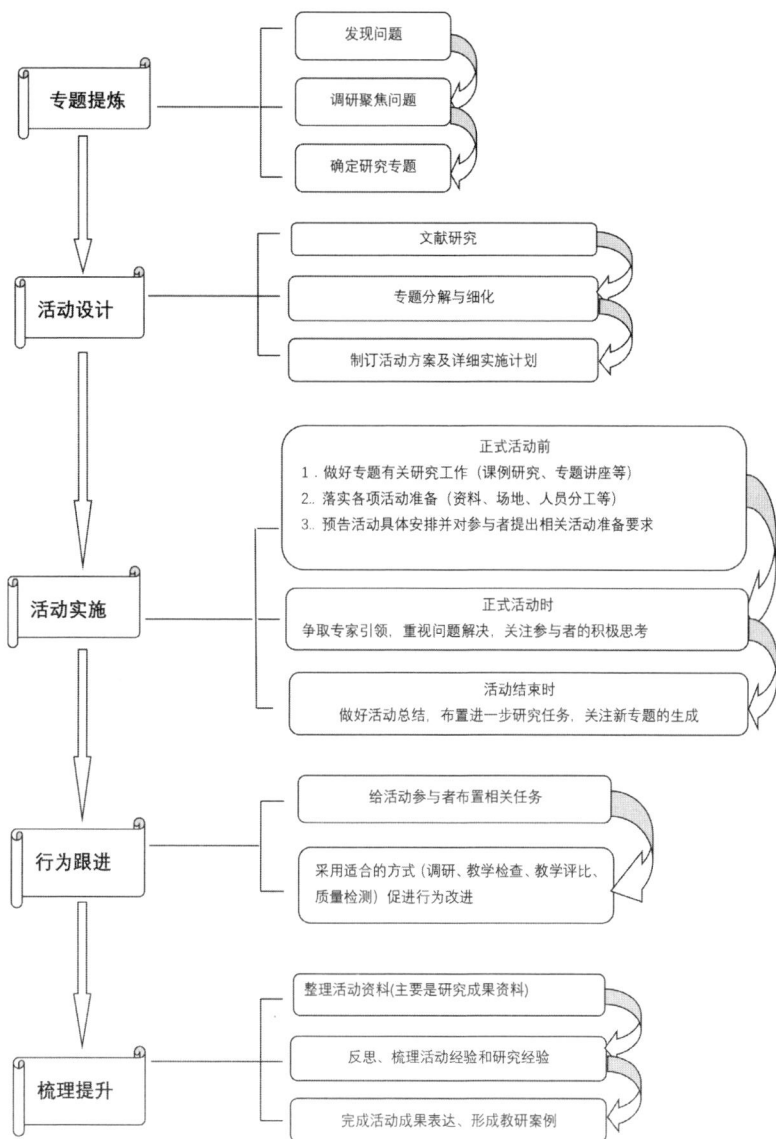

专题提炼
- 发现问题
- 调研聚焦问题
- 确定研究专题

活动设计
- 文献研究
- 专题分解与细化
- 制订活动方案及详细实施计划

活动实施
- 正式活动前
  1. 做好专题有关研究工作（课例研究、专题讲座等）
  2. 落实各项活动准备（资料、场地、人员分工等）
  3. 预告活动具体安排并对参与者提出相关活动准备要求
- 正式活动时
  争取专家引领，重视问题解决，关注参与者的积极思考
- 活动结束时
  做好活动总结，布置进一步研究任务，关注新专题的生成

行为跟进
- 给活动参与者布置相关任务
- 采用适合的方式（调研、教学检查、教学评比、质量检测）促进行为改进

梳理提升
- 整理活动资料(主要是研究成果资料)
- 反思、梳理活动经验和研究经验
- 完成活动成果表达、形成教研案例

图 5　专题式教研活动的基本流程

就以上基本流程需要进一步说明的是：

流程只是一种基本的程序，在实际操作过程中，对于每一个具体的专题式教研活动而言，应更多地结合活动组织者的能力与水平、活动参与者实际状况、活动实施环境、活动组织条件等因素进行调整。总原则是使活动效益最大化。

流程中的"专题提炼"已在前面有详细介绍，在此不做陈述。

流程中，"活动设计""正式活动前"的准备、"行为跟进""梳理提升"等环节是传统教研的薄弱环节，同时又是提高教研活动有效性的关键环节，以下逐一说明各环节操作要点。

1. "活动设计"。张丰在《校本研修的活动策划与制度建设》一书中指出："教研活动的组织策划也是一门艺术"

我们倡导用研究的态度、借用案例的方式来研究教研活动的组织策划问题。专题式教研活动的"活动设计"要关注两个重要方面：一是要制订整个专题式教研活动的活动方案；二是要制订系列活动中每一次活动的具体活动计划。

2. "正式活动前"的准备是活动有效的重要保障

准备一定要追求细致、具体、充分，活动安排及要求预告时间尽可能早，活动时要展示的课例及讲座，辅导员要严格把关，保证质量。

3. "行为跟进"是教研活动研究取向的重要特征

教师教学行为的改进是教研活动的根本目的。因此，活动结束后，活动组织者应采取适当措施关注、促进教师教学行为的改进。如：课例研究的再次上课、专题式教学检查、专题式教学评比、专题式教学质量检测等都是不错的手段。

4. 关于"梳理提升"

我们认为:一方面,一个教研活动结束后,对活动全过程进行总结、反思,可以帮助活动组织者进一步理清思路,明确活动取得的成效及需进一步改进的问题,为专题式教研活动的再次开展积累经验。同时,也可为教师提供文字资料的学习,帮助教师再一次深化认识,改进行为。另一方面,目前关于教研活动的研究非常少,在教育书籍、报纸杂志上很难见到比较完整的教研活动案例,撰写教研活动案例有利于教研活动的研究(备注:我市从 2007 年起,连续开展了"小学数学教研活动案例评选"活动)。此外,在整理教研活动成果时,要注意以下问题:

①注意多种资料的收集,如文字资料、图片资料、音像资料等。

②注重研究过程的呈现,不能只关注结论性、成果性材料。

③活动中展示的"课例",要呈现课例的研究过程,不能只收录代表最终成果的教学设计或课堂实录。

④用合适的方式表达研究成果。

三、专题式教研活动实施策略

基于以上基本流程,在实践过程中,我们又以每次专题式教研活动为案例,对最初确立的流程进行反思、修订,寻找提高专题式教研活动效果的有效策略。经过多次实践、反思、改进,我们总结出以下关键要素。

1. 深入调研,聚焦关键问题,准确确立教研专题

专题式教研的专题来源于真实的教学环境,但并非任何教学问题都构成研究"专题"。专题的确立需要充分的调研,并且要有典型性和代表性。这就要求研究者具有发现问题、聚焦问题的能力。我们市级开展的几个专题的研究,均经过"教学视导发现问题—集中调研聚

焦问题—分析调研结果确立专题"的过程。

2. 精选研究基地，开展实践研究，形成初步研究成果

确立研究专题后，针对性地选取研究基地，用一个学期时间在基地开展小范围实践和研究。建立研究基地，一方面有利于课题组的研究与教学实践紧密结合，使得研究始终基于一线教学；另一方面，基地镇街及学校教师的参与，为相关研究提供了多方面的实践经验，特别是实践中遇到的各类问题，有利于课题组修正研究成果，使得研究更深入、完善。在选择研究基地时，同一个专题我们一般选取两个基地：一个为教育较发达、教师和学生素质较高的镇街或学校；另一个为教育欠发达、教师和学生素质相对落后的镇街或学校，这样做的目的，是确保研究所形成的结果具有普适性、可推广性。

3. 精心策划，把握引领资源，充分做好活动准备

在研究基地实验研究的基础上，将研究形成的阶段性成果以专题式教研活动的方式进行展示和推广。要使活动达到高效，活动前的策划和准备至关重要。

活动的策划，一般包括活动场所、设备、参与人员、活动方式等方面。在诸多要素中，人员是最核心要素，其次是活动方式。活动参与人员包括三类：主讲者（主持人、专家、教学骨干）、参加者（一线教师、辅导员）、后勤服务者（会务所有后勤工作，一般由承办学校教师担任）。在这三类人员中，主讲者的引领水平、活动参加者是否有一定任务驱动对活动质量有决定性影响。因此，在活动准备过程中，活动方式要精心策划，引领资源需认真把关，参与者任务要精心设计并提前预告。具体说来，除常规外，还要特别做好以下三方面的准备：

（1）课例准备

课例是教学研究的载体，一般教研活动都有课例展示。专题式教研活动的课例必须紧扣专题选课、备课、研课，一般选取基地学校的骨干教师进行展示。在正式活动前，必须再次对课例进行磨课、研究，确保课例一是紧扣专题，二能体现研究成效，起到引领作用。

（2）专家引领准备

专题式教研活动正式活动时最好能争取专家支持和引领。专家的选择及专家引领的内容至关重要。参加教研活动或培训时我们经常遇到这样的情况：主办方邀请知名专家了，但是听下来却有些失望。为什么？专家所讲内容与活动主题并不完全一致，与参与者的期望不一致。专题式教研活动之所以受欢迎，有实效，主要原因就是活动主题明确、针对性强。因此在活动准备过程中，专家引领方面的准备主要有：深入了解专家的研究领域、取得的研究成果；向曾邀请过该专家的组织者了解专家讲座的受欢迎程度；向专家说明活动的意图和目的，并反馈课题组在研究过程中的经验、困惑，提出较具体的引领要求；如果邀请专家作讲座，讲座提纲应提前审阅，以便商量改进。

（3）参与者任务准备

对于参加教研活动的教师，如果对活动研究的专题有一定的准备，且有适当的任务，则更能引发他们的思考和参与的积极性。因此，参与者任务的准备也是专题式教研活动一项重要的内容。考虑到不同的参与者，参与任务最好具有较强的开放性，参与方式应简便、灵活，并且于活动前告知，让参与者有充分的准备。

4. 注重调控，把握活动现场，突出教研研讨专题

专题式教研活动虽有明确的研讨内容，但是受传统教研影响。在研讨活动中，部分参与教师仍会偏离专题而言其他，特别是评课或互动研讨时，偏离主题、泛泛而谈的现象时有发生。这时，活动主持者的调控技术尤为重要。调控包括以下方面：唤醒、传达、聚焦、对话、生成。唤醒，即将"跑题"的教师拉回来。传达，即准确交代活动目的、任务、具体要求，活动结束前的总结也是传达的重要环节。聚焦，即对研讨过程中产生的有价值的资源及时捕捉，并进行小结和点评。对话，即就某一发言某一现象进行追问，引发参与者的不断思考和讨论。生成，即准确把握活动过程中的各种资源，将其生成对专题研究有价值的资源，或引出新的研究专题。

5. 及时跟进，了解活动实效，促进教学行为改进

教研活动的成效一方面体现在参与者参加活动时教学思想、观念的变化，另一方面应体现在参与者活动后自身教学行为的改进。教师教学行为的改进是教研活动的根本目的。因此，活动结束后，活动组织者应采取适当措施关注、促进教师教学行为的改进。活动结束后的跟进主要包括几方面：一是组织者要向参与者了解活动实际效果，可以通过发放调查表的方式调查参与者对活动的总体评价，这有利于活动的反思与改进；另一方面是对活动参与者对此专题的认识及教学行为改进情况进行跟进，可以采用多种方式进行，如：我们开展的"练习教学有效性"专题活动，就采用听课检查和质量抽查相结合的方式跟进；塘厦镇开展的"教材培训"专题式教研活动则直接采用命题考核的方式进行跟进。

案例：
"练习教学有效性"专题式教研活动综述

【背景描述】

小学数学教学，无论新授课、练习课、复习课，都离不开练习。练习是检验学生知识掌握情况的重要方式，也是检查教师教学效果的重要手段。通过练习，教师能及时了解学生的学习状况，以及教学中存在的问题。同时，练习教学还承担着培养学生学习习惯、发展学生数学思维，帮助学生习得学习方法等诸多功能。那么，在小学数学教学中，占有近一半教学时间的练习教学现状如何？有哪些成功经验？存在哪些问题？当对这一问题进行关注和思考的时候，我们发现，这是一个非常值得研究的专题。

【专题提炼】

有了以上思考后，我们针对练习教学现状开展了系列调研，最终形成"练习教学有效性"专题。以下是我们提炼专题的过程：

1. 教学视导发现问题

在2007年的教学视导中，我们共听课160多节。其中随堂课近110节，研讨课、观摩课或示范课等50多节。当我们将其中一个关注点放入到每个课例的练习教学环节时，我们发现：在这两类课中，前一类课关于练习教学普遍存在的问题是"随意性大、按课本顺序依次讲、层次不突出、教学方式单一（先学生独立完成，然后集体对答案）、低效"；后一类课存在的问题则是"追求形式、花样多、随意拓展和拔高要求、不关注课本习题、实效性同样不高"。

2. 教学质量调研聚焦问题

在教学视导中发现问题后，为进一步求证我们发现的问题，也为了用数据的方式说明练习教学中的确存在普遍低效的问题，在 2008 年上半年开展的五年级教学质量调研中，我们有意识设置了课本练习题作为调研题目。其中两题如下：

33. 用直线上的点表示下面各数。（共 3 分）

$$\frac{1}{5} \qquad 0.4 \qquad 1\frac{1}{2} \qquad 2.7 \qquad \frac{7}{3}$$

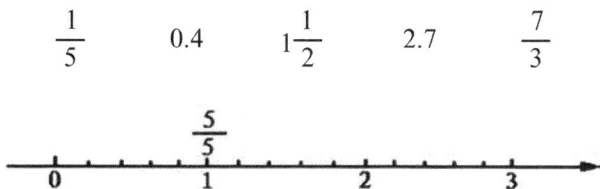

图6

37. 一块长方形铁皮（如下图），从四个角各切掉一个边长为 5 厘米的正方形，然后做成盒子。

（1）做这个盒子用了多少铁皮？（3 分）

（2）这个盒子的容积是多少？（3 分）

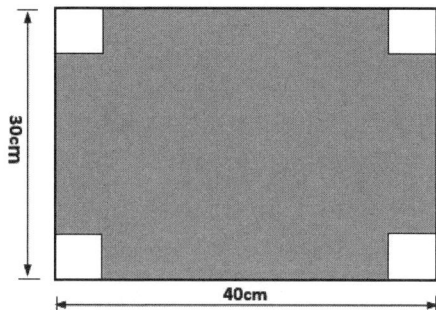

图7

以上两题分别是人教版五年级下册教材 P141 第 3 题和 P142 第 10 题的改编（教材原题见下图），其中第 33 题难度稍低于教材原题（教材原题有这样的分数，难度稍大），且教材原题均安排在总复习中，学习此题离考试时间较近，遗忘不会太大。但是，通过对抽查情况的数据分析，却发现两题的得分率均低于 60%（分别为 55% 和 53%）。这一统计结果让我市数学辅导员和数学教师非常意外，在震惊之余，大家不得不反思：教材习题教学如此低效，原因何在？练习课及练习教学在新课程改革中是不是成了我们遗忘的角落？我们该怎样提高教师对练习教学的认识？等等。至此，"小学数学练习教学有效性"教研专题也就生成了。

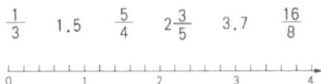

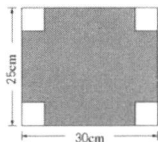

图8　　　　　　　　　　图9

【活动设计】

确定研究专题之后，接下来就是活动的组织策划，即活动设计。本专题课题组计划按照点面结合、逐步推进的方式进行研究，整个推进过程分三个阶段。

1. 第一阶段：实验点实践探索

通过辅导员会议明确研究专题后，用一个学期的时间，由学校教研组、镇街教办先行开展相关实践与研究，同时，市教研室介入其中两个实验点，与学校教研组一起探索提高练习教学有效性的实施策略。

2. 第二阶段：全面实施，活动推进

在第一阶段研究基础上，开展全市研讨活动，围绕练习教学几种基本课型展示示范课，并邀请专家对课例进行分析、点评，提炼提高练习教学有效性的策略，同时安排专家讲座，通过专家引领，改善练习教学不受重视、低效等问题，促进研究深化。

3. 第三阶段：行为跟进，总结提升

各镇街及学校在前阶段自行开展研究的基础上，结合市召开的专题研讨活动，对教师练习教学情况进行跟进，市教研室则结合教学视导及质量抽查，对教师练习教学行为改进状况与效果进行调研。

【活动过程】

1. 第一阶段（2008年9月至2009年1月）：实验点实践探索

2008年7月，针对五年级进行教学质量抽查，在抽查卷中，设计了基于课本习题的测试题，并对这些题的得分率进行统计。8月，课题组拟定开展"小学数学练习教学有效性"专题研究。8月下旬，在松山湖小学的教师培训活动中，本人围绕"怎样教得有效"的话题，对小学数学练习教学现状进行分析，引起学校教师的共鸣，松山湖学校当即确立该学期的教研活动主题为"练习教学有效性"。同时，在9月3日的辅导员工作会议上，通过对五年级质量抽查情况分析，明确提出练习教学有效性研究专题。

在本阶段中，松山湖小学数学教研组围绕练习课教学开展了系列研究，先后开展了练习课教学评比、练习课教学开放日活动等，初步形成了"准备—诊断问题—解决问题—自我检测—小结"的五环节练习课教学模式。

此外，各镇街也围绕练习教学有效性开展研究，举办了形式多样的教研活动，如东城区、企石镇、道滘镇等。其中，道滘镇在各校开展研究的基础上，选出效果较显著的新城小学，开展全镇练习课教学研讨活动。

图10

在以上实验点研究的基础上，课题组初步探索提高练习教学有效性的策略：一是认识上到位，即转变观念，将每节课的关注点由新授延伸到练习，重视练习教学；二是精心安排练习题，凸显针对性、趣味性、层次性；三是教学时注重对比，重视思维方法、解题能力的培养；四是引导学生及时反思，总结经验，提升方法。

同时，梳理了练习教学的类型（主要从课型上划分）：新授课中的练习环节、单一巩固性练习课、综合性练习课；单一性练习课的基本流程也初步形成，即：准备—问题诊断—问题解决—自我检测—总结延伸。

2. 第二阶段（2009年2月至8月）：全面实施，活动推进

在第一阶段实验点研究取得初步成效的基础上，课题组决定开展全市专题研讨活动。2009年3月24日，全市小学数学练习教学有效性专题研讨在塘厦镇举行。活动根据练习教学的类型安排了三节展示课：新授课中的练习课例为四年级的"小数加减法"（塘厦第一小学江广宁老师执教）、单一性巩固性练习课课例为六年级的"用正比例解决问题的练习"（松山湖小学邱卫春老师执教）、综合性练习课课例为四年级的"三角形的练习"（单元练习课）；其次，安排了专家评课和讲座。邀请省辅导员曾令鹏老师评课，广州市辅导员杨健辉老师作"小学数学练习课的若干认识"专题讲座。杨老师对练习课的基本课型及每类课型的流程作了详细的分析和介绍，同时，在习题的选择、题组设计方面给了一线

教师较多的建议与引领。

本次活动主要实现了在各自研究的基础上，对提高练习教学有效性的研究成果以活动的方式进行推广。其中，三种典型类型的课例以实例的方式给了教师课堂教学实践方面的引领，专家讲座和点评则从理论角度进行审视和指导，特别是讲座中关于练习题组的设计、运用，为我们研究练习教学开启了新的专题。

图11

3. 第三阶段（2009年9月至12月）：行为跟进，总结提升

通过前两个阶段的专题研讨，练习教学有效性已成为一线教师共同关注的话题。特别是通过全市活动后，对于练习教学有效性大家形成了一些共识。这时，课题组面临的问题是：如何将这些共识转化为教师具体教学行为的改进，切实解决练习教学低效问题，即研究后的行为跟进。基于此，在全市开展研讨活动基础上，我们一方面要求各镇进一步举行本专题研讨活动，深化认识，另一方面，要求各镇辅导员、学校教研组长在教学视导、听评课过程中，关注练习教学效果，强化练习设计、解题方法指导、思维能力提升等问题；此外，教研室及课题组结合教学视导、检查及质量抽查，对练习教学实效进行调研，并及时反馈调研情况，以此促进教师教学行为的改变。如：近几学期的教学质量抽查，我们试题命制的原则都是源于教材，大部分的测试题都是对教材例题、习题的

加工和改编，这实际上是加强教师对教材的研究和解读，提高教材习题的价值和功能，另一方面也是对教师练习教学情况的调研和反馈，是一种行为跟进。

【效果反馈】

"小学数学练习教学有效性"专题教研历时两年，通过系列活动的研究，提高和加强了我市数学教师对练习教学的关注度，对练习功能的认识，促使他们对练习设计、练习教学进行研究，从而提高整个区域练习教学质量。如：连续两年的教研案例评选中，围绕练习教学专题撰写的教研活动案例有多篇获奖；练习课教学设计及围绕练习教学撰写的论文，不仅数量较多，且质量高，在市级获奖的就有近10篇。此外，还有部分学校、教师对题组设计进行研究，丰富了习题资源，同时提高教师研究能力。

在练习课课堂教学方面，以往"做题—对答案—做题—对答案"的单一、机械、程序化的模式得到改善，教师普遍重视学生在解题过程中的收获，重视解题方法的指导，解题能力、思维方式的培养，特别是解题后反馈环节的教学价值得到发挥，由原来的没有或少有此环节变为帮助学生反思解题过程、总结经验、提升方法的重要环节。

与此同时，广大教师对专题式教研有了较高的认可度。他们认为：这样的教研活动，内容来自教学中切实存在的问题，针对性强。参与者在参加全市活动前，已有一定的个人思考和小范围团队研究的基础，参加活动时，无论思考的深度和认识的高度都与以往大不相同。因此，各镇、各学校均将专题式教研列为教研活动的首选方式。

此外，通过此次专题式教研活动的实践研究，课题组对专题式教研活动的选题、活动设计、活动流程有了较清晰的理解和认识，对如何提高专题式教研活动的活动实效有了进一步的思考，为我们开展更多专题式教研活动奠定了基础。

【活动反思】

"小学数学练习教学有效性"专题式教研活动的开展取得良好的效果，是课题组开展专题式教研活动的一个较成功的案例。在实践过程中，我们获得了较多的开展专题式教研活动的经验，但也遇到一些问题和困惑，主要有以下几方面：

1. 专题的确立历时时间较长，专题还不够细化和序列化，以致研究较为笼统

较之以往无专题的教研活动而言，本次专题式教研针对性较强，效果较好。但是就专题式教研活动本身而言，我们还须在专题细化和序列化方面做更多研究，使其针对性更强，实效性更高。那么，如何细化专题就成为课题组须首先解决的问题。然而，我们查阅相关资料，在网站进行搜索，发现相关研究非常少。

2. 教师的行为跟进采取怎样的方式更为科学和有效

专题式教研，当研究到了大家对解决方案形成共识的阶段，就面临行为跟进的问题，如果作为学校教研组，行为跟进相对容易，因为教研组成员较少，跟进可以做到及时、细致和具体化。但作为全市专题研究活动，行为跟进难度则较大。目前，我们主要依赖镇区辅导员及学校教研组长进行跟进，另一方式就是发挥评价的导向功能，借助评价促进教师教学行为的跟进。但总体来说，跟进滞后、无法到位等情况较普遍。

教研活动案例的撰写

组织一次富有成效的教研活动不易，将教研活动的经验以案例的形式提炼出来，给大家方法论方面的借鉴，更是一件有意义且不容易的事。那么，如何撰写教研活动案例？优秀的教研活动案例具备哪些要素？结合我市开展的"优秀教研活动案例"评选活动，谈几点看法和建议。

一、为什么要撰写教研活动案例

教研活动是教师进行教育教学研究的一种基本形式，大到全国性教研活动，小到学校教研组的校本研修，每一次活动均在不同程度上反映了辅导员或学科教研组及一线教师在课程实施、教育教学中思考、探索的历程，也在不同程度上促进了教师的专业成长；组织和引导教师开展教研活动，是辅导员（也包括教研组长）的基础性、常规性工作。个人以为，将教研活动以文本的形式呈现出来，形成教研活动案例，有以下作用和价值：

1. 记录过程、留下印记

教研活动案例能将辅导员、学校教研组及教师在教学研究中遇到的问题、困惑以及为解决这些问题与困惑的所作所为、所思所想全部记录下来，它是我们教研历程的印记。通过教研活动案例，我们可以看到自己及他人在教育教学中遇到的问题，以及为解决这些问题做了什么、怎样做的，有哪些思考和对策，得到了怎样的经验和启示。

2. 促进反思，积累经验

把教研活动变成活动案例，是一个重新认识、理性反思的过程。

撰写案例的过程，辅导员（教研组长）不仅需要重新回顾整个活动，自觉梳理、提炼，清晰地表达；还需对整个活动进行理性反思，站在教育教学、整体研究、活动延续性等高度，总结成果，提炼经验，分析不足。在这一过程中，辅导员专业素养得到提升，组织教研活动的经验进一步增强。

3. 分享成果、增进交流

成为文本的教研活动案例是重要的媒介资源，它可以打破时空的界限，更大程度地促进交流、学习和借鉴。一方面，它可以促进辅导员之间教研经验和教研智慧的分享，提升辅导员教研活动组织、策划、实施能力；另一方面，它也是辅导员及教师进一步开展教育教学研究的重要资源。每一个教研活动案例中呈现的关于某一问题的研究与思考、解决问题的措施和方法、形成的观点与结论及展示的课例、专家的点评与讲座等，都是进一步研究的基础和参照。

二、教研活动案例的基本特征

教研活动案例是将叙事研究方法应用到教研活动的研究中，用案例的方法研究教研活动的策划和实施的思路，反思活动的成效。它具有案例研究的一般特点。

1. 真实性

教研活动案例是关于某一次或某一主题下系列教研活动事件的真实陈述，具有真实性，必须依据事实，客观、有条理地呈现。

2. 完整性

必须清晰、完整地描述活动的过程，包括背景分析、主题确定、活动流程或各阶段安排、研讨的过程及具体细节；不仅要讲清楚做了什么，更要讲清楚是怎样做的。

3. 典型性

典型性包括两方面，一方面是所开展的教研活动要有典型性，即这一教研活动的开展虽然基于某一特定背景、针对特定问题，但它具有一定的代表性和典型性，是某一阶段或某一类共性问题、典型问题。典型性的另一方面是指教研活动案例的描述不是记流水帐，应选取典型素材、观点、细节、关键情节进行描述，要特别关注突出"焦点"处的陈述。

4. 启发性

所有的案例都应该给人以思考和启迪，教研活动案例同样如此，不仅要客观评价教研活动的成效，更应对其经验和教训进行总结，指出其对于进一步组织活动、开展研究的借鉴意义，使人读后能从中获得收益。

三、教研活动案例的基本要素及其撰写

一般而言，一个教研活动案例应该包括以下基本要素：

1. 活动背景与意图

一项教研活动的开展，都有特定的背景，有明确的主题。撰写教研活动案例，首先要阐明为什么要开展这项活动，基于怎样的思考确定这一活动主题，围绕这一主题想开展哪些研究，解决哪些问题，希望达成怎样的目标等。

2. 活动设计与实施

关于"活动设计与实施"，简单地说，就是要交代清楚这项活动整个过程是怎样的，每个阶段做了什么，怎样做的。例如：活动的方式，活动时间和地点，参加活动的对象及人数，活动流程，前期准备，实施过程等都要逐一介绍。其中，"前期准备"不需事无巨细地进行交代，

陈述关键、核心内容即可。例如：活动前，提供了哪些背景材料给参与者了解和学习；提前布置给参与者的活动任务是什么、怎样争取专业支持以及其他可供借鉴的准备工作经验等。

活动实施过程的描述则要求具体呈现活动各个阶段的主要情节。描述要清晰、具体。每个阶段分别做了什么，有哪些交流与碰撞，形成哪些观点，达成怎样的共识，产生哪些新的有研究价值的问题等等，特别是授课观课、互动研讨、专家点评等情况，要具体、客观、简明地陈述。

要特别强调的是：关于活动过程的描述，不可将其理解为活动过程实录。有的教研活动案例，将活动过程中每一个细节、每一个参与者的发言、甚至每一句话都记录下来，一是显得琐碎冗长，二是重点不突出，有价值的信息被淹没，这十分不可取。活动过程描述虽要展示全程，但可以概述，将整个过程交代清楚即可。关键要展示精彩片断和主要情节。例如：重点研讨的问题以及对这一问题的具体讨论、各自的观点与交锋、最终如何形成结论、达成共识等。总之，要把握关键情节，陈述有价值的内容和信息，还要学会概括、提炼。

3. 活动效果分析

教研活动案例不仅仅是一次教研活动的真实再现，还需对活动所产生的效果进行客观评价。效果分析可以是参与度的考量、参与者获得的收益的评估以及观念的改变、教育教学问题的解决、共识的形成、课堂教学行为的改进等方面，但评价要理性、客观，要有必要的事实性材料作为支撑。

4. 经验与启示

如前文所述，撰写教研活动案例，其重要作用之一是为同行提供学习和借鉴。那么，如何更好地发挥教研活动的借鉴作用呢？这就要求我们在撰写教研活动案例时，主动总结、反思、提炼，尽可能把活动取得的研究成果、获得的经验与启示、甚至存在的问题与不足等都客观、理性、清晰、准确地陈述出来。"经验和启示"应包括两方面：一是针对这项教研活动所研讨的主题，即通过活动的开展，取得怎样的研究成果，形成了关于这一主题研究的哪些结论，获得怎样的教育教学方面的启示等；另一方面是关于教研活动组织实施方面的经验和启示，即对教研活动本身的研究。无论是哪一方面，都应该认真反思，中肯评价，客观陈述。

四、需注意的问题

针对我市连续两年"优秀教研活动案例评选"参评作品中存在的共性问题，对教研活动案例的撰写补充以下注意事项，供大家参考。

1. 研究为本

俗话说，巧妇难为无米之炊。我们应当清楚地知道写好教研活动案例的前提是认真、扎实开展有实效的教研活动。因此，应在"研"字上多下功夫，注意设计既切合实际，又立意高远、教师参与度高、实效性强的教研活动。其中，活动主题的选择既要切合教师需求，也应考虑其对改进学科教学、推进课程实施的普遍意义，还要考虑研究的诱发性和可持续性。活动方式的选择要尽可能考虑如何促进更多教师的主动参与，让更多人从活动中获益等。总之，教研活动是基础，教研活动案例是对活动的记录、整理、反思，是教研活动的文本表达。

2. 把握重点

一篇教研活动案例，正文部分原则上在 5 000 字左右，不可以也不必要长篇大论。这就要求写作时抓住重点。这里主要指以下两方面：一是活动背景分析、活动过程描述、活动经验与启示等内容的陈述要突出重点、把握核心，摒弃无关紧要或关联较小的内容；二是素材的选取、重点情节的描写要根据阐述内容及要点的需要，合理选择，恰当使用。一项教研活动的开展，会积累大量材料。例如：观摩示范课的教学设计、课堂实录；专家的讲座、点评；互动交流时大家的发言；活动前或活动中提供给参与者学习的专业性材料；活动过程实录以及体现活动效果的调查问卷；等等。撰写案例时，要根据阐述内容及要点的需要，抓住重点，恰当选用、合理组织材料，使案例中引用的材料既充实又精练。必要的事实材料必须进入"正文"，成为作出判断的事实依据，还有一些相关材料，可放在附录中作为辅助性支撑。

3. 要有细节

教研活动案例中的生动情节，主要体现在一些细节的描述中。例如，"参与活动的教师热烈地进行讨论和交流"，要交代主要讨论什么、交流什么；"不同的观点进行碰撞和交锋"，要讲述不同的观点有哪些、如何进行碰撞。有了细节，才可能使人有身临其境的感受。要把活动过程中那些与所要说明的问题相关的重要细节选择出来，并描述清楚。

4. 注意表达

凡是文本性材料，都十分考验作者的文字表达能力。教研活动案例在文字表达上要求准确、简明、流畅，有条理性和逻辑性，且需注意格式规范。

5. 相关附件材料

将正文中引用的一些相关理论的核心要义放在注脚中；将所参阅的重要文献目录列在正文后面；将本次活动相关的一些原始材料、课例教案或影像资料等整理后随案例附上。

除以上事项外，还需注意：

（1）活动的选题要小，一次活动不可能解决一个大问题。

因此，案例的标题和活动主题的表达至关重要，在某种程度上，通过这两点就可以初步判断教研活动的质量和教研案例的水平。

（2）"活动背景"要体现针对性、现实性、迫切性，体现基于问题需要、经过深入思考而开展活动。

（3）"经验与启示"体现的是作者的反思能力，要有深度，尽可能具体、全面、细致，不可泛泛而谈，如能进一步给出改进建议则更为理想。

总之，教研有道，案例可鉴。我们不仅要扎扎实实开展教研活动，还要认认真真撰写教研活动案例，并利用案例相互交流，分享教研活动的经验成果，促进教研工作的深入开展和教研质量的不断提高。

基于教学研究的听课、评课、说课

听课、评课、说课的目的、方式有很多（评比式、诊断式……），本文主要聚焦于研究形态（校本、区域教研）的听课、评课和说课。

一、听课的目的和作用

①学习——学习、借鉴成功经验。

②研究——发现、研究、解决具体问题。

③评价——了解、掌握教学状况。

最终实现：改进教学实践（听课者和被听课者），提高教学质量；促进教师专业发展，促进学生发展。

二、听课的基本要求

（一）听课前做好充分准备

听课前准备做得越充分，听课过程中的灵感就越多，收获就越大。一般应做以下准备：

①了解听课的目的、计划和具体要求（特别是明确主题）；

②了解听课内容及该内容在教材中的地位与作用；教材对该教学内容的教学建议及课时安排；

③了解上课教师的基本情况（年龄、教龄、教学特点和风格）；

④了解上课班级和学生的情况；

⑤学科专业素养和先进理念的准备（这需要长期的、有意识的积累）；

⑥听课时座位的选择：利于听讲、观察的位置。

必须特别指出的是：关于听课、评课活动的准备，活动组织者和活动参与者都应该积极主动完成相关工作。特别在校本教研中，一方面，教研组长自身要对活动有清晰的思路，要提前对听课目的、研究的主题进行预告，同时对参加听评课活动的老师提出具体明确的要求；另一方面，参与听评课的老师不能等、靠、要，要主动进行活动准备，争取自己在活动中获得最大收益。在校本教研活动开展情况及教研组长教研能力评估中，以上是很重要的关注点。

（二）听课中做到"听、看、记、思"有机结合

1. 听、看的关注点

（1）教师的教

"教"的方面，可以从教学设计、教学过程、教学行为（细节）、教学理念、教学基本功、教学细节等方面进行观察。如教学设计，可以从内容和呈现方式进行观察。内容上：教学目标是否全面、准确、具体；教学重点、难点、关键点是否准确把握；教学环节安排是否清晰、合理；是否有独特之处；教学容量是否适中。呈现方式：格式是否规范、版面是否美观……在呈现方式上，要记住一点：细节体现专业水准和专业高度。

教学过程，应观察其：教学思路是否清晰（数学课：清清楚楚一条线，忌模模糊糊一大片）；教学目标是否准确把握和有效达成，重点是否突出、难点是否突破；教学是否符合教学内容实际，符合学生实际；教学方法和手段是否灵活、合理、恰当；教学活动是否有序，富有实效；是否发挥教师的主导作用、突出学生的主体地位；是否注重学法指导，培养学生良好的思维方法和学习习惯。教学行为与细节方面，可以观察：语言（特别是体态语与课堂生成性语言）；演示与操作；生成情况的处理方式；对课堂出错学生的态度；对学生学习差异的态度和处理方式等。行为与细节是很重要的观察环节，

行为背后折射出的是教育意识和教育理念。在教学理念方面，可以做如下判断：教师行为背后折射的理念是什么？属于哪一个阶段、哪一层次？是传统的、讲练为主的、灌输式的？还是开放的、探究的、学生为本的？还应该重点关注（新课程）理念的落实程度？是走形式，为体现新理念而做，没切合教学实际；还是扎实有效、切实可行地得到落实？等等。

（2）学生的"学"

①注意状态：学习活动是否专心？倾听是否专注？

②参与状态：学生是否全员投入，全程参与；学习活动是否自觉、主动、积极。

③思维状态：学生的思维是否主动、活跃；是否善于质疑，提出有价值的问题；发言是否有自己的独立思考，是否善于用自己的语言解释、说明、表达。

④学习效果：知识达成情况（从回答问题、完成反馈性练习等方面观察）；基本技能是否形成，学生学习能力和学习习惯是否得到应有的发展；学生的数学思维是否得到发展；是否积累一定活动经验。

听课是一项综合性很强的活动。听课的观察点还有很多，课堂教学有无数种可能，也就有无数观察点。但一个人的时间、精力和能力都是有限的，无法做到全面观察，研究形态的听课：听课前一定要确定好研究的主题，明确听课的目的、任务和观察点，甚至做好相关的分工，以提高听课的针对性和实效性。

2. 听课中的"记"

听课记录一般包括两个方面：教学实录和听课思考。

（1）教学实录

①听课的日期、节次、班级、学科、学生人数、执教者、课题、课型、课时、研究专题等。

②教学过程记录：简录，简要记录教学步骤、方法、板书等；详录，比较详细地把教学步骤、内容记下来；实录，把教师讲课，师生活动完整记录下来。一般"教学过程实录"宜采用录像的方式，听课过程中尽可能采用简录，并尽可能用自己明白的符号、方式记录。同时，作为研究形态的听、评课，执教者应提供较详细的教学设计，听课过程中则尽可能多记录细节与生成性内容，并多记录自己的思考。

（2）听课思考

思考一般包括：疑问、困惑、点评（优点、不足、改进建议）。

听课过程中的点评分为：间评，伴随听课过程所产生的即时思考；总评，对间评综合分析后形成的意见或建议。

（3）做听课记录时要注意以下几点

①听、记要分清主次。听课应该以听为主，要把注意力集中在听和思考上。

②记录要有重点。对内容要选择，文字要尽可能精炼。应采用自己常用的符号、标识进行记录，简化记录过程。

③要对听课记录进行整理，并进行理性的思考分析，归纳、总结、提炼关键内容，对存在问题提出具体改进的意见和建议。

3. 听课中的"思"

严格意义上的听课，是一项很"累"人的工作，听课过程是一个高强度、思维高度运转的过程，思考充满听课时的每分每秒。特别是带有研究、评课任务的听课，绝不是一件"轻松"的事。

（1）站在执教者的立场思考

为什么会这样处理教材、设计教学？

（2）站在学生的角度思考

如果我是学生，我是否掌握和理解了教学内容，获得了哪些技能？

哪些能力得到了发展？在这个地方（这一环节或这一知识点）为什么会出现学习障碍（困惑）等。

（3）站在观课者的角度思考

成功和不足之处有哪些？产生的原因是什么？对学生的学习会有怎样的相关性影响？改进的建议是什么？或：自己来上这节课，应该怎样上？以及有哪些疑问和困惑。

（三）听课后及时反思、整理

一般情况下，听完课马上就要评课，所以要学会一边听课，一边准备如何评课。因此，要学会提炼要点：成功之处有哪几点，具体表现是什么（找到具体事实或现象）？原因是什么？折射出什么信息？不足之处有哪些？具体表现在哪些地方？引起的根本原因是什么？反映教师怎样的教学思想和理念？怎样改进？

（四）特别关注

1. 以学思教

以学思教，就是把学生的学习活动和状态作为听课的焦点，以学生学的状态和效果思考教师教的行为、方式是否合理、有效？

2. 真实的学习过程

课堂上学生从不懂到懂，不会到会，模糊到清晰，错误到正确，失败到成功的过程；课堂上教师循循善诱，真诚帮助，严格要求，规范训练的过程。真实的才有研究的价值和意义。

3. 听课不是目的，听课是一种手段或途径

听，除学习外，更多的是"研"，通过大家的交流，产生思维的火花，形成一些共识，达到改进教学实践、促进专业成长的目的。

4. 听（评）课需要学科知识、教学经验、先进教学理念、教育学、心理学等理论的支撑，因此，学习和思考是提高专业判断力的前提和根本出发点

俗话说，善观察者可见常人所未见，不善观察者入宝山空手而归。

三、研究形态的评课

研究形态下的评课，应该做到：改变五种现象，树立五种意识，注意五项策略。

（一）改变五种现象

只听不评，重听轻评；敷衍了事，不痛不痒；只说好话，不提问题；平淡肤浅，不知所云；评新弃旧，追赶时髦。

（二）树立五种意识

直面问题意识；追本溯源意识；平等对话意识；多元开放意识；教学改进意识。

（三）注意五项策略

针对性策略；以学论教策略；指导实践性策略；最近可能区建议策略；交流沟通策略。

（四）评课的方式

小组评议式；书面材料式；调查问卷式；陈述答辩式（庭辩式评课）；自我反思式（录像全息观察）；专家会诊式；网络评议式等。

与听课相同，评课的关注点也非常多，一次评课不可能讨论所有方面，研究形态的评课，应该根据针对性原则，有目的的进行评课，围绕一定主题或主要问题（一般是该课存在的关键问题）展开讨论、交流。

同时，评课不仅是一门科学，也是一门艺术，是交流、沟通和说服的艺术。应注意：学识与真诚同在、方法与智慧共存。要多修炼与人交流、沟通的能力，还要注意研制、开发评课工具——科学性（课堂观察量表的设计）等。

（五）特别强调

1. 关注培养目标

一切教学的出发点都是"为了每位学生的发展"；教学目标源于培养目标，一般而言：培养目标→课程目标→教学目标。

2. 学生的主体参与绝不是自发形成的

让学生做主体首先要使学生会做主体，一个不会思、不会学、习惯于让老师牵着走的学生，即使给他时间，给他机会，他也做不了学习的主人。"主体参与"必须由教师有目的、有计划地组织、启发、点拨、指导才能实现。

3. 关注差异性教学

（1）正视学生的差异：智力发展水平有差异、智力发展时间有差异、智力发展类型有差异。

（2）变差异为教学资源。

4. 听名师的课

要有批判性思维和专业判断力，不能一味反对、也不能绝对崇拜（模仿），要辩证地学习，取其所长、避其所短。

四、关于说课

说课于 1987 年发源于河南省新乡市红旗区教研室。1992 年，根据全国开展说课活动的态势，成立了"全国说课研究协作会"。就小学数学学科而言，广东省每两年举行一次说课比赛，全国小数会没有举行说课比赛。在校本教研中，说课是常规教研活动的重要内容，只是日常教研中的说课没有说课比赛时那么正式、要求也没那么严格，更具研究形态。

（一）什么是说课

说课分为课前说课和课后说课两类。课前说课，一般来说就是让教师以语言、媒体为主要表现工具，在备课的基础上，面对同行、专家，系统而概括地将自己执教某课时，对课标、教材、学情的理解和把握、课堂程序的设计和安排、学习方式的选择和实践等一系列教学元素的确立及其理论依据进行阐述的一种教学研究活动。简单地说就是讲述"教什么，怎样教、为什么这样教"。课前说课是一种预设性说课。课后说课，一般是执教某节课之后，将自己执教前的准备、预设、思考以及执教后的实际效果及两者对照之后的反思、分析、感悟等进行阐述。课后说课是一种反思性说课。

（二）为什么说课——说课的意义与作用

①从教师专业发展角度看，说课可以促进教师的理论学习，提高教师教学理论水平。

②从教学研究角度看，说课是促进教师对教学内容进行深入研究、分析及反思的有效手段。

③从教研交流角度看，说课不受教学进度、学生等因素的限制，相对较灵活，更利于教研交流。

（三）说课的内容

1. 比赛形态的说课

就目前之言，一般采用课前说课的方式，其说课内容一般要求包括：说教材、说教学目标及重难点、说教法和学法、说教学过程、说板书设计。如果是课后说课，则一般应包括说备课、说教学过程与实效、说反思与改进几个方面。

（1）说教材

①说清楚本节教材的编排特点及在本单元甚至本册及学段教学中的地位和作用，即弄清教材的编排意图和知识结构体系。

②说明如何依据教材内容（并结合课程标准和学生学习情况分析）来确定本节课的教学目标或任务。教学目标越明确、越具体，反映教者的备课认识越充分，教学的设计可能安排越合理。

③说明教学重点和难点是什么以及确定的依据。

④说明如何精选教材内容，并合理地扩展或创造性使用教材内容。

⑤说明教材处理上值得注意和探讨的问题。

（2）说教法

说本节课所采用的最基本或最主要的教学方法及其依据；或者说本节课所选择的一组教学方法、手段及对它们的优化组合及其依据。

（3）说学法

说明如何根据教学内容、围绕教学目标指导学生学习，教给学生什么样的学习方法，培养学生哪些能力等。具体要说清以下问题：针对本节课教材特点、教学目的及学生认知规律，学生适宜采用怎样的学习方法？在本节课中，教师要做怎样的学法指导？怎样在教学过程中恰到好处地融进学法指导？——即教法与学法之间的联系。

（4）说教学程序

即把教学过程的基本环节说清楚。说具体教学过程前，最好先说教学过程的总体结构设计，给听者一个整体印象。在介绍教学过程时不仅要讲教学内容的安排，还要讲清"为什么这样教"的理论依据（包括课程标准依据、教学法依据、教育学和心理学依据等）。课前说课要对教学过程作出动态性预测,考虑到可能发生的变化及其调整对策。课后说课要介绍教学效果及原因分析,甚至改进策略。

（5）说板书设计

板书的形成过程；板书的特点及独创性；板书设计的意图。

2. 研究形态的说课

作为校本教研或教学研究活动时的说课,说的内容相对比较灵活,具体内容应依据研讨的主题、当时的情境而确定,一般而言,要说清楚以下问题:

（1）课前说课

教研主题是什么?如何围绕主题进行教学预设?撰写教学设计前做了哪些研究?基于怎样的思考确定的教学预案?教学预案是怎样的?希望体现和表达的内容是什么?等等。

（2）课后说课

教学预设及预设所做的研究和准备；实际教学效果及遇到的问题；预设与实际教学效果的对照分析；教后反思及改进方案；困惑及需进一步研究的内容；等等。

3. 说课应注意的问题

（1）说课应该重在"说",是一种解说,不是背诵,不是朗读(唱读),不是演讲,更不是模拟上课

（2）说课一定要定位准确,明确是课前说课还是课后说课

课前说课是一种预测性说课,关注教学设计中的预设及应对策略；课后说课是反思性说课,主要是对教学设计下所引起的教学效果的探讨和反思。

（3）说者自己要把所说的东西先想明白、想清楚,自己明白清楚的东西才能说出来,才能说得好

对于暂时不清楚的问题也可适当提出来,以请教他人。

（4）说理精辟，突出理论性

课前说课的特点——说理性。要求运用教育学、心理学、现代教育思想理念等教育教学理论回答"为什么这样教"。但不能故弄玄虚，故作深奥，生搬硬套一些教育教学理论的专业术语。

课后说课的特点——反思性＋说理性。

从哪些方面说理？

①理论依据（教育学、心理学、教学论）；

②结合班级学习实际的最佳选择（学生的知识储备、经验、学习兴趣等），体现选择的合理性；

③课程目标的落实和学科课程标准的具体化以及新课程理念的贯彻需要；

④教学经验的积累所至（自己对教学的理解：可以对比以往教学的成败及以往经验的吸取和完善）。

（5）突出重点，不要面面俱到

说课时间有限，在有限的时间内只能抓住重点、关键点、设计的亮点进行解说。

要注意语言的准确、精炼，抓住本质问题进行解说。

说课要能吸引人、打动人。要让听者产生共鸣。（如：你想的问题是听者思考的问题，你提出的办法是听者想过的、或者听者没有想到，而你能用充足的理由说服听者）

研究形态下的说课，主张更多采用课后说课的方式，或者将课前说课与课堂实践相结合，以避免"说""做"不一致的情况。

教育科研中调查问卷的设计

关于调查问卷设计，"知乎"上有这样一句话："问卷设计真不只是'打开一个文档，凭感觉敲几个选择题'。"现实中，多少人对问卷设计不是停留在"打开一个文档，敲几个选择题"上呢？常参加一些课题开题、结题活动，研究方法中"问卷法""调查法"十分常见，但翻开问卷，其问题设计质量、选项的不规范、调查的随意性等着实令人担忧。虽说中小学教育科研不似严谨的科学研究，但一般的规范和基本的科学性还是要尽可能做好。

所谓问卷调查，是调查者运用统一设计的问卷向被选取的调查对象了解情况或征询意见的调查方法。简单理解就是通过设计问题来收集有关事实和事件的信息。目前常采用的方式有两种：纸质问卷调查和网络问卷调查，其中网络问卷调查更为普遍。要保障问卷调查的质量，使收集到的信息、数据符合客观事实、真实可信，问卷的质量、调查对象的选择（确定调查对象的方法）、调查结果（问卷）的处理与分析等都至关重要，而首要条件是有一份高质量的调查问卷。

一、问卷的基本内容

一般来说，一份完整的调查问卷包括三部分：标题、导语、正文。

1. 标题

清晰准确地写明要调查的内容，让调查对象清楚自己要填写的是关于什么主题的调查问卷。但有时为了获得更真实的信息，问卷标题会写得笼统、含糊一些。

2. 导语

导语简要说明调查的目的和意义，强调是为了研究的需要，而非其他目的，说明需要调查对象协作与支持的重要性，以取得被调查者的信任与支持。同时，简要提示调查对象如何填写问卷及所需时间，导语中特别要强调保护被调查者的隐私，说明本问卷是匿名问卷，无需知道被调查者姓名，以及其回答不存在对错，以减少和消除调查对象的顾虑，使其如实填写，进而保障答案的真实性。此外，导语中应包含称呼、感谢语、调查者的机构或组织名称、调查时间等。

3. 正文

正文即系列问题和选项。一般而言，正文部分包括两类问题：一类是了解受调查者基本信息的问题。例如：针对教师的调查，可能需要了解其年龄、性别、教龄、职称、学历等基本信息。一般根据实际需要设置问题和选项，最好不超过 10 题。另一类则是针对调查主题设置的系列问题，题量依具体调查需求而定，但就填写者考虑，题量不宜太多，填写一般不超过 30 分钟为宜。有时，这两部分独立开来，分为"基本信息"和"正文"两大块，如：文后所附"小学数学教师批判性思维水平及教学中批判性思维培养情况调查问卷"即如此。

二、问卷设计流程

一份好的调查问卷，其设计必然经过研究者深入研究、反复琢磨，在明确的调查目标及设计框架指导下形成初稿，并经过预调查评估、调整修改之后最终形成。其过程，有一定的程序和规范，一般而言，以下步骤必不可少：

1. 明确调查的中心概念、研究范围和目的

对中小学教育科研者而言，做问卷调查一般是课题研究的需要。

那么，在设计问卷之前，问卷设计者应该对自己所要研究的课题非常熟悉，对研究的任务及想要获得的研究效果有清楚的认识，对调查中涉及的核心概念及调查的范围有清晰的界定。此外，一定要弄清楚以下问题：

（1）调查的目的是什么

即希望通过调查，获得哪方面的数据、信息、事实。

（2）调查对象是谁

一是明晰调查的群体，针对调查群体的阅读和认知习惯设计问卷；二是确定问卷填写对象选取的方法，是概率抽样，还是随机抽样，还是全样本调查等等。

（3）用怎样的方式调查

是印发纸质问卷，还是采用网络问卷，问卷如何回收等。

以上三点，后两点在问卷设计过程中还可继续考虑，但调查的目的和调查对象群体需在问卷设计前有清晰的认识。

2. 查阅文献

与课题研究一样，问卷设计也需要文献研究，具体包括两方面：一方面是搜集和阅读与调查主题相关的已有调查的研究报告，了解他人如何开展调查，获得哪些数据和事实，对自己的调查和研究有哪些启发和借鉴；另一方面，直接搜集相关调查问卷。有些调查项目有很成熟、经典的调查问卷，可以直接使用，也可在此基础上根据自身研究的需要进行修改。例如：关于批判性思维，有"加利福尼亚批判性思维倾向问卷"和"加利福尼亚批判性思维技能测验"两份非常经典的问卷（量表）。

3. 拟定问卷设计框架

明确调查目的，做好文献研究之后，并不能马上进入问卷设计，而是需要先拟定问卷设计框架。这一环节十分重要，但目前少有人做。拟定设计框架实际是对调查内容进行分解、细化，避免问题设计的随意性、盲目性，提高问题的针对性，避免测试点的重复或遗漏，从而确保整份问卷测试点的全面、完整。那么，如何拟定问卷设计框架呢？

简单地说，就是将问卷调查主题逐步进行分解，分别列出一级观测指标、二级观测指标、三级观测指标等，直到列出所有的观测点。例如：做"中小学社会适应能力"调查，研究者把"社会适应能力"分解为"生活自理能力""人际交往能力""应激反应能力""挫折承受能力"四个一级观测指标。我们开展的"教师批判性思维水平及教学中渗透批判性思维培养"的调查，分解为"教师批判性思维品格""批判性思维水平""批判性思维教学现状"三个一级观测指标。在此基础上，进一步分解，列出二级观测指标。如："教师批判性思维品格"又分解为"批判性思维自信心"和"批判性思维品格"两个二级观测指标，其中，"批判性思维品格"有六个观测点："旺盛的求知欲""较强的分析能力""客观看待问题""开放的心态""系统化思考""认知成熟度"。

由以上分析可知，列出观测点之后，问题的设计可依据观测点进行一一对应，这样能确保问卷中每道题观测的针对性以及整份问卷的完整和规范。同时，拟定问卷设计框架的过程实际是对调查研究进一步梳理的过程，能帮助我们更好地理清思路，明确调查内容和范围，促进研究。

4. 初拟问卷

根据问卷设计基本要求，依问卷设计框架，逐一设计问卷中的每一道题，并进行文字整理及版面设计，最终形成一份完整的调查问卷初稿。

5. 评估调整

初稿形成后，要反复评估、打磨、修改。评估的内容包括各方面，例如：题目的语言表述是否清晰、具体，有没有歧义，是否符合被调查者阅读习惯；各题目是否能准确地测量相应维度所代表的意义；题目是否具有代表性和典型性；是否有更合适的题目等。

评估一般是设计者和课题组成员共同参与，也可邀请课题组外人员参加，从旁观者或被调查者角度提出建议。

6. 预调查（试测）

严格来说，一份好的问卷需要经过预调查检验才能正式施测。预调查样本数与题目数量一般是 1：1 至 1：10，但至少 30 人。预调查主要用于考察题目的效度和信度，以及进一步发现问卷的具体缺陷和不足，例如：难度、容量、题目顺序、内容、语言表达等。中小学教育科研一般没有如此严谨的要求，但在条件成熟的情况下，建议尽可能实施预调查，以保证研究的科学性和规范性。

7. 修改定稿

经过评估和预调查，在听取多人意见、建议，反复评估、调整、修改的基础上，最终形成正式施测的调查问卷。

三、问卷设计注意事项

一份问卷，最核心的部分就是问题和选项。要减少调查误差，保证调查结果的可靠和有效，以下问题十分重要。

1. 问题设计注意事项

（1）除了解基本信息的问题外，其余题目要与研究的问题、假设直接相关

（2）问题的表述要清楚、具体，不能有歧义

即确保所有被调查者对问题的含义有相同的、一致的理解，并且这种理解与出题者想要的理解一致。尽量不要使用学术用语、技术性术语、行业专用语、不明白的缩写、俗语及生僻用语等。如果设计时担心某个概念出现理解上的不一致，建议提供完整的定义或作出清晰的说明，以消除语义上的含糊不清。

（3）问题必须保持中立，不能提带有倾向性的问题

例如，探究性学习很重要，你在教学中采用探究性学习的情况是：①经常；②偶尔；③不采用。这样的问题带有明显的倾向性，被调查者往往会认为调查者想要的答案是"经常"。

（4）尽量使用封闭式问题，少使用开放性问题

问卷中的问题一般有三类：封闭式、开放性、半封闭式。封闭式问题即不仅提问，还列出可供选择的答案。根据其答案选项特点又可分为肯否式（同意或不同意、对或错、喜欢或不喜欢等）、选择式、排序式、等级式、定距式等。大多数问卷采用封闭式问题。开放式问题即只列出问题，不提供答案。答案由问卷填写者自由回答。题型一般是填空式和问答式。半封闭式问题兼有封闭式和开放式的特点，既列出答案，又留有自由回答的余地。例如：在选项中加入"其他"选择项，在列出的答案后加上"你这样做的理由是……"。

一般而言，问题采用哪种方式需要根据具体调查项目实际需求确定，但总体上，建议少使用开放性问题。一是开放性问题不便于统计分析；二是增加填写者的难度，容易造成抵触心理，影响问卷填写的效果。如需安排开放性问题，一般建议放在整份问卷较后面的位置。

（5）不能兼问

即在一个题目中只能包含一个问题。

（6）问题的编排要有梯度，一般把简单的问题排在前面，复杂的问题排在后面，由易到难，这样容易得到被调查者的配合

2. 答案选项注意事项

答案选项在语言表述上与问题设计有相同要求。同样不能使用被调查者不理解或产生理解偏差的表述。此外，答案选项还要注意以下事项：

（1）选项一定要穷尽且互斥

对封闭式题目而言，应列出所有可能的答案，避免回答者没有答案可选。所有答案之间应该是不相容的，特别是当选项是等级或定距式呈现时，这一点尤为重要。

（2）选项应该根据所提问题可能出现的具体情境进行设计

问卷是给被调查者做的，选项的设计应尽可能考虑被调查者的实际情况及可能出现的结果。

（3）选项应该有利于后期分析和研究报告的表达

最后，关于问卷调查，还需特别强调的是：①调查样本选择上，要关注其"代表性"，而非数量。如可能，尽量采用全样本，如需抽样，建议采用概率抽样。②尽可能客观。问卷调查是去调查，不是制造数字来验证自己大脑中已有的判断。

案例1：
"小学数学教师批判性思维水平及其教学意识现状"
调查问卷设计框架

一级指标	二级指标	观测点
1. 批判性思维品格	1.1 批判性思维自我认知	1.1.1 批判性思维自信心
	1.2 批判性思维品格	1.2.1 旺盛的求知欲
		1.2.2 较强的分析能力
		1.2.3 客观看待问题
		1.2.4 开放的心态
		1.2.5 系统化思考
		1.2.6 认知成熟度
2. 批判性思维水平	2.1 可信性判断水平	2.1.1 断言的可信性判断
		2.1.2 数据的可信性判断
	2.2 论证中的谬误鉴别	2.2.1 滑坡论证
		2.2.2 因果谬误
		2.2.3 转移问题
		2.2.4 重复论点
		2.2.5 辨别观点背后的假设
	2.3 演绎论证水平	2.3.1 判断的转换
		2.3.2 假言判断的运用
		2.3.3 三段论
		2.3.4 连锁论证
		2.3.5 合取判断

（续表）

一级指标	二级指标	观测点
	2.4 非演绎论证水平	2.4.1 从一般到特殊
		2.4.2 归纳推理
		2.4.3 类比推理
3. 批判性思维教学现状	3.1 思维品格培养	3.1.1 培养学生谦虚、谨慎的态度
		3.1.2 培养学生清晰和有条理地表达
		3.1.3 培养学生讲道理、下判断要有理由及全面收集信息的意识和能力
		3.1.4 培养学生对知识好奇和热衷（哪怕没什么用），并尝试学习和理解的意识和能力
		3.1.5 培养学生自我校准意识（勇于质疑、确认或改正自己的推论或结果）
	3.2 思维方式培养	3.2.1 培养学生判断信息的可靠性的初步能力
		3.2.2 培养学生考察信息是否足够支持自己的立场和观点
		3.2.3 让学生认识到现实问题是复杂的，培养学生分解问题的能力
		3.2.4 培养学生寻求和对比不同观点，比较它们的根据和优缺点的意识和能力
		3.2.5 培养学生的逻辑推理能力

案例2：
"小学数学教师批判性思维水平及其教学意识现状"调查问卷

老师：

您好！感谢您积极参与此次调查问卷的填写。此问卷旨在了解我市小学数学教师批判性思维水平及在教学中落实批判性思维培养的现状。问卷的填写对您今后的工作生活不会有任何不良影响，请您认真如实填写，十分感谢！

第一部分　基本信息

1. 您的性别是（　　）。

①男　　②女

2. 您的年龄是（　　）。

①小于30岁　　②30—39岁　　③40—49岁　　④50岁及以上

3. 您的学历是（　　）。

①中专　　②大专　　③本科　　④研究生及以上

4. 您的数学教龄是（　　）。

①1—5年　　②6—10年　　③11—15年　　④15年以上

5. 您主要任教的学段是（　　　）。

①第一学段（1—3 年级）　　　②第二学段（4—6 年级）

第二部分　问卷

1. 即使有证据与我的想法不符，我还是会坚持我的想法。

①非常赞同　　　②赞同　　　③不赞同　　　④很不赞同

2. 在小组讨论时，若某人的意见被其他人认为是错误的，他便没有权利再表达意见。

①非常赞同　　　②赞同　　　③不赞同　　　④很不赞同

3. 对某件事如果有四个理由赞同，而只有一个理由反对，我会选择赞同这件事。

①非常赞同　　　②赞同　　　③不赞同　　　④很不赞同

4. 当面对困难时，要考虑事件所有的可能性，这对我来时说是难以做到的。

①非常赞同　　　②赞同　　　③不赞同　　　④很不赞同

5. 我善于有条理地处理问题。

①非常赞同　　　②赞同　　　③不赞同　　　④很不赞同

6. 我善于策划一个有系统的计划去解决复杂的问题。

①非常赞同　　　②赞同　　　③不赞同　　　④很不赞同

7. 当面对一个重要抉择前，我会先尽力搜集一切有关的资料。

①非常赞同　　②赞同　　③不赞同　　④很不赞同

8. 面对问题时，因为我能做出客观的分析，所以我的同事或朋友会找我作决定。

①非常赞同　　②赞同　　③不赞同　　④很不赞同

9. 我很善于发现别人的论述中存在的问题。

①非常赞同　　②赞同　　③不赞同　　④很不赞同

10. 对我自己所相信的事，我是坚信不疑的。

①非常赞同　　②赞同　　③不赞同　　④很不赞同

11. 我擅长解决难题及面对有挑战性的工作。

①非常赞同　　②赞同　　③不赞同　　④很不赞同

12. 我对本学科教学以外的许多问题都很感兴趣。

①非常赞同　　②赞同　　③不赞同　　④很不赞同

13. 我经常反复思考在实践和经验中的对与错。

①非常赞同　　②赞同　　③不赞同　　④很不赞同

14. 在"平行与垂直"的教学中，您的学生表示不相信两条互相平行的直线无限延长后一定不会相交，他提出："既然是无限延长，说不定延长到很远很远，我们无法看到的地方它们就相交了。"对此，您会采取以下哪种方式？

①就你事多，书上都这么说了，你还不相信？

②下课后我们再讨论这个问题。

③当场在黑板上画一组平行线，用平行线间的距离处处相等帮助学生理解。

④指出他的思考非常有价值，鼓励他课后去看相关的书籍，并提供帮助。

15. "分数乘整数"的教学，学生对"求几个相同加数的和用乘法计算"已经十分熟悉，对"同分母分数的加法"也能够熟练计算，因此这节课的教学难度不大，学生很容易学会计算的方法。那么，教学中，您更倾向于：

①学习例题后再举例验证得出的计算方法是否适用于所有的分数乘整数，并思考为什么。

②学习例题后引导学生用自己的语言概括计算方法，并用字母表示，然后通过多样化的练习让学生牢固掌握计算方法。

③让学生在课堂上自学，然后讨论算理和算法，并在练习中强化。

④采取翻转课堂的方式教学，课堂上重点查漏补缺，强化训练。

16. "三角形的内角和"教学中，理解"内角和"概念后，接下来的教学中，您更倾向于实施哪一教学流程？

①给出一个长方形，将它沿对角线分成相等的两个三角形，得出"三角形的内角和是180°"，然后让学生验证这一猜想。

②直接出示许多三角形，请学生思考：这么多的三角形，可谓无穷无尽，我们该怎么研究它们的内角和。

③引导学生先复习三角形的分类，再思考：我们可以怎样研究三角形的内角和？

④直接告诉学生，三角形的内角和可以分三种情况讨论。

17. "三角形的内角和"教学中，学生通过测量、剪拼等方式得到结论之后，您认为是否还有必要引导学生思考下面的问题：三角形的内角和一定是180°吗？为什么？

①没有必要，学生已经通过操作活动得出结论了。

②没有必要，证明三角形的内角和是180°需要用到平行线的定理，小学生还不具备这样的知识水平。

③有必要，凡事多想想为什么没有坏处，虽然学生还不理解证明的方法，但是我们可以告诉学生这个结论已经被证明了。

④有必要，应该让学生明白我们运用的是不完全归纳法，其实还不能真正得出确定的结论。

18. 在教学中我们经常要带领学生总结一些规律或者提炼某些概念。比如小数的性质：小数的末尾添上"0"或去掉"0"，小数的大小不变。在这一类教学中，您通常采取哪种策略？

①请语言表达能力较好的学生总结。

②让学生先在小组内讨论，然后派代表总结。

③请每个学生都试着总结并记录在练习本上，然后选取有代表性的例子讨论。

④我的学生语言表达能力很弱，通常都是我自己总结。

19. 学习统计图时，想让三年级学生调查小学生喜欢吃什么水果的问题。学生有多种途径获取信息，例如在本班调查、向自己认识的其他班级的同学了解情况、想办法在各年级随机选取一些同学了解情况等。您会让学生事先讨论应该采取何种途径获取信息吗？

①不会，三年级学生年龄太小，直接让他们在班上调查就可以了。

②不会，讨论太费时间了，就算讨论出来了，他们也很难实行。

③会，讨论之后我们再选取最容易实现的途径去调查。

④会，通过讨论可以让学生明白哪种方法得到的数据更客观，然后再想办法收集数据信息。

20. 低年级学生在没有经过教师提示的情况下，一般都认为"12颗糖分给4个人，每人分得3颗"这句话是正确的。您认为造成这一问题的原因是什么？

①学生没有认真读题。

②学生没有深刻理解什么是平均分。

③学生认为就应该这么分。

④学生默认分糖的时候就应该平均分。

21. 在教学多位数乘一位数（如12×3）时，您更倾向于下列哪种教学方法？

①让学生先用加法找到答案，然后鼓励他们自己探究乘法竖式的计算方法。

②鼓励学生寻求多种算法，然后在交流讨论中比较每种方法背后的依据和优缺点。

③学生第一次接触乘法竖式，由教师讲授乘法竖式的计算方法更规范。

④让学生自学课本，然后汇报交流，重点讨论乘法竖式的计算方法。

22. 在学习"圆的周长"一课时，有学生在课后对您说："老师，我听说有一个投针实验也能得出圆周率，您知道吗？"对此，您倾向于做出何种回应？

①这个实验叫蒲丰投针实验，你可以回家百度一下就知道了。

②下课了，要不明天数学课上我给大家讲讲吧！

③这个实验挺有意思的，我们要在活动课上做这个实验。

④其实这个实验很容易做的，老师告诉你怎么做，你可以自己回家做。

23. 在平时的教学中，您的学生能够主动对自己的解题过程进行反思、质疑的人数为：

① 几乎没有学生能做到。

② 大多数学生能做到。

③ 一半左右学生能做到。

④ 有少部分学生这样做。

24. 在说明正方形是特殊的长方形时，您的学生更倾向于如何表达？

①把长方形的长缩短一点就成了正方形，所以正方形是特殊的长方形。

②正方形和长方形的样子很像，都是四四方方的，所以正方形是特殊的长方形。

③正方形的四条边都相等，四个角都是直角，所以正方形是特殊的长方形。

④因为长方形的对边相等，四个角都是直角，正方形相对的边也相等，四个角也都是直角，所以正方形也是长方形。

25. 下列事件中最可信的是：

①由许多明星代言的某种保健品的效果很好。

②娱乐媒体对明星私生活的报道。

③百度上搜索到的治疗肺结核的最好的医院。

④新闻媒体对热点事件的持续报道。

26. 有两个从数据得到的结论：A. 大约半数的人欺骗了自己的另一半。研究人员最近在一家购物中心采访了很多人。在接受采访的 75 人中，有 36 人坦承他们有朋友曾承认欺骗过自己的约会对象。B. 尽管大家都很害怕，但跳伞运动其实比其他活动（比如驾驶汽车）要安全得多。因为 2006 年 12 月一个月内，洛杉矶有 176 人死于车祸，而死于跳伞事故的却只有 3 人。评估以上两个结论：

①两个结论都可信。

②第一个结论不可信，第二个结论比较可信。

③第一个结论可信，第二个结论不可信。

④两个结论都不可信。

27. "如果我们允许广电总局禁止在广播电视上播放酒类广告，那么它明年又说糖果有害于公众健康，因为它会导致肥胖。接下来也许广电总局很快就会禁止很多类型的其他广告，因为很多产品都会带来潜在的健康危险。"您对这一论证的评价是：

①好，它提醒我们不能任由广电总局做出决定。

②好，毕竟广电总局以前就是这么干的。

③差，广电总局禁止播放酒类广告是好事。

④差，广电总局依法禁止了播放酒类广告不能证明它就有权禁止其他商品的广告。

28. "黎明时分，小亮静静地坐在那儿，鼻子贴在冰凉的玻璃窗上。他热切期望这时是清晨，这样他就能出去打篮球了。他专心致志地盼着、盼着太阳出来。在这样期望的时候，天空开始发亮了。他继续期望着，确实，太阳升起来了，升到了清晨的天空中。他对自己很自豪。小亮想着所发生的一切，断定自己有能力改变自然景观。"对于这种断定的评价是：

①差，在他期望之后发生的事情并不意味着因为他期望就发生了。

②差，无论他期望与否，地球都绕着太阳转。

③好，小亮还是个孩子，这样想没有问题。

④好，没有什么证据证明，要是他不期望就不会发生这一切。

29. "对于死刑，当前支持保留死刑的人认为，对死亡的恐惧将会阻止其他人犯同样可怕的罪行。但是，你设身处地的想一想，如果是你的亲人，因为犯罪而被判死刑，你将是什么样的感受，你是否会痛不欲生？你是否希望给他一个改过自新的机会？所以，死刑应当废除！"对说话者推理的最佳评价是：

①差，它没有表明公众的意见。

②差，它没有提及死刑对阻止他人犯罪的论证。

③好，它表明死刑应当废除。

④好，但对废除死刑的论证实际上是错误的。

30. "一副52张的标准扑克牌刚好包括4张国王（K）、4张皇后（Q）和4张丑角（J）。为方便起见，我们称这12张是花牌。其他的牌从A到10用数字标识，我们称之为数字牌。现在，假设你手里拿着一副洗好了的52张的标准扑克牌。根据已知情况，我们可以得出结论：在这52张牌里，有4张丑角、4张皇后和4张国王。"对作者证明结论的方式的最恰当的评价是：

①差，如同说"天空是蓝色的，因为它是蓝色的"一样。

②好，结论是对事实的精确复述。

③好，推理充分考虑了这副标准扑克牌里的每张牌。

④差，结论没有考虑到抽掉一张花牌的可能性。

31. "并不是所有候选人都有资格胜任"表达的意思相当于：

①没有一个候选人有资格胜任。

②有些候选人没有资格胜任。

③有资格胜任的不是候选人。

④所有候选人都没有资格胜任。

32. Tay-Sachs 是一种遗传病。这种病的基因能从携带病毒的父母那里遗传给亲生子女，下图显示的是 Tay-Sachs 遗传的可能模式。假如已婚的丽莎和哈利想要孩子，在做 Tay-Sachs 时他们首次得知他俩都是 Tay-Sachs 携带者。根据以上信息，可以判断：

①他们的亲生子女或者患 Tay-Sachs 病，或者是 Tay-Sachs 携带者。

②尽管风险很大，他们的孩子还是有可能不被感染。

③他们考虑到这种风险，决定不生孩子。

④他们还想做父母，因而决定收养一个孩子。

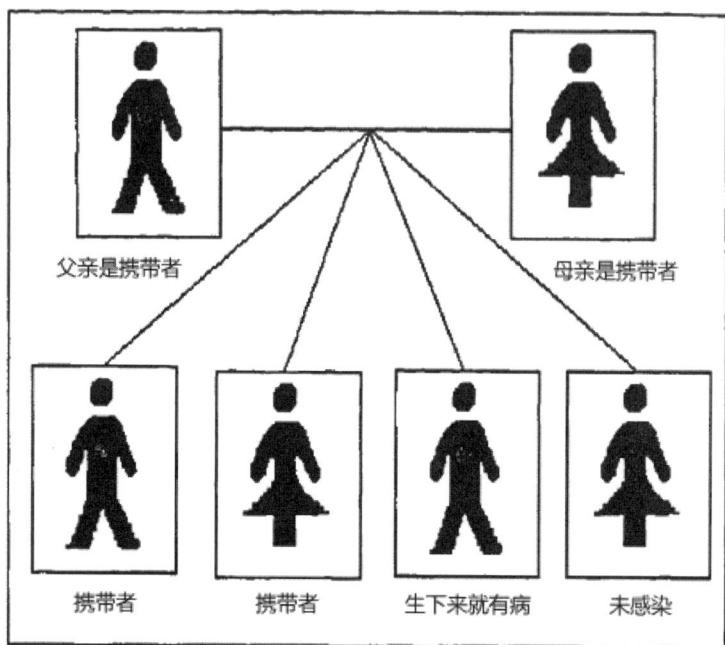

图 12

第 33、34 题依据以下虚构的情境：

某所大学正好有 7 个学生俱乐部：1、2、3、4、5、6 和 7，校长必须从 5 个不同的俱乐部挑选 5 名俱乐部成员担任重要委员，任何一个 5 人组合必须同时满足下列条件：如果从第 1 个俱乐部选人，第 5 个就不能选；如果从第 3 个选人，第 5 个也必须选；如果第 2 个有人入选，第 6 个也必须有人入选。

33. 下面是委员会成员的五种可能组合，哪个组合满足所有条件？

① 1、2、4、5、6

②2、3、4、5、6

③2、3、4、6、7

④1、4、5、6、7

⑤1、2、3、6、7

34. 假如校长不准备从俱乐部7中选人，那么，哪个俱乐部的成员也不能入选？

①5

②4

③3

④2

⑤1

35. "学会骑自行车后，哪怕很长一段时间都不再骑它，但只要一旦重新开始骑自行车，所有的一切都会自动扑面而来。"由此可以得出下面的哪个结论？

①哪怕我们很长时间没有接触几何，但是一旦开始做几何题，怎么做这些题目的记忆就会瞬间回到脑海里。

②学会游泳之后，无论多长时间不再游泳，一旦重回泳池，都能迅速找到游泳的感觉。

③我们有必要尽早让孩子学会更多的技能。

④有必要让学生反复训练多做题，这样他们无论什么时候需要这些知识，都能迅速回忆起来。

36. "特里，别担心！将来某一天你会毕业的。你是个大学生，对吧？所有的大学生都迟早会毕业的。"假如所有支持性的陈述为真，其结论：

①不可能为假。

②可能真，也可能假。

③可能假，也可能真。

④不可能真。

37. 桌子上有3张三角形卡片，每张两面都印着一个大写的英文字母。为了证明论断："如果一面印着字母K，则另一面印着字母B"一定为真，你必须翻看哪几张卡片？

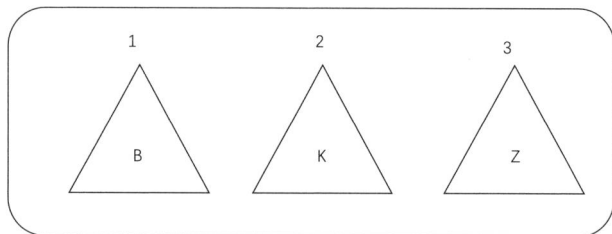

图13

①只翻看第一张。

②只翻看第二张。

③1、2、3张都翻看。

④翻看第1、2张，不翻看第3张。

⑤翻看第2、3张，不翻看第1张。

38. "对蒙特得大学学生的研究发现，在每天喝2或3瓶啤酒、持续60天的那些学生中，75%的人明显出现肝功能退化。因此，这些结果是碰巧发生的看法已经被实验高信度地排除了。"如果这是真的，蒙特得大学的信息会证实：

①饮酒与青少年肝功能退化呈现统计数据上的相关性。

②饮酒导致青少年肝功能退化。

③在酒精与肝功能退化的关系中，酒不是一个因素。

④研究者想用亲自掌握的证据证明年轻人不应该饮酒。

⑤对饮酒年龄加以限制的法律已经过时，应该修改。

39. 思考这个论证："L 比 X 矮，Y 比 L 矮，但 M 比 Y 矮。因此 Y 比 J 矮。"假如所有的前提为真，必须加上什么信息，才能使结论为真？

①L 比 J 高

②X 比 J 高

③J 比 L 高

④J 比 M 高

40. 假如"不管什么时候下雨，街道和人行道都又湿又滑"是真。在此假设下，下列哪种情况一定为真？

①如果人行道是滑的或是湿的，那么在下雨。

②如果不下雨，则街道和人行道不滑。

③如果人行道湿，或街道滑，则在下雨。

④如果人行道湿滑但街道干，则没在下雨。

[此问卷及设计框架为陈晓燕老师主持的省级课题《小学数学教学中渗透批判性思维培养的实践研究》课题组核心成员于芳老师设计]

分数的背后：学科教学质量分析思考与建议

考试是检验教学质量的重要途径，是一项复杂的、科学性很强的活动。经过设计、命题、施考、评卷等环节，得到了考试的结果，这个结果蕴含着丰富的教与学方面的信息，需要及时、全面、客观地进行分析，这就是教学中的一项常规工作——教学（考试）质量分析。考试质量的分析，通常运用分析试卷的形式进行，科学地进行教学质量分析是提高教学质量的必要措施。

一、质量分析的现状

1. 研究背景

我市每学期对其中一个年级进行教学质量抽查。被抽查的年级使用统一的试卷，但不统一评卷，由各镇街自行组织，以镇街为单位上交成绩统计与试卷分析，并抽查其中三分之一的镇街的评卷情况，即有三分之一的镇街需要上交一个代表本区域中等水平的自然班的考试试卷。连续几年来，每学期收到试卷分析36份或72份（A、B卷），其中有任课教师填写的，有镇街辅导员填写的。收到试卷500份左右，一般为12个自然班或24个自然班（A、B卷）。通过对教师、辅导员所提交的试卷分析及试卷分析与考试试卷的对照分析的持续关注，发现教学质量分析这一常规教学工作存在较多的问题，且普遍不受重视。

2. 主要问题

就小学教学而言，试卷分析一般有两种情况：一种是对自己平时实施的自测进行质量分析，一种是对学校或上级部门组织的期末检测进行质量分析。自测一般是在一个大单元或几个单元教学之后，教师自身对教学情况及学生学习情况进行自我检测，试卷一般由同年级组共同命制或自己命制，期末检测一般是学校统一试卷、统一考试、统一评卷。相对而言，期末检测试卷更规范、所得到的数据及相关信息更具可比性和分析价值。但从近几年的试卷分析情况看，应付式、完成任务、分析不到位的情况居多，认真分析、真正将其视为教学改进有力措施的较少。从态度上来说，固然有因期末工作繁忙、有所疏忽有关，但更多的原因应该是教学常规尚未规范化、以及"只看分数、不关心分数背后隐含的信息"的教学评价观有关。当然，质量分析的能力和水平是核心问题。在此，先不谈态度和观念问题，就能力和水平而言，主要存在以下几方面问题：

（1）不知道分析的内容、步骤，对试卷分析模板的填写"答非所问"。

（2）不会统计相关数据。

除统计平均分、优秀率、及格率之外，对分数段统计、各题得分率统计要么直接忽视，要么敷衍了事，没有认识到数据背后隐含巨大的教与学的信息，也没有意识到"数据"是分析的前提和保障。

（3）找不到典型错例。

（4）试题鉴别能力差。

即不会分析试题，不明白命题者的意图，以及试题对教学的指导作用。总用简单的方式判断试题的好坏，即"题目容易，平均分高，试题就好"。

（5）原因分析停留在表面（或浅层次）。

如：只看到学生哪里错，将错的原因归结为"粗心""没认真审题"；或者找"客观"原因，如：试题太难、题目不应该这样表述、情境学生没见过等，不善于自我反思，从自身出发分析问题，查找原因。

（6）改进建议不具体，比较空泛。

对"今后教学改进意见"一栏，一般都是填写"加强习惯培养""重视计算教学""重视开放性教学""培养学生创新意识与能力"等空洞的、口号式的语言，没有具体的、有针对性的、可行性的改进意见和建议。

二、怎样进行质量分析

（一）端正质量分析的认识

首先，我们必须认识到考试（主要指纸笔测试）是教育测量的方式之一。考试并不是如我们现在所诟病的这样，是素质教育的绊脚石、是应试教育之源。从教育测量的角度看，考试是检测和促进教师"教"与学生"学"的有效手段，因此，考试本身并没有错，关键是我们怎样对待和运用考试的结果——分数。

关于分数，特别是小学阶段考试的分数，无论教育主管部门、学校行政亦或教师自己，都应该更多地从改进教与学的角度正确、理性对待，更多地将其定位在教学研究的角度，而不是单一地衡量和评价教师教学好坏的角度。基于以上思考，就应该科学利用分数，最根本的出发点就是为提高教学质量服务。

其次，作为任课教师，在进行质量分析时，应转变思维方式：变从他人处找理由为更多地从自身教学找原因（当然，客观、科学地分析最重要）。就目前的情况而言，我们习惯的思维是：这道题出得太难！这道题不应该这样设置！从教育测量学的角度来说，如果试题没有一定区分度，试题的命制就是有问题的。其实，我们不妨先问问自己：我的教学存在哪些问题？如果每个人都学会自我反思，进步离我们就很近了。因此，进行质量分析时，遇到学生错误率较高的题目，建议从以下几方面思考：考核的知识点是什么？命题者的意图是什么？学生出错的主要原因在哪？对我的教学有什么启示？今后教学怎样改进？

（二）采用科学、规范的分析方式

1. 质量分析的内容

一份完整的质量分析，应该包括以下几方面的内容：①对试卷内容的分析。包括试题知识点的覆盖面、题目的难易程度、试题质量的高低、试题是否适宜等。②对学生答题情况的分析。包括数据分析和实例分析。③典型错例及原因分析。原因分析包括典型错例原因分析及得分高或低的原因分析，通过分析总结教与学两个方面的经验，找出存在的问题及剖析产生这些问题的原因。④改进建议及措施。根据以上三方面的分析，对命题和教学提出改进建议和解决存在问题的具体措施。

2. 质量分析的步骤

查——通过分析试卷上的试题，查出本次考试的目的是什么，考试的知识范围有哪些，哪些题型考察基础知识和基本技能，哪些题型是考查学生数学思维、综合能力等。

统——统计相关数据，进行定量分析（学会分析数据、读懂数据背后的信息）。

找——找出学生出现的错误（个性问题与共性问题）以及其引起错误的原因（浅层次、深层次），分析学生的学习和自己教学中存在的问题。

改——根据找出的错误及其引起错误的原因提出具体可行的改进措施。

3. 质量分析的具体要求

（1）对试题内容进行分析

包括以下几方面：①分析试题内容是否符合课标要求，是否紧扣教材、结合实际；②分析试题的覆盖面、难易度，提出对试题梯度、层次的看法；③分析试题的知识考查点、能力考查点及命题者的设计意图；④找出试题中的优秀题目和存在问题的题目，并提出改进建议。

（2）数据统计要求

①计算班级的平均分、优秀率、合格率、最高分、最低分等进行考试分数的统计分析；②按分数段统计学生数，计算出各分数段学生所占比例；③对各小题的得分率、得分人数进行详细统计分析，在小题得分率基础上，计算各大题得分率，了解各领域内容得分情况。

（3）典型错例及原因分析

典型错例是基于对每份试卷的分析，建议在统计各小题得分率时一并关注。一般而言，出错率较高的题、有代表性的错例都属于典型错例。应逐一列出并分析出错原因。

原因分析应着眼于深层次原因，不能只简单列举错误，或停留在表面。例如：学生简便运算出现错误，则简单归结为"运算定律"没有掌握；学生"解决问题"出错，则简单归因为"没有认真审题""不会列方程"等，这些都是表象，要学会追问：如"运算定律"掌握不好，具体原因是什么？对运算定律本质不理解？对算式中的数据没有敏感性（即数感缺失）？对简便运算本质（算式的结果不能发生变化）没有把握？……因此，对原因分析，建议大家多问几个为什么，而且要学会连续追问，抽丝剥茧，最终找到根本性原因。需要说明的是，质量分析时，除了对失分及典型错例进行原因分析，还应该对得分率高的试题进行分析，总结教学中的成功经验，供他人学习和借鉴。

（4）改进建议及措施

改进建议涉及两方面：一是对试题命题提出改进建议，有利于促进命题研究。这对于教育测量非常重要。因为从测量学的角度，试题相当于教育测量中的一把"尺子"，是教育测量的工具。任何测量工具都应该具有科学性、规范性。否则，测量就会出现偏差。二是对教与学（主要是教）提出改进建议及具体措施，这是从自身及同行教学的角度考虑。但不论针对哪方面提出建议和措施，都应该注意以下几点：①必须清楚，只有认识到位，前面的分析到位，才能提出好的建议，才能促进教学；②客观、具体，实事求是，尽量不说大话、套话；③切实可行，提的建议符合实际，通过努力能实现；④不要光说不做，要切实行动起来，将改进措施落实到教学中。

4. 撰写质量分析报告

完成以上步骤，最终要形成质量分析报告。分析报告，是对一次考试中质量分析的文字总结。质量分析报告一般包括：考试基本情况、试卷命题分析、数据（成绩）统计、典型错例及原因分析、相关信息、改进建议与措施。质量分析报告也可用试卷分析的方式撰写，即按照学校或上级教育部门提供的试卷分析模板进行撰写。撰写质量分析报告，一方面可以促进自己进一步整理和反思，另一方面有利于互相交流和学习，方便进行更大范围的统计与分析。

三、质量分析注意事项

1. 树立"一个意识"——研究的意识

小学阶段的质量分析，最主要是为了促进教学。每一次质量分析，我们都要以研究者的眼光审视、分析和解决自身在教学实践中遇到的问题，养成研究教学、研究学生、研究课堂、研究课程的习惯，让质量分析上升到研究的高度。从这一点出发，具体分析时要求做到：

①数据真实

从近年上交的试卷分析，可以看出部分教师态度非常不认真。所填写的数据明显不符合实际，例如："各大题得分率"明显与整体情况不一致，可见其数据是捏造、随意填写的，这就失去了质量分析的意义和价值。因此，质量分析上所列各项数据，应是按照要求严格进行统计、计算后得到的真实、准确的数据。

②错例典型

所举错例，要典型具体，体现大部分学生答题的情况。

③抓住本质

对试卷内容和试卷中出现的问题的原因，要抓住本质、突出关键；提建议和解决问题的措施，应从实际出发抓住共性，突出重点。

④个别分析

要通过详细研究每一个学生的试卷，对学生的考试结果进行个别化的分析和评价。既要关注学生考试成绩的升降、试题的得失分率的统计，更要对学生解题过程中的答题思路进行分析。实际经验告诉我们，对不同的学生而言，同样的分数并不意味着同样的发展。因此，通过研究试卷中各个学生的答题情况，发现学生答题的个性特点和问题，了解和探测学生的思维特点和答题思路，更有利于对学生进行个别化的评价和指导。

2. 注意"两个结合"——与日常教学行为结合、与学生平时的学习结合

质量分析，要注意结合日常教学行为和学生平时的学习行为，对数据背后所反映的"教"与"学"中存在的问题进行深层次的研究和思考。例如：我们对抽样的一个自然班的试卷进行得分率统计时，发

现该班在某一题上失分特别严重，而这道题是基础题，说明任课教师在教学中忽视了该知识点的教学或者教学严重不到位。又如：对于试卷中的开放性题目，有些班级得分率非常高，有些班级则失分特别严重，说明该任课教师没有重视开放题的教学。从学生学的层面，进一步的要求则是通过对试卷的个别分析，帮助每个学生找到继续得分的因素，并给学生可操作的帮助和具体的指导，而不是光在黑板上讲题。更进一步的要求则是教会学生学会自我分析。

《数学课程标准（2011 年版）》指出：评价的主要目的是全面了解学生数学学习的过程和结果，激励学生学习和改进教师教学。

在学校教育中，考试是评价的方式之一。考试与教学是一个有机的整体，用考试结果来反馈、调控和指导教学，能确保教学更有目标和方向，实际就是有效地发挥考试（评价）促进教学与发展的功能。

需特别指出的是，本文所谈的质量分析，主要是基于教师层面。对于学校及区域层面的质量分析，则应该更多进行横向比较，通过比较，总结优秀教师的成功经验，帮助教学不到位的教师认识教学中存在的问题，并给予恰当的指导，促进其提高教学质量。学校教导主任和区域辅导员应该认真做好这项工作。

由两项评比引发的关于小学数学教师阅读的思考 [1]

　　2013 年，我市开展了两项教师教学评选活动。一是"教学能手评选"。分为初评、复评和终评。其中，终评必选项目之一为笔试，笔试内容为三方面：《课标（2011 年版）》（30%）、解题能力（60%）、教育学和心理学（10%）。考查内容于 1 月初公布，3 月中旬考试。二是"小学数学说课比赛"。设置"自选课题说课"和"现场问答"两个项目。其中，"现场问答"的命题范围为《课标（2011 年版）》《逻辑析理与数学思维研究》《普通逻辑学》三本书中的内容，9 月初公布评选方式和书目，11 月下旬评选。

　　以上两项活动，考试的范围明确。本以为教师准备充分，成绩会比较理想。但结果令我们大失所望。在"教学能手评选"笔试中，涉及《课标（2011 年版）》的内容有选择题 1 道，填空题 4 道，论述题 1 道。在152 人参加的考试中，得分率分别为 75.33%、60.03%、38.95%。说课比赛"现场问答"环节共 14 个选手参赛，设置 20 组备选题，每位选手任选一组回答，答题时间为 5 分钟，平均得分率为 38.37%。

　　以上数据，离预想的成绩相差甚远。活动结束后，我们进行认真分析和反思。导致成绩差距如此之大的原因固然是多方面的，教师不读书和不会读书是重要原因之一。两项活动结束后，我们对部分参评教师进行了访谈。访谈中发现，关于教师阅读，有两种现象较为普遍，非常值得关注和反思：一是阅读习惯；二是阅读方法。

---

[1]　本文发表于《小学教学·数学版》2016 年第 11 期，并被人大复印报刊资料《小学数学教与学》2017 年第 2 期全文转载.

一、关于阅读习惯的几个问题

1. 阅读时间——无

在与老师们的交流中，大多数老师对阅读的反馈如下：知道读书的益处，非常想读书，但没时间读。没时间读几乎是所有老师共同的借口。

时间都去哪儿了？老师们反映：他们的时间绝大部分用在上课、备课、作业批改、学生管理、与家长沟通、各种培训、教研、各类会议以及各类评估做资料等方面。一般而言，一位数学教师担任两个班的数学教学任务，还兼任其他课程，周授课为 12—14 节，加上早读、午练、第二课堂活动等隐性课时，授课用去的时间平均每天2.5—3 小时，按每授一节课最低备课时间 1 小时计，一周备课用去12—15 小时；批改作业每班每天 1 小时，一周 10 小时，3 项总计共用去近 40 小时，加上开会、教研、找学生谈话之类，老师们别说在工作时间里读书，有时连备课时间都被挤占了。而更为现实的情况是：小学女教师偏多，她们大多数都处于上有老下有小的年龄，业余时间要做家务、照顾孩子，似乎更没有时间阅读！

2. 阅读量——少

在我市，为促进骨干教师的阅读，会定期举行骨干教师读书交流分享活动，也试着对他们的阅读情况进行统计。其中一项统计内容是列出一段时间内所阅读的书目。虽然不是完全意义上的调查统计，但从汇总情况可以看出：作为骨干教师，一年阅读书目在 10 本以上的人数不到总人数的三分之一。这是教师群体中比较优秀、有阅读需要和愿望的一个群体。如果推广到整个教师群体，阅读量可想而知。

3. 阅读内容——单一

从几次的骨干教师读书交流活动及阅读书目统计，也可以清晰地了解我市学科教师阅读的内容和范围。对于大多数教师而言，阅读内容纯粹指向学科专业。绝大多数教师，阅读首选是学科期刊类，然后是学科著作，最多扩展到教育类，部分教师偶尔会读一点自己感兴趣领域的书，也多是畅销书或心灵鸡汤之类的书。阅读面窄、阅读内容单一、阅读经典少是教师阅读普遍存在的问题。

二、关于阅读方法

提到这个问题，也许大家都会不置可否：阅读不就是看书吗？认识字就能阅读，还需要方法吗？从两项评比活动中反映出的教师阅读方法方面存在的问题，主要有以下几点：

1. 没有整体意识——不会检视阅读

一般而言，我们阅读一本书的时候，首先需要采用检视阅读，即先整体了解和把握一本书的框架结构，然后再做细致阅读。

从教学能手评选及说课比赛选手答题情况，发现大部分选手阅读时从一开始就是做局部阅读或者细致阅读，一方面可以说是认真的表现，另一方面却暴露了方法上的不当。例如：教学能手评选中，近一半的选手由于没有有效地运用检视阅读，导致论述题失分严重。实际上，这道题不是单一的对知识的纯记忆的考查，还带有开放性和主观性，只要教师大致阅读了这一部分的内容，就不至于失分太多。很多选手事后说：其实看过，但完全不记得了。这一现象，在"现场问答"时同样比较凸显，有些选手对指定书目阅读了多遍，甚至做了阅读笔记，但合上书本，面对具体试题的时候，却发现自己根本没记住。原因何在？其实记忆也需要关联，只有先有整体架构，然后在整体框架下再细分，做局部记忆，在局部记忆的基础上，最终又回到整体，这样的记忆才能更牢固、可靠。这同样需要用到"检视阅读"。

2. 不能"读"以致用——不会分析阅读

俗话说：学以致用。因此，在命制试题时，我们一方面注重考查教师对阅读内容中重要概念、理论以及基本理念的了解和识记；另一方面尽可能结合教学实例，考查教师的理解与应用能力。如"请结合一个数学实例，分别阐述分析法与综合法的思维过程""归纳法可分为几类？"请举一个教学实例对其中一类的含义进行阐述等。从现场答题情况看，教师阅读时较少将阅读的内容与自己的日常教学工作以及教学经验联系起来思考，往往是孤立的，阅读是阅读、教学归教学。特别对于要求举出教学实例的题目，大部分教师都表现出较弱的能力。这是不会分析阅读的表现。

三、小学数学教师阅读建议

1. 时间从哪儿来

关于阅读时间，需要从以下几方面进行努力：

一是教育行政部门。必须清醒地认识到：阅读对于教师这一职业的重要性和必要性。切实减轻不必要的检查、评估，减少行政性的、事务性的会议等，把教师从事务性工作中解放出来，让教师有更多时间用于阅读和做教育教学研究。

二是学校。很多学校把书香校园作为学校办学特色，但往往把关注点放在学生身上。一所学校，如果教师身上有浓浓的书卷味，学生不可能不爱读书。学校应该鼓励教师多读书，并有计划地组织阅读沙龙，开展读书交流分享活动。

三是教师个体。我始终认为：对于大多数人而言，如果真心想读书、爱读书，每天挤出半小时的阅读时间，应该不是一件难事。所以，"没时间"看似很有道理，实则说明不够热爱。那么，我们不妨试试：每天清晨、午休或晚上临睡前，留点时间，静静地读一篇文章或一段文字。最初阶段，可以每天坚持 10 分钟或者 15 分钟，然后慢慢到半小时。坚持一段时间之后，形成习惯，阅读时间也就不再是问题。

2. 扩展阅读面

就小学数学教师而言，其阅读内容应该包括以下三类：

第一类是学科教学方面的内容，包括杂志专著等。杂志类如《小学教学·数学版》《小学数学教师》《小学数学教育》《中小学数学》以及《人民教育》《课程·教材·教法》等。著作类又可分为：①数学教育专家撰写的稍具理论性、宏观性、专业性的著作，如史宁中、张奠宙、郑毓信、张天孝、张丹、刘加霞等撰写的关于小学数学教育教学的书籍；②一线名师、特级教师结合自身教学实践撰写的更具实践性、操作性的著作，如：吴正宪、朱乐平、曹培英、黄爱华、华应龙、李烈、徐斌、张齐华等的著作；③学科本体性知识的书籍，如波利亚的《怎样解题》、弗赖登塔尔的《作为教育任务的数学》等。总体而言，这一类阅读有利于教师更好地把握学科本体性知识、学科教学理念、发展动态，提高教学能力、艺术、技能等。

第二类是有关教育方面的书籍，如教育学、心理学、中外教育名著等。这一类书籍的阅读虽还在教育范畴，但是跳出了学科的圈子，能让学科教师的思维不局限于学科，能站在教育的角度思考教育教学问题。这类书籍非常多，如《给教师的一百条建议》《爱弥儿》《民主主义与教育》《窗边的小豆豆》《陶行知文集》等。

第三类是人文、艺术、哲学、科学类方面的书籍。这类书籍非常多，但要注意阅读经典之作。我的经验是：买书前，一般会对书的作者、内容、书评及其他读者的读后感做较全面的了解，如有可能，甚至会先在网上阅读作者其他文章或书的某一篇章，看看是否值得阅读。判断的标准是：能否扩宽人生视野（注意：不是学科）、启示思维、启迪思想。因为这类阅读是用于丰富人生、增长智慧的。"一本好书并非一定要帮助你出人头地……最重要的，一本好书能教你了解这个世界以及你自己。你不只更懂得如何读得更好，还更懂得生命，你变得更有智慧，而不只是更有知识。"[1] 到达这个层次，说明阅读者已经由"短期阅读"走向了"长远阅读"。

3. 掌握阅读方法

关于阅读方法，只有一个建议：赶快行动，购买《如何阅读一本书》，并开始认真阅读。关于阅读的四个层次以及具体的操作方法均有非常详尽、系统的介绍，相信读完之后，大家一定能掌握阅读的方法，能更有效地阅读。

4. "读、思、行"结合

在上面的分析中提到：在要求举例说明的题目中，得分率之低以及现场答题时选手表现出的对理念、概念的理解、思辨、应用能力之差远远超出我们当初的预想，事后分析，其主要原因是在阅读的过程中，往往将读、思、行孤立开来。实际上，当初举行这两项评选，意图是希望学科教师通过阅读指定书目，把握课程改革理念以及基本的逻辑学知识，在教学中，能时时用理念指导行为，并遵循逻辑的序，避免发生逻辑错误（这一点在实际教学中经常存在）。也就是说，阅读、考评都不是目的，目的是促进教学行为的改进，让每个教学行为都能找到行为背后的理论依据，从而实现理论指导下的有效实践。当然，

[1]　[美]莫提默·J·艾德勒，查尔斯·范多伦.如何阅读一本书［M］.郝明义，朱衣，译.北京：商务印书馆，2004（2013年11月第23次印刷）：293.

"读、思、行"对阅读是一条普适性原理，任何想从阅读中获得收益的人都应该践行这一原理。

5. 尝试主题阅读

主题阅读，简单理解就是确定一个主题，围绕主题展开阅读，然后借助所阅读的书籍，架构出一个可能在哪一本书里都没提过的主题分析。简单地说就是通过阅读、分析，构架自己的观点。很多教师开展的课题研究，以及教研组开展的主题教研，实际上都用到主题阅读。主题阅读是最高层次的阅读，它不应是对全体教师的要求。对骨干教师或有志于教学研究（当然还包括其他各方面的研究）的教师，建议学习主题阅读。

白岩松说：读书读久了，你总会信一些什么。对于教师而言，读书多了，不仅自身受益，更能影响一届又一届的学生，其意义更加深远。希望老师们能挤出阅读时间、掌握阅读方法、形成良好阅读习惯，多读书，读好书！

链接：小学数学教师阅读书目推荐

一、学科类

1. 学科杂志

杂志名称	邮发代号
《小学数学教与学》	80–218
《小学数学教师》	4–312
《小学教学·数学版》	36–307
《小学数学教育》	8–299
《中小学数学·小学版》	2–225
《小学教学设计·数学》	22–444
《教学月刊》（小学版数学）	32–152

2. 名师著作

著作名称	作者	出版社
《种子课：一个数学特级教师的思与行》	俞正强	教育科学出版社
《我教小学数学》	李烈	人民教育出版社
《吴正宪课堂教学策略》	吴正宪	华东师范大学出版社
《吴正宪给小学数学教师的建议》	吴正宪、王彦伟	华东师范大学出版社
《我这样教数学：华应龙课堂实录》	华应龙	华东师范大学出版社
《华应龙与化错教学》	华应龙	北京师范大学出版社

（续表）

著作名称	作者	出版社
《黄爱华与智慧课堂》	黄爱华	北京师范大学出版社
《审视课堂：张齐华与小学数学文化》	张齐华	北京师范大学出版社
《徐斌：无痕教育》	徐斌	首都师范大学出版社
《简单教数学：一个特级教师的小学数学教学智慧》	戴曙光	华东师范大学出版社
《一课研究系列丛书·图形与几何系列》	朱乐平等	教育科学出版社

3. 专家著作

著作名称	作者	出版社
《数学教师的三项基本功》	郑毓信	江苏教育出版社
《数学思维与小学数学》	郑毓信	江苏教育出版社
《新课改背景下的数学教育研究：回顾与展望》	郑毓信	上海教育出版社
《数学教育：从理论上到实践》	郑毓信	上海教育出版社
《小学数学研究》	张奠宙、孔凡哲等	高等教育出版社
《数学思想概论》共5辑	史宁中	东北师范大学出版社
《小学教师之友系列·基础数学》	人民教育出版社小学数学室	人民教育出版社
《小学数学的掌握和教学》	马立平 著李士锜、吴颖扛 译	华东师范大学出版社
《小学数学与数学思想方法》	王永春	华东师范大学出版社
《小学数学教学策略》	张丹	北京师范大学出版社

（续表）

著作名称	作者	出版社
《基本概念与运算法则——小学数学教学中的核心问题》	史宁中主编	高等教育出版社
《逻辑析理与数学思维研究》	朱晓鸽	北京大学出版社
《小学数学课堂的有效教学》	刘加霞主编	北京师范大学出版社
《教学大道：写给小学数学教师》	人民教育编辑部	人民教育出版社
《小学数学教学基本概念解读》	吴正宪等主编	教育科学出版社
《儿童学习心理与小学数学教学》	张兴华	江苏教育出版社
《作为教育任务的数学思想与方法》	邵光华	上海教育出版社

4. 数学教育名著

著作名称	作者	出版社
《数学符号史》	徐品方　张红	科学出版社
《怎样解题》	[美]G·波利亚	上海科技教育出版社
《作为教育任务的数学》	[荷]费赖登塔尔	上海教育出版社

5. 其他

著作名称	作者	出版社
《普通逻辑》（第五版）	—	上海人民出版社
《如何阅读一本书》	[美]莫提默·J·艾德勒、查尔斯·范多伦　著　郝明义、朱衣　译	商务印书馆

（续表）

著作名称	作者	出版社
《思考的艺术》	[美]文森特·赖安·拉吉罗 著 金盛华、李红霞、邹红等 译	机械工业出版社
《批判性思维工具》	[美]理查德·保罗、琳达·埃尔德 著 侯玉波等 译	机械工业出版社
《学会提问》	[美]尼尔·布朗、斯图尔特·基利	机械工业出版社

二、 教育类

1. 报刊杂志

杂志名称	邮发代号
《人民教育》	2-5
《课程·教材·教法》	2-294
《上海教育科研》	4-720

2. 教育著作

著作名称	作者	出版社
《民主主义与教育》	[美]约翰·杜威 （Dewey.J.） 著 王承绪 译	人民教育出版社
《教育的目的》	[英]怀特海 著 庄连平、王立中 译	文汇出版社
《静悄悄的革命》	[日]佐藤学 著 李季湄 译	教育科学出版社
《给教师的建议》	[苏]苏霍姆林斯基 著 杜殿坤 编译	教育科学出版社

（续表）

著作名称	作者	出版社
《爱弥儿》	[法]卢梭 著 李平沤 译	商务印书馆
《窗边的小豆豆》	[日]黑柳彻子	南海出版公司
《我们怎样思维·经验与教育》	[美]约翰·杜威（Dewey.J.） 著 姜文闵 译	人民教育出版社
《人是如何学习的》	[美]约翰·D·布兰思福特 著 程可拉等 译	华东师范大学出版社
《好妈妈胜过好老师》	尹建莉	作家出版社
《最美的教育最简单》	尹建莉	作家出版社
《为了自由呼吸的教育》	李希贵	高等教育出版社
《36天，我的美国教育之旅》	李希贵	北京大学出版社
《学生第一》	李希贵	教育科学出版社 （2011年）
《学生第二》	李希贵	华东师范大学出版社 （2006年）
《不跪着教书》	吴非	中国人民大学出版社
《课堂上究竟发生了什么》	吴非	中国人民大学出版社
《教育的理想与信念》	肖川	岳麓书社
《教育是慢的艺术》	张文质	华东师范大学出版社
《教育的十字路口》	张文质	华东师范大学出版社
《我的精神自传》	钱理群	生活·读书·新知三联书店

三、人文综合类

著作名称	作者	出版社
《中国哲学简史》	冯友兰	北京大学出版社
《美的历程》	李泽厚	生活·读书·新知三联书店
《论语别裁》	南怀瑾	复旦大学出版社
《老子今著今译》	陈鼓应	商务印书馆
《怎样思想就有怎样的生活》	[美]爱默生 著 金雨 译	北京时代华文书局
《当人类群星闪耀时》	[奥]斯蒂芬·茨威格 著 舒昌善 译	生活·读书·新知三联书店
《苏东坡传》	林语堂	长江文艺出版社
《文学回忆录》	木心	广西师范大学出版社
《邓小平时代》	傅高义	生活·读书·新知三联书店
《傅雷家书》	傅雷 朱梅馥 傅聪	译林出版社
《陈寅恪的最后20年》	陆键东	生活·读书·新知三联书店
《胡适口述自传》	唐德刚	广西师范大学出版社
《"反面教员"梁漱溟》	汪东林	当代中国出版社
《巨流河》	齐邦媛	生活·读书·新知三联书店
《一百年漂泊》	杨渡	生活·读书·新知三联书店
《蛙》	莫言	人民文学出版社
《拥抱战败》	[美]约翰·W·道尔 著 胡博 译	生活·读书·新知三联书店
《看见》	柴静	广西师范大学出版社
《白说》	白岩松	长江文艺出版社

龙应台"人生三书"：
《目送》《孩子你慢慢来》《亲爱的安德烈》

木心作品系列：
《木心作品一辑八种（套装共 8 册）》（《哥伦比亚的倒影》《琼美卡随想录》《温莎墓园日记》《即兴判断》《西班牙三棵树》《素履之往》《我纷纷的情欲》《鱼丽之宴》）

林清玄散文系列：
《心美，一切皆美》《情深，万象皆深》《境明，千里皆明》等

余秋雨散文系列：
《文化苦旅》《行者无疆》《千年一叹》《霜冷长河》《山居笔记》《借我一生》《北大授课：中华文化四十七讲》

熊培云作品系列：
《自由在高处》《一个村庄里的中国》《重新发现社会》

林达作品系列：
《近距离看美国》系列，《带一本书去巴黎》《一路走来一路读》《西班牙旅游笔记》等

村上春树作品系列：
《当我谈跑步时，我谈些什么》《1Q84》《挪威的森林》等

东野圭吾系列小说：
《解忧杂货店》《嫌疑人 × 的献身》《白夜行》《幻夜》等

丹布朗系列小说：
《达芬奇密码》《天使与魔鬼》《失落的秘符》《数字城堡》《地狱》等

苏缨、毛晓雯作品系列：
《纳兰容若词传》《唐诗的唯美主义》《诗的时光书》《少有人看见的美》等

* 书海浩瀚，"人文综合类"优秀作品非常多，以上只是笔者近年阅读过的书目，仅供大家参考。

中篇

教者有其径

数学思想方法的教学需要"方法"[1]

——以刘万元老师"分数乘法"一课为例

《课标（2011 年版）》指出：通过义务教育阶段的数学学习，学生能"获得适应社会生活和进一步发展所必需的数学的基础知识、基本技能、基本思想、基本活动经验"。在此理念指导下，数学思想方法在教学中得到重视和关注。数学思想方法如何有效渗透？教学时需要注意哪些问题？笔者以山东刘万元老师参加全国第十一届深化小学数学教学改革观摩交流会所执教的《分数乘分数》一课为例，谈几点认识。

刘老师执教的《分数乘分数》一课，主要渗透了数形结合思想、转化思想、归纳思想以及"猜想—验证—结论"的研究方法。应该说，以上思想方法在小学数学课堂较为常见，笔者也听过大量渗透以上数学思想方法教学的课例（当然，不一定集中在一节课中，多数都是分散在不同的课例）。但与本节课比较，效果相差甚远。那么，《分数乘分数》一课在渗透数学思想方法方面的成功经验有哪些呢？

一、注重过程性

数学思想方法具有隐喻性的特点，它隐于知识内部，要经过反复体验才能领悟和运用。数学思想方法的教学一定要注意"过程性"，要让学生在过程中逐步体会、理解。"过程性"包含两方面：一方面是指让学生经历知识的形成过程，让学生在知识形成过程中感悟思想方法；另一方面是指数学思想方法的教学要尽可能贯穿整个教学过程。

---

[1]　本文 2014 年 5 月发表于《广东教学（小学数学版）》.

《分数乘分数》一课，在以上两方面都有精心的安排。首先，刘老师共安排了以下环节渗透数形结合思想："理解意义，初步体会算法"环节安排了三个层次的画图：用画图的方法研究 $\frac{1}{5} \times \frac{1}{2}$（教师引导下研究）；自主用画图的方法研究 $\frac{1}{5} \times \frac{2}{3}$；想象画图过程加课件动态演示的方法研究 $\frac{3}{5} \times \frac{3}{4}$；"猜想算法、理解算理"环节安排了用课件演示 $\frac{4}{7} \times \frac{3}{5}$、$\frac{5}{8} \times \frac{3}{7}$ 的画图过程；"回顾学习过程、提升数学思想方法"环节，用课件回放以上各环节中的图形。这种贯穿始终的做法，一方面，非常有效地突破了本节课教学的重、难点，有效地帮助学生理解分数乘分数的算理；另一方面，学生对数形结合思想有了深刻的印象和认识，在今后的学习中，遇到相关问题，学生就能较自觉地想到画图，借助直观图示的方式帮助理解、解决问题。

其次，在知识的形成过程中，刘老师给予足够的时间让学生自己思考、尝试画图、组内交流、展示汇报，让学生在知识形成过程中感悟数形结合思想。例如："用画图的方法研究 $\frac{1}{5} \times \frac{1}{2}$"环节，由于学生第一次尝试画图，难度可想而知，耐心的等待和有效的引导显得尤为重要。刘老师安排了"规划研究方法""同位合作画图""展示交流""对比分析画法""演示课件，规范过程"共五个步骤来实现数形结合思想的有效渗透。

反观笔者平时所听的课例，教学前，教师心中往往有渗透数学思想方法的意识，教学设计中也有安排和体现，但是一到教学过程中，脑中固有的"重知识"的教学观轻而易举就将"方法"的教学给打败了。"知识的形成过程"变成了"知识的简单告诉、接受过程"。没有"过程"，数学思想方法如何能有效渗透？

二、重视"方法"的指导

数学思想方法本身是关于方法的教学。此处的"方法"，是指在数学思想方法的教学中，要对所渗透的思想方法进行一定方法上的指导。很显然，一种思想方法，从了解到理解，再到掌握和运用，需要比知识更为漫长的过程，因此，上面我们特别强调"过程"的教学。但不是仅有过程就可以。在"过程"的教学中，还要注意"方法"的引领（也可以说成一般思维步骤的指导）。

《分数乘分数》一课，数形结合是最主要的思想方法。数形结合思想离不开画图。如何准确画出图形以表达分数乘分数的意义？显然，画图需要一定的方法和思维步骤。刘老师通过"王芳是班里的手工编织能手，每小时能织 $\frac{1}{5}$ 米，$\frac{1}{2}$ 小时能织多少米"的情境，引出算式" $\frac{1}{5} \times \frac{1}{2}$ "后，让学生用画图的方法研究" $\frac{1}{5} \times \frac{1}{2}$ "。研究过程中，老师没有马上让学生动手画，而是先"规划研究方法"，通过问题"先画什么，再画什么？"让学生思考画图的步骤和思路。在学生思考的基础上，再安排同位合作画图。在"展示交流"环节，老师也紧扣"先画什么，再画什么"的思路，让学生汇报。同时，结合学生的作品和汇报，适时引导、概括出"先把长方形平均分成5份，取其中的1份"、

"再把 $\frac{1}{5}$ （这一份）平均分成2份，取其中的1份"，进而概括成"先分后取、再分再取"的一般步骤。最后，通过课件再一次动态演示"分—取—再分—再取"的全过程（图14）。整个过程的教学，不仅让学生初步感知了算法，理解了算理，明晰了" $\frac{1}{5} \times \frac{1}{2}$ "的意义；更让学生明晰了画图的步骤，规范了画图的过程，积累了画图的经验，为下一环节的研究做好"方法"的铺垫。在课堂上，我们也明显感觉到：紧

接着的"$\frac{1}{5} \times \frac{2}{3}$、$\frac{3}{5} \times \frac{3}{4}$"的研究进行得非常顺利，学生画图、汇报都较为得心应手，显然，与老师在学生第一次画图时"方法"的指导分不开。

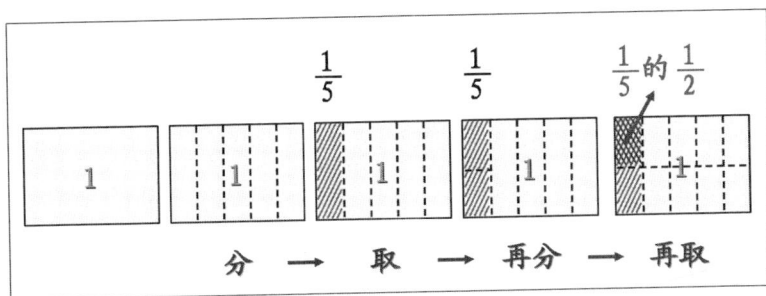

图 14

　　而笔者以往所听的课例中，大多数老师的做法是：得出算式 之后，给学生一张 A4 纸"学习单"，让学生自己尝试画图（有些老师提供的"学习单"已经画好长方形）。学生画图的时候往往因为之前的思考不足、经验不够，状况百出，继而影响教学进程，教师一看时间紧迫，于是马上叫停，要么以个别优生的汇报代替全部，要么为节省时间，干脆自己演示、讲解，匆匆总结，形成结论。

　　在刘老师的课堂上，"方法"的教学处处用心，并且老师深深懂得"方法"的教学需要"过程"。因此，结合本节课的具体教学内容，在渗透数形结合思想时，对"画图"的一般步骤——"分—取—再分—再取"，老师通过不同的方式、抓住不同的契机进行反复和强化，让学生在"方法"的指导下掌握数学思想方法。小学阶段，很多的数学思维方法的教学都需要具体方法的指导，如转化思想、归纳思想、分类思想、分析法、综合法等，都需要让学生明白运用这些数学思想方法的一般思维步骤，不能紧紧停留在知道名称的层次。

三、把握思想方法的本质

"举例—猜想—验证—结论"是《分数乘分数》一课要渗透的另一种重要的数学思想方法（笔者认为：说成研究方法或研究思路更为合适）。本节课中的"猜想"，严格说是归纳型猜想，因此，本节课也渗透了归纳法。无论归纳法，还是数学猜想（也包括上面提到的数形结合思想），在本节课都用得恰到好处，效果良好。

先说归纳法。归纳法分为完全归纳法和不完全归纳法。本节课渗透的是不完全归纳法。不完全归纳法是以某类对象中个别的或特殊的部分对象具有（或不具有）某种属性为前提，推出该类事物具有（或不具有）该属性的一般结论的方法。就《分数乘分数》一课而言，$\frac{1}{5}$ × $\frac{1}{2}$、$\frac{1}{5}$ × $\frac{2}{3}$、$\frac{3}{5}$ × $\frac{3}{4}$ 都属于个别对象，它们具有的相同属性是"分数乘分数；计算时可以用分子乘分子的积作分子，分母乘分母的积作分母"，简单地说就是分数乘法的计算方法。因此，在教学中，刘老师在第二环节共设计了以上三个算式让学生画图、探究算法、用数形结合理解算理。在本环节结尾处，老师安排了一个回顾与总结。此处的总结，实际上就是归纳法的运用，它的作用有两个：一是归纳总结出分数乘分数的意义：一个数乘分数，实际就是求这个数的几分之几是多少（图15）；二是运用归纳法，提出猜想。对于第二层作用，老师又做了两个层次的设计：一是归纳得出以上三个算式都是用画图的方法解决的，继而追问：画图的方法好不好？让学生对画图的方法（数形结合思想）进一步加深印象；二是通过"想不想用画图的方法继续研究？""$\frac{7}{125}$ × $\frac{3}{8}$ 你还愿意画图吗？"两个问题，让学生明白：画图有局限性，应该寻找更简单、一般化的方法，从而引出猜想。

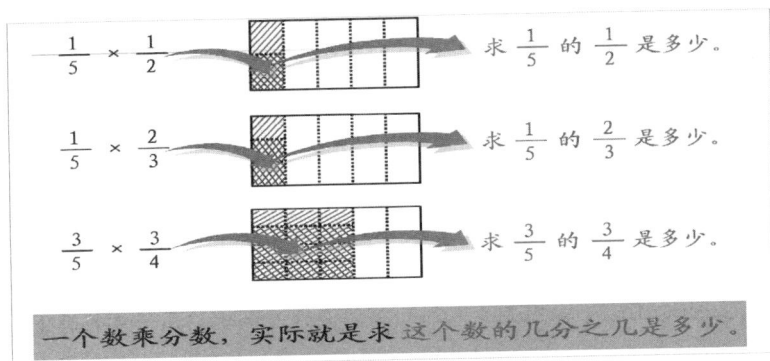

图 15

关于猜想，本节课主要渗透的是归纳型猜想（猜想分为比较型、类比型和归纳型）。我们都知道：猜想是根据事物的现象，对其本质属性进行推测，或者是根据一类事物中个别事物的属性对该类事物的共同属性进行推测的思维方法。猜想具有一定的合理性，但它同时具有假定性，需要进一步证明和验证。《分数乘分数》一课，通过对 $\frac{1}{5} \times \frac{1}{2}$、$\frac{1}{5} \times \frac{2}{3}$、$\frac{3}{5} \times \frac{3}{4}$ 三个问题的研究，进而归纳形成猜想：分数乘分数，用分子乘分子、分母乘分母（学生语）。这一猜想虽具有合理性，但它仅仅是猜想，需要进一步验证或证明。执教者刘老师对这一点有深刻认识，在接下来的验证过程中，安排了以下环节：

①问题引发思考：如果按照这个猜想，$\frac{4}{7} \times \frac{3}{5}$ 该怎样算？

②利用数形结合，通过课件动态演示 $\frac{4}{7} \times \frac{3}{5}$ 的画图、计算过程，让学生初步理解"7×5"实际是算"分了再分"后"共分成多少份"，"4×3"实际是算"取了再取"后"最终取的份数"。（图16）

③用 $\frac{5}{8} \times \frac{3}{7}$ 的计算、画图过程进一步明晰算理。（图17）

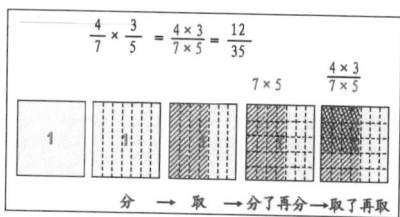

图 16

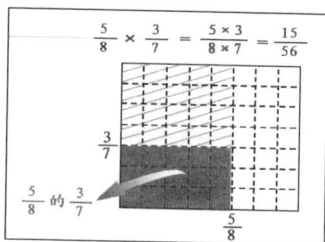

图 17

④通过"回想我们的验证过程，想一想：分母相乘实际是算什么？分子相乘实际是算什么？"的问题，引导学生小结，形成结论。（图 18）

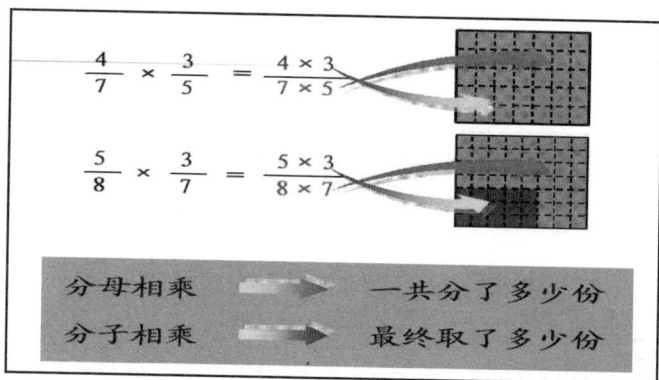

图 18

以上验证环节，"图"的功能不再如前一环节。前一环节中的"图"，主要功能是帮助学生探索三个算式的计算结果、初步体会算法。验证环节中的"图"，主要功能是让学生验证猜想、明白算理，即为什么可以"分子乘分子、分母乘分母"。因为，对猜想的证明，而严格意义上讲，应该是完全归纳推理或演绎推理（只有这两种推理是必然性推理）。因此，虽然还是用举例的方式，但是这个环节中，老师始终让学生关注和思考的是：分母乘分母算的是什么？分子乘分子算的是什么？其目的就是通过例子，将思考问题的方式（思路）推广到所有对象，实际上，学生也明白了：所有的分数乘分数都可以在头脑中"这样"想，从而得出一般的结论。

四、适时明示和强化

李海东说："初中数学思想方法的教学可分为三个层次：渗透、介绍和突出。"渗透，就是要在具体的数学知识的教学中，融进某些抽象的数学思想方法，使学生对这些思想方法有一些初步的感觉或直觉。介绍，就是要把某些数学思想方法在适当的时候引进到数学知识中，使学生对这些思想方法有初步的理解，有一定的理性认识。突出，就是要在介绍的基础上经常性地予以强调，使学生能加以运用。

小学阶段，以"渗透"为主。但笔者认为：有些思想方法是可以"介绍"和"突出"的。例如：转化思想、分类思想、数形结合思想等。一方面，这些思想方法在小学较为常见，教学的载体和契机非常多，其名称学生也容易接受和理解；另一方面，对于思想方法，学生只有掌握才能运用，让学生掌握一些常见的思想方法，有利于学生自主学习、数学思考。因此，教学中，要抓住合适的契机，对所渗透的数学思想方法进行明示、提升，帮助学生更有效地掌握。《分数乘分数》一课，刘老师在多处抓住了契机，对所渗透的数学思想方法进行明示、强化。例如：在 $\frac{1}{5} \times \frac{1}{2}$ 的教学中，通过"演示课件"环节，对画图的方法进行总结、明示，从而让学生掌握"画图"的一般步骤；在三个算式研究结束后，通过课件回放研究过程，进一步强化数形结合思想和画图的步骤，并引发"猜想"；在课的结尾，通过"丰收园"的情境，引导学生回顾整节课的学习过程，不仅对所学知识进行概括和总结，更重要的是对数形结合思想（图19）、"举例—猜想—验证—结论"（图20）的研究过程进行总结和梳理，再一次明示和强化，加深学生对数学思想方法的认识和理解。

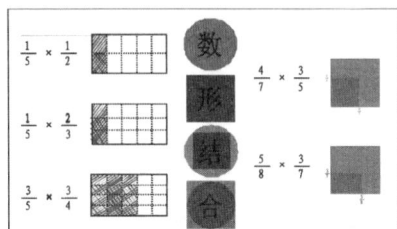

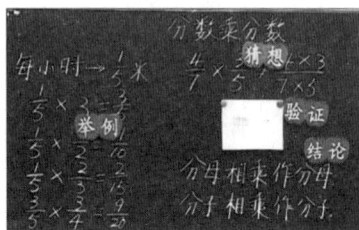

图19   图20

    赏析《分数乘分数》一课，我们应该认识到：数学思想方法的教学，不能只停留在口号或观念的层面，应该有更实际、具体的方法和措施，应该在常态的课堂中有效落实。而要实现有效教学，首先需要教师对所要渗透的数学思想方法的内涵、特点、本质有准确的把握；其次，需要教师在教学中重视过程、加强"方法"的指导，并注意适时的明示和强化。

参考文献：

[1] 中华人民共和国教育部 . 义务教育数学课程标准（2011 年版）[S]. 北京：北京师范大学出版社，2012.

[2] 朱晓鸽 . 逻辑析理与数学思维研究 [M]. 北京：北京大学出版社，2009.

[3] 李海东 . 重视数学思想方法的教学 . http://www.pep.com.cn/czsx/jszx/jszj/zsszj/zslhd/lhdsxjx/201103/t20110307_1025654.htm.

[4] 刘万元 . 分数乘分数 . 2013 年第二届金秋羊城资料汇编 . 广东教育学会小学数学专业委员会，2013.

把握转化三要素　有效渗透转化思想

——以"平行四边形的面积"一课为例

转化是小学数学教学中常见的一种思想方法。在课程目标由"双基"变"四基"之后，老师们对转化思想更为重视，许多课例中都有意或无意地用到，但教学的效果值得研究，本文结合"平行四边形的面积"一课，对转化思想的教学提出思考与建议。

一、转化思想的内涵

转化思想的实质就是对于直接求解比较困难的问题，通过观察、分析、类比、联想等思维过程，选择恰当的方法进行变换，将原问题转化为自己较熟悉、能求解的新问题进行求解，从而达到解决原问题的目的。[1] 具体包括：未知（新知）转化为已知（旧知）、复杂问题转化为简单问题、一般问题转化为特殊问题、抽象问题转化为具体问题等。"平行四边形的面积"一课是比较典型的化未知（新知）为已知（旧知）的课例。

二、转化的三要素及实现转化的基本思维过程

转化包括三个要素：转化对象、转化目标和转化途径。转化对象，即把什么进行转化；转化目标，即转化到何处去；转化途径，即如何进行转化。[2]

转化的实现，需要经历以下思维过程：

第一步：明确转化对象和转化目标。以"平行四边形的面积"一课为例，转化对象即平行四边形的面积计算方法，转化目标即长方形的面积计算。这一过程，相对转化对象而言，寻找转化目标对学生更

有难度。需要学生对已有知识有扎实的基础，还需要学生善于分析和联想。当然，教学中老师经常会进行长方形面积计算公式的复习，且平面图形的面积在此之前只学习了长（正）方形的面积计算。因此，这节课寻找转化对象难度并不大。

第二步：寻找具体的转化策略。就本课而言，即如何将平行四边形转化为长方形。通常采用"割补"法（或称"剪拼"法），具体过程是：将平行四边形沿高剪开，平移其中一部分，拼成一个长方形（图21）。

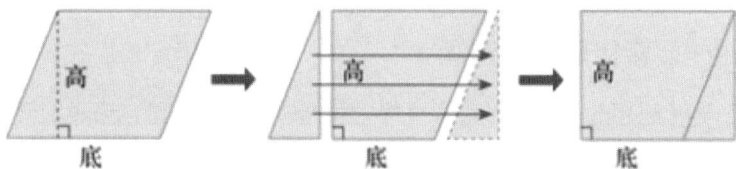

图21

第三步：关注转化对象与转化目标之间的关联。即学生成功将平行四边形转化为长方形之后，应引导学生通过观察转化前后的两个图形，找到它们之间的联系。人教版教材在这次修订中比较明显地强调了这一点（图22）。通过修订前后教材的比较可看出：一是引导性问题指向更明确。实验教材的问题是"观察拼出的长方形和原来的平行四边形，你发现了什么？"，修订后的问题是"观察原来的平行四边形和转化后的长方形，你发现它们之间有哪些等量关系？"；二是增加了三名学生对话的情景图，进一步将观察点明确化。此处隐含着"转化"的深层次策略，即观察"联系"的时候怎样寻找观察点。也就是为什么要观察"面积""长与底""宽与高"之间的关系。原因是要转化的对象是平行四边形的面积，而"长方形的面积 = 长 × 宽"是已知（旧知）。转化是要研究转化前后相关知识的联系，而不是无意识、无目标的观察。

人教实验版教材　　　　　　人教版义务教育教科书

图 22

三、转化思想的有效教学——以"平行四边形的面积"为例

由以上分析，可以清楚地知道成功实现转化需要经历三个基本思维步骤。那么，教学中如何让学生明晰这一过程，并在明晰的基础上较好地把握且自觉运用到相关新知识的学习中？显然，仅让学生知道"转化"的名称或"转化就是将新知化为旧知"这样的认识是不够的。学生只有清晰掌握"转化"的基本思维步骤，并形成较固定的思维模式，才能自觉运用。

1. 明确转化的方向：未知转化为已知

正式转化前，先通过以下问题引导学生思考：

（1）平行四边形的面积计算方法知道吗？

（2）你准备将平行四边形转化为哪种图形？为什么？

以上两个问题的思考，让学生明白"转化对象"和"转化目标"，以及"转化目标"选择的要求：已知、熟悉、能求解、有关联。

2. 寻找具体的转化策略：剪拼法

（1）讨论转化策略

当学生明确要将平行四边形转化为长方形后，提出"怎样将平行四边形转化为长方形？"的问题让学生思考、交流、讨论。建议课前让每位学生准备 2—3 个完全一样的平行四边形。此时让学生拿出其中的一个，先独立思考或尝试操作，再小组交流，最后全班汇报，形成共识：沿高剪开——拼成长方形。

（2）依策略操作

按照讨论后形成的"剪拼"策略，实际动手操作，将其中一个平行四边形转化为长方形。

此环节需注意两点：一是先思考（寻找策略）再实践（动手操作）；二是不必过分强调剪拼方法的多样化。一线教师总习惯在此纠结两个问题：一是追求剪拼方法的多样化（图 3）（这里的多样化包括沿不同的高剪，也包括沿高剪以外的剪拼法）；二是强调"平移"。其实，这两点都不是转化思想的本质，也不是本节课的重点。只需让学生认识到沿"高"剪的好处即可。过于强调所谓的"多样化"，反而将学生的思维引入到"局部"思维的误区，忽视了"转化"思想整体思维的把握。这也说明，教学时，我们要把握关键，不能本末倒置。至于"平移"，更不应在此强调，就学生的操作而言，剪下来之后，一定是直接将其中一部分"拿"到另一边，拼成长方形，"平移"操作实际是在课件动态演示的时候实现的，教师可以在学生操作后，演示课件强化认识时稍加强调和说明。

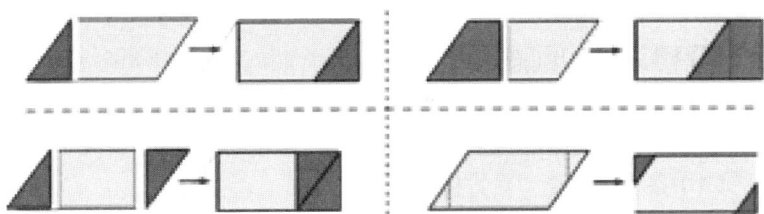

图 23

3. 观察、比较——明晰转化前后的关联

观察原来的平行四边形（可让学生拿出另一个完全一样的平行四边形）和转化后的长方形。思考：两个图形之间有哪些等量关系？

如果问题太大，学生一时难以聚焦观察点，教师可进一步引导：我们要研究的是平行四边形的面积，首先应观察什么？（引导学生观察"面积"）"长方形的面积＝长 × 宽"，你觉得还应该观察什么？（引导观察"长与底""宽与高"之间的关系）。

4. 回顾、提升——把握思路、凸显价值

张奠宙教授说："事后的一个反思，胜过一打事前的例子！"[3]学生运用转化推导出平行四边形的面积计算公式之后，教师应引导学生回顾整个学习过程、梳理出转化思想运用的基本思维步骤，帮助学生进一步建构转化的使用过程，认识转化的使用价值。这个过程非常重要，只有这样，才能让学生在应用转化思想时有"法"（方法）可依，有"步"（步骤）可循。

四、"平行四边形的面积"及转化思想的教学需进一步研究和关注的问题

1."平行四边形的面积"教学需进一步思考的问题

（1）是否一定要"数方格"？

我们假设学生在前四年的学习及五年级"小数乘法""小数除法"单元的学习中，很好地掌握了"转化"这一数学思想方法，在此，是否就可以直接通过"转化"推导出计算公式？那么，"数方格"是否不需要，它的教学价值在哪里？教材编写是否也需要"整体性思维"？

（2）各种思想方法如何准确定位？

本节课的教学中，既可渗透"猜想—验证—结论"的科学研究一般方法，也可渗透"转化"的数学思想，还有"剪拼"的具体策略，如何定位三者的关系？对于学生终身发展而言，三者孰轻孰重？亦或从教材编写的角度，出发点是好的，但是否过于求多、求全，这是否又是缺乏"整体性思维"的表现？

2. 转化思想在教学中需进一步关注和研究的问题

（1）循序渐进、有效迁移、巩固方法，实现从"无意使用"到"自觉使用"

"一些数学思想方法需要在长期的实际操练中形成，只是讲解体验一次是不够的。"[3]"多边形的面积"的教学，转化是核心思想，整个单元都是将需研究的图形的面积转化为已知图形的面积。"平行四边形的面积"一课充当的是"种子课"的角色。在这节课中，明确了转化的思维过程、基本步骤，后续三角形、梯形、圆的面积的教学都只是方法的迁移和巩固。但我们必须清楚，一种数学思想方法的形成和熟练使用，绝不是一节课可实现的，特别是从无意识的使用到有意识的使用，再到自觉使用的过程，需要不断强化、熟练。因此，后

续多边形面积的教学，教师应适当放手，只需引导、启发学生依据转化的三个基本步骤，逐步思考，探索面积计算公式，巩固和强化转化的基本思维过程。

（2）如何整体性把握转化思想的教学

转化在小学数学中随处可见，绝不是五年级学习"平行四边形的面积"一课才接触。单说五年级，在此之前，小数乘、除法的学习也是转化思想的重要运用。在此，必须思考一个问题：如何站在"整体性思维"的角度，研究和思考转化思想的逐步渗透，特别是每个年级的典型课例及渗透的目标和要求。也就是，我们如何跳出局部、孤立的思维（一节课、一个单元或一个领域），站在更高的角度、用更全面、更整体的视角研究和思考数学思想方法的有效教学，这是一个值得关注和研究的课题。

参考文献：

[1] 刘延革 . 在小学数学教学中渗透"转化思想方法"的策略 [J]. 小学教学研究，2013（22）:7-8.

[2] 朱晓鸽 . 逻辑析理与数学思维研究 [M] . 北京：北京大学出版社，2009:74.

[3] 张奠宙 . 方均斌 . 关于数学思想方法的教学 [J]. 中学数学月刊，2012（6）:1.

经历归纳推理过程　积累思维活动经验 [1]
——以"运算定律"教学为例

《义务教育数学课程标准（2011 年版）》在课程目标中明确提出"四基"，即使学生"获得适应社会生活和进一步发展所必需的数学的基础知识、基本技能、基本思想、基本活动经验"[2]。关于基本活动经验，史宁中教授指出，"数学基本活动经验包括'实践的经验'和'思维的经验'""日常学习学生主要获得'思维的经验'"，并强调"数学基本活动经验是亲身经历和感悟了归纳推理和演绎推理的过程，尤其是归纳推理过程后的一种结果"[3]。那么，什么是归纳推理？归纳推理的思维过程是怎样的？小学数学哪些内容蕴涵归纳推理？作为教师，又如何在具体的教学过程中让学生经历归纳推理的完整过程，有效地帮助学生积累数学思维活动经验？本文就以上问题，结合"运算定律"的教学进行探讨。

一、归纳推理的含义、特点及教学价值

关于归纳推理，逻辑学的定义是："凡是从个别知识的前提推出一般知识的结论的推理，称之为归纳推理。根据考查的对象的范围不同，归纳推理又可分为完全归纳推理和不完全归纳推理。完全归纳推理即考查一类的全部个体对象，根据他们具有（或不具有）某种属性，

[1] 本文获全国小学数学教学专业委员会第十六届年会论文评选一等奖，发表于《中小学教材教学》2017 年第 2 期.

[2] 中华人民共和国教育部. 义务教育数学课程标准（2011 年版）[S]. 北京：北京师范大学出版社，2012：8.

[3] 郭玉峰，史宁中."数学基本活动经验"研究：内涵与维度划分[J]. 教育学报，2012（5）:23–28.

从而概括出该类全部对象具有（或不具有）某种属性的一般结论。不完全归纳推理，则指只考察一类中的部分个体对象，根据他们具有（或不具有）某种属性，概括出该类全部对象具有（或不具有）某种属性的一般结论[1]。史宁中教授的观点则有所不同，他认为："'推出该类事物的普遍性规律'是归纳推理非常重要的方面，但绝不是全部……归纳推理也适应于类形成的过程。"[2]

以上是不同研究者关于归纳推理的含义的不同理解。对于小学阶段的数学教学而言，学生所接触的归纳推理基本属于不完全归纳推理。它的特点：一是只考查一类中的部分个体对象；二是结论具有或然性，属于或然性推理。

归纳推理由于是从个别事实或现象出发发现一般结论的推理。因此，其价值在于"由已知发现未知""探索思路，发现结论"[3]，最终实现学生创新能力的培养。

二、归纳推理思维过程分析

就小学数学教学而言，归纳推理所经历的思维活动过程，大致可概括为个别对象（一定事实材料或具体算式、图形等）—观察分析—归纳（猜想）—表达（猜想）—解释或验证—结论。对个别对象或特殊情况进行观察，是归纳思维最重要的一步。例如："加法交换律"的教学，算式"40+56 = 56+40"就是个别对象，加法交换律的得出

[1] 《普通逻辑》编写组 . 普通逻辑（第五版）[M]. 上海：上海人民出版社，2010：276-277.

[2] 史宁中 . 数学思想概论：数学中的归纳推理 [M]. 长春：东北师范大学出版社，2010:111.

[3] 中华人民共和国教育部 . 义务教育数学课程标准（2011 年版）[S]. 北京：北京师范大学出版社，2012:7.

就是从观察这样具体的算式开始的；在观察的基础上，进行分析、再举例，得到更多个别对象，再次进行观察、归纳，并形成猜想；接着，借助语言或符号对猜想的结论进行表达；表达之后，对猜想进行进一步的解释或验证，最后形成结论。在"运算定律"的教学中，从教材编排（人教版）可以看出，这一类课教学的思路都很好地体现了归纳推理的思维过程，即：情境引出具体算式—计算得出两组算式结果相等（个别对象）—观察算式，初步感知规律—学生举例—观察所有算式，发现规律—表述规律—解释、验证—应用规律。以上过程是典型的归纳推理思维过程。

三、经历归纳推理过程，积累思维活动经验

"归纳在本质上是一种思想方法，这种方法表现在思维的过程之中，对于这种方法的把握，不是靠人们的理解而是靠感悟。" [1] "积淀数学基本活动经验，需要亲身经历和感悟归纳推理和演绎推理的过程。" [2] 离开"过程"也就不存在"经验"。下面，以"乘法分配律"一课为例，谈谈具体做法。

1. 从具体算式入手，积累观察活动经验

观察是数学思维活动经验获得的起始阶段。在归纳推理中，通过对个别对象进行观察，才能发现他们的共同之处，才能从个别对象中找出共同属性。"乘法分配律"一课，可以设计以下教学活动帮助学生积累观察经验。

---

[1]　史宁中 . 数学思想概论：数学中的归纳推理 [M]. 长春：东北师范大学出版社，2010.

[2]　郭玉峰，史宁中 . "数学基本活动经验"研究：内涵与维度划分 [J]. 教育学报，2012（5）:23-28.

【片段一】

观察"联系"

通过"一共有25个小组，每组有4人负责挖坑、种树，2人负责抬水、浇树。一共有多少名同学参加植树活动？"这一问题，分别引出算式：$(4+2) \times 25$、$4 \times 25 + 2 \times 25$。

1. 分别计算 $(4+2) \times 25$、$4 \times 25 + 2 \times 25$，发现两式结果相等，板书 $(4+2) \times 25 = 4 \times 25 + 2 \times 25$。

2. 引导学生观察等号两边的算式，说说有什么发现？

【片段二】

观察"共同点"

在学生观察 $(4+2) \times 25 = 4 \times 25 + 2 \times 25$ 的基础上，让学生试着再写出相同结构的算式，并分别计算左右两边是否相等。

1. 反馈，针对性地选择部分算式进行板书。

2. 观察板书的所有算式，说一说它们有什么相同的地方？

片段一中的观察是本节课的首次观察。这里的观察有两个作用：一是明确左右两边的算式结果相等；二是观察左右两边的算式的特征以及彼此之间的联系，从而初步感知乘法分配律的基本结构。

片段二中的观察主要是找不同算式之间的共同点，从而归纳、得出"乘法分配律"这一猜想。

以上两个片段，涉及数学观察活动的两个方面：一是找"关系"。通过找关系，可以将不同对象之间联系起来思考，这是发现结论的重要手段。上述片段中"左右两边的算式计算结果具有相等关系"，"左边的算式与右边的算式结构上有联系"都是观察"关系"获得的结果。二是找"共性"。观察"共性"是为了发现不同对象之间共有的属性。上述片段中，在学生举例后，对多个算式进行观察，发现多个算式均具有 (a +b)×c= a ×c+b×c（乘法分配律）的特点，这是观察"共性"的结果。观察事物之间的关系，寻找不同事物之间的共性，同中求异、异中求同，是观察活动最重要的几个方面。而学生观察经验的形成，就是在这样的学习活动中不断经历、体验和感悟逐渐积累的。

2. 分析归纳，积累归纳猜想的经验

【片段三】

通过学生举例、反馈环节，黑板上得到以下算式：

(4+2)×25=4×25+2×25

(8+3)×6=8×6+3×6

(70+40)×5=70×5+40×5

(20+10)×30=20×30+10×30

(18+35)×4=18×4+35×4

师：这些算式都是大家仿照 (4+2)×25=4×25+2×25 的样子写出来的，并且都通过计算证明它们左右两边的确相等。请观察这些等式，结合刚才写的过程，说说它们有什么相同的地方？

生1：左边的算式都有小括号。

生2：左边的算式都是先算两个数的和，然后再乘一个数。

师：那右边的算式呢？

生1：右边的算式都是先相乘，再相加。

生2：右边的算式都是用左边算式中括号里的两个数分别

与括号外面的数相乘，再相加。

师：并且左边的算式等于右边的算式。那联系起来看，能不能总结一下这样的等式有什么规律？

……

以上教学过程，由特例开始，通过对具体例子进行观察、分析，进而归纳，获得关于乘法分配律的一般认识。这一过程，就是由特殊到一般的归纳过程。让学生经历归纳过程，获得归纳的实际经验和体会，是积累思维活动经验的重要环节。

3. 尝试表达，积累数学表达的经验

数学表达主要是指将归纳获得的一般结论（猜想），用文字、符号等表达出来。通过数学表达，才能完成猜想的提出。不仅如此，数学表达还是发展学生数学语言、符号思想，提高学生表达能力的重要环节。

【片断四】

表达规律

师：谁来说说你们的发现？

生：从左向右看，两个数的和乘一个数，等于先把这两个数与第三个数分别相乘，再相加。

师：从右往左看呢？

生：两个数同一个数分别相乘，积相加，也可以将这两个数先加起来，再同那个数相乘，结果相等。

师：这就是"乘法分配律"。（板书课题）

师：如果让你们用一个等式表示"乘法分配律"，你准备怎样表示？

生：$(a+b) \times c = a \times c + b \times c$。（板书）

师：用字母表示。这样能概括我们发现的规律吗？

生（齐）：能！

师：我要采访采访你，这样的灵感来源于哪里？

生：我们前面学习过交换律和结合律，都可以用字母表示。

师：真不错，借助前面学习的经验。现在让我们来看这个字母表达式，有了它，简洁明了，咱们说起来就方便多了。

以上片段，既有文字表达，又有数学符号化表达，从中还可以看出学生对表达经验的迁移。教师最后一句看似鼓励和总结的语言，实则再一次引导学生体会符号表达的好处，帮助学生进一步积累数学表达的经验。

4. 解释验证，积累数学验证的经验

观察、归纳、猜想、表达都是发现结论的思维活动。解释验证是证明结论的思维活动。由特例入手，通过观察、归纳获得一般规律（猜想），这一过程属于不完全归纳，其结论（猜想）具有或然性，它的可靠程度需要验证或证明。小学阶段，一般采用以下方式：一是继续举例。通过更多的、范围更广的个例增强结论的可靠程度。例如：运算定律的教学，在第一次观察的基础上，让学生自己举例，一方面是为了得到更多的个别对象，另一方面也是为了增加结论的可靠程度，有经验的老师通常会让学生两次举例，其目的也在此；二是简单说理，例如：加法交换律的教学，对归纳得出的结论，可以运用加法的意义解释其合理性。"乘法分配律"一课，可以安排以下环节，让学生经历解释、验证过程，获得关于验证的经验。

【片段五】

学生举例环节

师：你们所写的算式，左右两边结果相等吗？

生：相等。

师：怎样才能知道它们相等？

生：计算，我算了，两边得数一样。

师：大家都计算了吗？

生（齐）：计算了。

师：计算是个好办法，如果不计算，有没有办法判断左右两边计算结果相等？（生迟疑，沉默。）

师：你们互相讨论讨论。

（学生讨论后）

生：有，可以这样想。比如：$(8+3)×6=8×6+3×6$，左边 $8+3$ 等于 11，表示 11 个 6，右边 $8×6$ 是 8 个 6，$3×6$ 是 3 个 6，加起来也是 11 个 6，所以是相等的。

师：你们听明白了吗？其他算式呢，是否都可以这样理解？谁再来说说？

（学生结合黑板上其他算式，从乘法的意义入手进行解释、说明。）

师：非常精彩！从乘法的意义着手，同样说明了每道算式左右两边结果相等。

以上环节，虽然不是严格的证明，也不是安排在获得结论之后，但是结合具体的算式，运用乘法的意义，对乘法分配律的合理性进行解释、说明，同样达到验证的效果。关键是让学生经历了解释、验证的过程，从而获得关于验证的体验和感悟，积累了关于验证的活动经验。

四、关于积累基本活动经验的进一步思考

张丹教授认为：经验的形成要经历"经历、内化、概括、迁移"的过程。可见，积累数学基本活动经验是一个循序渐进的过程，不是一节课或几节课的教学就可以实现的。从更长远来看，有效积累归纳思维的经验，我们还需思考以下问题：

1. 如何循序渐进地帮助学生经历、形成、内化归纳的思维经验

关于这一问题，也许我们可以从以下方面进一步思考和探索：

（1）梳理小学数学教学中蕴含归纳思维的典型课例

以下内容，均蕴含归纳思维：

①找规律："找规律"是典型的"从个别对象入手，发现探索一般规律"的归纳思维。

②运算定律：加法交换律、加法结合律、乘法交换律、乘法结合律、乘法分配律以及整数运算定律推广到小数、分数。其思维过程本文已做分析，不再重复。

③平面图形面积公式推导：长方形面积计算公式推导是典型的归纳思维；平行四边形面积计算公式推导中，由数方格到提出猜想，实则也是归纳思维；三角形面积计算公式的推导中，分三类通过拼摆推导出公式也蕴含归纳思维。

④计算法则：各类计算（特别是笔算），其计算法则的得出也是归纳思维的具体体现。每一个计算法则的得出，都经历了"从具体的数字出发进行计算，在计算的过程中感悟运算方法的道理，然后总结计算方法"的过程。

（2）整体设计和规划经验获得的侧重点

在分类梳理的基础上，对每一类中不同的课例从经验获得维度分层设计。如："运算定律"这一类课，"加法交换律"是第一节课，具有"种子课"特质，须让学生经历归纳推理的全过程，获得关于归纳思维的基本经验，而"加法结合律""乘法交换律""乘法结合律"的教学，则应该将侧重点放在如何进一步促进经验的形成、内化和迁移。

2. 如何更为有效地帮助学生实现经验的迁移

学生在活动中获得经验，最终要将获得的经验运用到新问题的解决中，也就是形成思维模式。这应该是"基本活动经验"提出的根本目的。教学中，教师不仅要让学生经历过程，获得经验，还应该适时通过概括、提升、明示等方式对经验予以强化，并在不断循环往复的连续过程中实现经验的领悟、转化和迁移。

3. 对学科内容本质的准确把握、对数学思维的清晰分析是促进学生获得基本活动经验的重要保障

学生能否在学习活动中有效获得良好的思维经验，有赖于教师的教学设计、教学实施。而教师自身对教学内容的理解和把握，自身思维的逻辑性和清晰度都直接影响着教学的效果。如"乘法分配律"一课，笔者曾在听课过程中多次发现以下现象：即在学生举例环节，所写算式都不计算，直接从左写到右，反馈的时候也没有计算验证或从乘法意义的角度加以说明和解释，显然，这里犯了逻辑错误——以结论证结论。试想，这样的教学，怎能让学生获得良好的思维经验？因此，加强对学科内容本质的研究，加强对学生数学学习思维的分析是落实"基本活动经验"的前提和基础。

归纳思想及其典型课例分析

一、归纳思想的内涵解读

1. 关于名称

数学中的"归纳"，就其名称而言，有"归纳推理""归纳思维""归纳法"。三者之间思维的本质基本是一致的，区别应该是从不同的角度来命名而已。"归纳推理"是从"推理"的角度命名，数学中两种最重要的推理即"演绎推理"和"归纳推理"。"归纳法"从"方法论"角度命名，表明它是数学学习的重要方法。"归纳思维"从"思维"角度命名，侧重点是思维过程和思维特点。

小学数学教与学中，"归纳推理""归纳法"的应用都非常普遍，而无论叫什么，本质上都是一种思想方法，要研究的是它的思维过程、思维特点、思维模式以及如何通过教学实现其培养。因此，为了便于讨论，我们暂且将其称为"归纳思想"。

2. 归纳思想的内涵

简单理解：归纳是从个别现象出发，抽象出共性，总结得出一般性结论的思维过程。

归纳推理即由个别的事物或现象具有（或不具有）某种属性，从而推出该类事物或现象具有（或不具有）该属性的的思维过程。归纳法则是通过对多个个别对象的观察、分析，发现其中的共同属性（规律、特征），从而总结得出这一类事物都具有该属性（规律、特征）。

归纳的基本思维过程如下：

图 24

运用归纳法时，根据所考察对象的范围的不同，分为"完全归纳"和"不完全归纳"。如果考察的对象是该类事物的全部对象，则称为"完全归纳"。"完全归纳"需遵循两点：1. 对于个别对象的断定都是确实的；2. 被断定的个别对象之和是一类的全部对象。因为它考察了所有对象，由此得出的结论是必然的、可靠的，因此，"完全归纳"既是一种发现的方法，同时又是一种论证的方法。

然而大多数时候，由于种种原因，人们并没有办法考察一类事物的全部对象，只能通过对该类事物中多个个别对象的观察、分析，找到共性，作出推断，得出结论，这就是"不完全归纳"。显然，因为只考察了部分对象，"不完全归纳"得到的结论并不能确保其必然成立，它具有或然性和不可靠性。需要指出的是：统计推断也是不完全归纳。其基本思维过程如下：

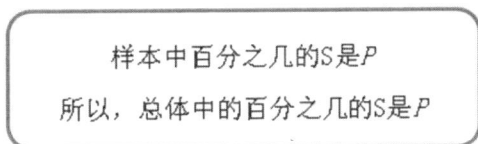

样本中百分之几的 S 是 P

所以，总体中的百分之几的 S 是 P

图 25

因为数学中所关注的很多对象都具有无限性。在大多数情况下，"不完全归纳"应用更为普遍。小学数学中所涉及的归纳，几乎都是"不完全归纳"，严格意义上的"完全归纳"几乎没有。因此，下文所讨论的"归纳思想"，没有特殊说明情况下，均指"不完全归纳"。

二、归纳思想的教学价值

归纳思想无论在学习中，还是日常工作、生活中，应用都非常广泛。归纳能力是人很重要的能力之一。史宁中教授认为：归纳推理是数学创新的根本，是培养创新型人才的有效方式。《数学课程标准（2011年版）》也指出："学生自己发现和提出问题是创新的基础；独立思考、学会思考是创新的核心；归纳概括得到猜想和规律，并加以验证，是创新的重要方法。"

1. 从数学发展的角度，归纳思想有利于数学中新知识的发现

郑毓信曾说：归纳在数学中的作用主要是作出新的发现。

从思维方法的角度分析，与数学有关的思维和能力主要有两种：演绎思维及其能力和归纳思维及其能力。我们都知道：数学中的演绎推理是从已有的事实（包括定义、公理、定理等）和确定的规则（包括运算的定义、法则、顺序等）出发，按照逻辑推理的法则进行证明和计算。其主要功能是证明结论，而不是发现新的结论。

归纳则正好相反。通过对个别对象进行观察，抽象共性，推断整体，从而形成结论，然后借助演绎推理证明结论。人类很多的发现、发明，知识中概念的形成，数学上很多新知识的发现，都是这样得到的。如：著名的"哥德巴赫猜想"，数学家哥德巴赫最初提出这一猜想，就是源于对一个个具体的数的研究。

2. 从社会发展的角度，归纳思想有利于创新型人才的培养

创新能力是一个民族发展的灵魂。创新型人才的培养是教育的重要任务之一。传统的数学教学，重视演绎推理，学生的演绎思维能力发展较好。但创新需要的是发现新问题，形成新结论。归纳思想正切合这种能力的培养。"通过条件预测结果""依据结论探究成因"是归纳思想的两个重要方面。

在小学数学的学习过程中，虽然不可能让学生借助归纳思想作出新的发现。但归纳是学生获取新知的重要方式。试想：学生经过自己的观察、分析、抽象、概括，发现新的公式、定律、法则……必然印象深刻。

三、归纳思想的教学载体

归纳思想在小学数学学习中应用十分广泛。概念、法则、运算定律、运算性质、计算公式、图形的特征的概括、规律的发现等都离不开归纳。具体而言，以下课例比较典型地体现了归纳思想的应用。

应用类别	典型课例
概念教学中的归纳	乘法的初步认识
	周长、面积的认识
	分数的意义
	因数、倍数、质数、合数、奇数、偶数等概念的教学
	2、3、5的倍数的特征
	百分数的意义
运算法则教学中的归纳	笔算加法（两位数加一位数、两位数加两位数、多位数加法）
	笔算减法（两位数减一位数、两位数减两位数、多位数减法）
	笔算乘法（两位数乘一位数、两位数乘两位数、三位数乘两位数）
	笔算除法（除数是一位数的除法、除数是多位数的除法）
	小数的加、减法
	小数乘、除法

（续表）

应用类别	典型课例
	分数加减法（同分母分数加、减法；异分母分数加减法）
	分数乘、除法
有关性质教学中的归纳	积的变化规律
	商不变性质
	小数的基本性质
	分数的基本性质
	比和比例的基本性质
	等式的基本性质
数量关系及计算公式教学中的归纳	基本数量关系：路程、速度、时间；单价、数量、总价等
	长方形的面积
	长方体的体积
	圆柱的体积
	圆锥的体积
	正比例、反比例、比例尺
	百分数的应用
运算定律教学中的归纳	加法交换律
	加法结合律
	乘法交换律
	乘法结合律
	乘法分配律
	减法的性质
	除法的性质

（续表）

应用类别	典型课例
找规律教学中的归纳	找规律（人教版一下）
	用计算器探索规律（人教版四上）
	小数点移动引起小数大小的变化
	数学思考（人教版六下）
	练习中诸如"通过计算，你有什么发现？"之类的习题。
图形的认识及其特征教学中的归纳	角的初步认识
	四边形的认识（长方形、正方形的特点）
	平行四边形和梯形的认识
	三角形的特性、三角形的三边关系、三角形的内角和
	长方体、正方体的认识
	圆的认识
	圆柱、圆锥的认识
统计与概率教学中的归纳	可能性（可能性是有大小的；根据数据推测可能性的大小）
	统计推断（统计教学中诸如"根据统计图表，你有什么发现""你能得到什么结论"之类的问题）

四、归纳思想的教学把握及其典型课例分析

归纳思想在小学数学中虽然十分普遍。但据笔者多年的课堂观察，一线教师对其了解并不多，对如何有效实施教学也十分茫然。

1．让学生真正经历"通过归纳获得数学知识"的过程

先来看一个课例：人教版六年级下册"数学思考"例1。教学内容如下：

（续表）

图 26

一位老师的教学过程如下：

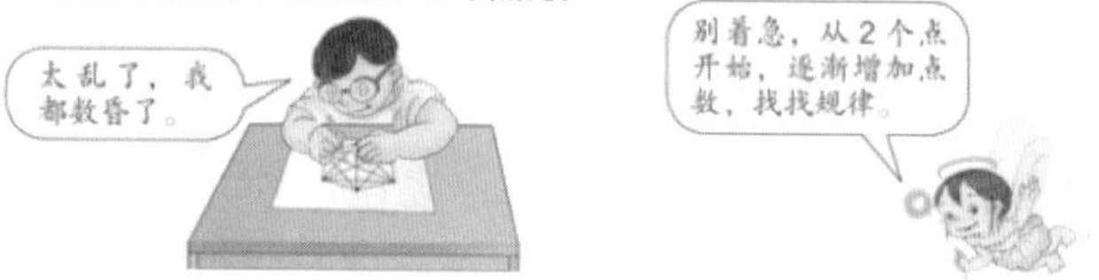

师：6 个点、8 个点连成线数起来太复杂。我们先从 2 个点开始。

（教师在屏幕上出示 2 个点，生齐答"1"，教师在表格中出示数字"1"。）

师：（增加 1 个点）现在 3 个点，每 2 个点相连，一共可以连多少条线段？

生：3 条。（教师在表格中出示数字"3"。接着增加一个点。）

师：4 个点呢？能连成多少条线段？

生：6 条。（教师在表格中出示数字"6"，接着出示 5 个点、6 个点。）

师：那么 5 个点、6 个点又分别可以连成多少条线段呢？请你们小组合作，用磁铁当点数，在白板上摆一摆、画一画，数一数。

（学生分组活动，每6人一组，通过实际操作，发现分别可以连成10条和15条。）

师：观察表格，你能发现什么规律吗？

生1：我发现，每个点数所连成的线段条数是在前一个总条数的基础上加点数个数减1。

生2：我发现，除2个点之外，其他点数连成的线段总是从1开始，一直加，加到点数个数的前一个数为止。

师：你们真棒！这么复杂的问题，我们通过化繁为简，找到它的规律。这个规律就是：n个点所连成的线段的总条数是$1+2+3+4+5+\cdots+(n-1)$。

【分析】以上教学过程，教师初步体现了归纳思想。从2个点入手，分别研究3、4、5、6个点可以连成多少条线段，然后引导观察，发现规律，体现了"从个别到一般"的归纳过程。但不难发现：规律基本是个别学生在老师引导下"发现"的，也可以说是教师给出的。若在细节上加以改进，则能更好地让学生经历"观察、思考—猜测—验证—归纳—结论"的全过程。

【案例改进】

师：6个点、8个点连成线数数起来太复杂。我们先从2个点开始。

（教师在屏幕上出示2个点，生齐答"1"，教师在表格中出示数字"1"。）

师：（增加1个点）现在3个点，每2个点相连，一共可以连多少条线段？

生：3条。（教师在表格中出示数字"3"。接着增加一个点。）

师：4个点呢？请你猜一猜：能连成多少条线段？

（先让学生思考，猜测，不急着连线。）

生：6条。

师：你是怎么想的？

生：因为增加1个点，这个点分别要和前面的3个点相连，就增加3条线段，3+3=6。

（教师在表格中出示数字"6"，接着出示5个点、6个点。）

师：那么5个点、6个点又分别可以连成多少条线段呢？请你们先独立想一想，想好后，可以在练习本上画一画，验证一下，然后小组交流。

（学生先独立思考、分析、猜测。然后动手操作，再小组交流。）

师：说说你们的猜想和验证结果。

生1：我猜5个点可以连成10条线段，算式是：1+2+3+4=10。我画的图也是这样。

生2：5个点是10条线段，6个点是15条线段，就是在10条的基础上再加5条。

师：算式呢？（引导学生补充完整的算式：1+2+3+4+5=15.）

师：那么，8个点呢？10个点呢？100个点呢？

生纷纷讨论，有部分学生急着说算式。

师：如果是n个点呢？

修改后仅仅是细节的微小变化，但其效果却有很大差别。在修改的案例中，我们不仅可以达到同样的获知目的，而且还可以让学生经历一次归纳的全过程，获得归纳的实际经验和体验，感受一次"数学家式"的思考过程、数学结论的"发现"过程，这个过程就是：先分析个例1（2个点和3个点），再分析个例2（4个点），尝试着归纳其共性的规律，猜一猜结论；将猜得的结论用在新的个例上（5个点和6个点），分析理论上的结果，再利用实际的操作验证其实际的结果与猜想的结果是否吻合，如果吻合，确认结论；如果有问题，修正猜想，做出一个更贴切的猜想。

2. 注意被考察对象（个例）的质和量——举例的策略

关于这一点，有两个方面需提醒大家注意：一是不能通过一个个例就归纳得出结论。例如：笔者曾听一名教师上"两位数加两位数"一课，在完成例题"35+32"的教学后，教师马上让学生总结计算法则并板书，显然是不符合归纳思维逻辑的。尽管不完全归纳不考察所有对象，但绝不是只考察一个对象。所谓"共性"，必是多个对象共有的属性。二是提供的考察对象，即所谓的例子，应注意量和质。就"量"方面而言，应该尽可能提供足够多的样例，因为"被考察对象的数量越多，范围越广，结论的可靠性程度则越高"；"质"的方面，即所举的例子应可能具有典型性、代表性，或者这些例子在其他属性上有很大的差别。就以上所说，我们分析一下"加法交换律"一课以下这两组例子（图27）。显然，左边的例子足够多，但类型单一，右边的例子类型上有变化，质上优于左边。若两者能结合，则更为理想。

1+2=2+1	7+8=8+7	4+9=9+4		7+8=8+7
3+5=5+3	9+8=8+9	5+6=6+5		26+38=38+26
2+7=7+2	3+7=7+3	6+9=9+6		735+257=257+735

图27

3. 引导学生感悟"不完全归纳的或然性"

"不完全归纳"所得到的结论具有或然性。这一点教师清楚，但教学中如何让学生感悟到呢？

除了教学过程中多次分析，反复强调：我们所观察的对象是个别例子，并没有对所有例子进行逐一验证，所以不能说结论一定正确。

曹培英老师所举的以下课例也能较好地让学生感悟"不完全归纳的或然性"。

【课例】

人教版义务教育教科书一年级下册综合与实践活动——摆一摆、想一想。

图28

图29

用 4 个 ●、5 个 ●……分别能摆出哪些不同的数？你发现了什么？

学生依次用 1 个 ●、2 个 ●……摆一摆、填一填。当填到 3 个 ●、4 个 ● 时，部分学生就认为规律已经显现，不用再摆了。

● 的个数	摆出的数	一共能摆几个
1	1, 10	2
2	2, 11, 20	3
3	3, 12, 21, 30	4
…	…	…

然后，让他们回答：用 8 个 ● 一共能摆几个数？用 9 个 ● 呢？

多数学生会毫不犹豫地递推：8+1，9+1.

至此，归纳所得到的结论都是对的。

这时，进一步追问：用 10 个 ● 一共能摆几个数？用 11 个 ● 呢？

几乎所有学生都会掉入前面的陷阱。

这时，教师一方面应该引导学生用 10 个 ● 摆一摆，验证一下前面的推测。学生会发现：10 个 ● 都用上，是不能摆一位数的，也无法摆出个位是 0 的两位数。另一方面，在学生推翻自己的推测时，应该及时引导学生反思："规律"有时会变，要小心"上当"。从而让学生初步感悟"不完全归纳得到的结论有时是不可靠的"。

4. 启发学生确认"不完全归纳的结论"

既然不完全归纳的结论具有或然性。那么，如何确认结论是否正确呢？严格说：不完全归纳得到的结论，需要经过严格的证明才能确认其正确性。但小学阶段，科学地验证和严谨的证明都难以做到。教学中可以采用以下方式：

（1）继续举例

虽说举再多的例子，只要是没有全部穷尽，最终还是"不完全归纳"，结论仍然具有或然性。但在部分课例中，特别是运算定律、计算法则等课例的教学中，在学生初步得到结论（或叫"猜想"更合适）后，应该鼓励学生举出更多的个例加以验证。

（2）解释或证明

从其他角度对结论的合理性加以说明。例如："运算定律"的教学，可以从加法的意义、乘法的意义的角度对结论进行解释、说明其正确性。《教师教学用书》也明确提到这一点。

《教师教学用书》在该单元的"教学建议"中指出："强调形

式归纳与意义理解的结合""在教学中，运算定律的探究一般是引导学生采用不完全归纳法进行的。但不完全归纳法与严格证明间有着本质的区别。因此，在实际教学中，在引导学生采用不完全归纳法抽象概括运算定律时，不妨引导学生从运算意义的角度理解定律模型的正确性。"

（3）反例证伪

如果发现了反例，原先的结论就不再成立。例如：一名教师在上"加法交换律"一课时，当运用归纳法得出"交换两个加数的位置，和不变"这一结论后，运用类比，引出"交换减数和被减数的位置，差不变""交换两个因数的位置，积不变""交换被除数和除数的位置，商不变"三个结论，让学生讨论其正确性。对于"减法"和"除法"，学生举一个反例就可以确定其不正确。这就是"反例证伪"。关于"反例证伪"，我们必须清楚的是：如果没有找到反例，只要不是穷尽所有对象，且没经过严格的证明，就不能确定结论一定正确。

5. 适时回顾、小结、提升，逐步形成稳定的思维模式

数学思想方法最终要在学生头脑中形成较稳固的思维模式，学生才能自觉、主动将其运用到新的学习中。归纳思想同样如此。教学中，教师应不失时机地引导学生对所经历的，运用归纳思维获得新知的全过程进行回顾、总结与反思，从而加深印象，强化学生的认知。

模型思想及其典型课例分析

一、模型思想的内涵解读

1. 数学模型

曹培英老师在《跨越断层，走出误区："数学课程标准"核心词的解读与实践研究》一书中，关于"数学模型"有如下阐述：

"数学模型"目前尚无公认的定义。粗略来说，数学模型乃是针对或参照某种事物系统的特征或数量相依关系，采用形式化数学语言，概括地或近似地表达出来的一种数学结构。

按广义解释，一切数学概念、数学理论体系，各种数学公式、各种方程式以及由公式系列构成的算法系统等，都可称之为数学模型。

按狭义解释，只有那些反映特定问题或特定的具体事务系统的数学关系结构，才叫作数学模型。这也正是当今应用数学中数学模型的原意。

王永春主任在《小学数学与数学思想方法》第四章中关于"模型思想"的阐述如下：

数学模型是用数学语言概括地或近似地描述现实世界事物的特征、数量关系和空间形式的一种数学结构。从广义角度讲，数学的概念、定理、规律、法则、公式、性质、数量关系、图形、图表、程序等都是数学模型。

不过，也有很多数学家对数学模型的理解似乎更注重数学的应用性，即把数学模型描述为特定的事物系统的数量关系结构。

以上阐述，不管是广义的还是狭义的解释，都包含以下关键词：

现实问题或具体情境、抽象与概括、数学语言、数量关系结构、数学应用。

2. 数学建模的基本过程

在实际工作中，数学建模的过程大致如下图：

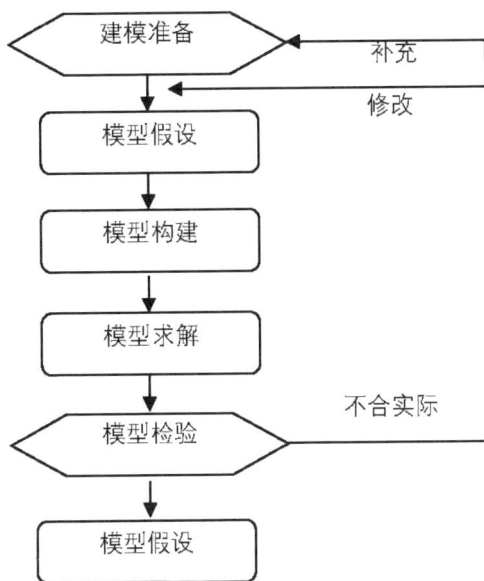

图 30

3. 模型思想

"模型思想"是《义务教育数学课程标准（2011 年版）》新增加的一个核心词。《课标》中关于"模型思想"的阐述如下：

"模型思想的建立是学生体会和理解数学与外部世界联系的基本途径。建立和求解模型的过程包括：从现实生活或具体情境中抽象出数学问题，用数学符号建立方程、不等式、函数等表示数学问题中的数量关系和变化规律，求出结果并讨论结果的意义。这些内容的学习有助于学生初步形成模型思想，提高学习数学的兴趣和应用意识。"

　　细读这段话，有助于我们更好地把握"模型思想"在义务教育阶段的教学要求。这段话有三层含义：第一句告诉我们模型思想在义务教育阶段的教学定位和功能是"学生体会和理解数学与外部世界联系的基本途径"。第二句话介绍了建立和求解模型的过程，突出了数学建模的三个主要环节：抽象—关系表达—求解。第三句话则指出，这些内容的学习只是有助于学生初步形成模型思想，旨在"提高学习数学的兴趣和应用意识"。

　　由此，我们也可以大致了解义务教育阶段的数学学习中，"模型思想"的建立包含以下内容：

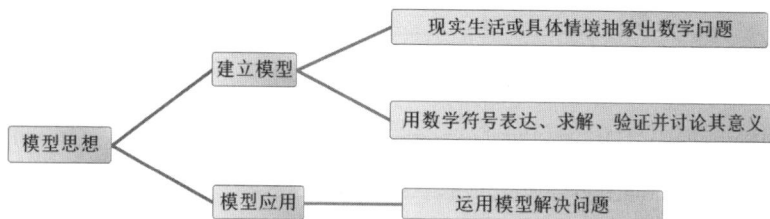

图 31

二、模型思想的教学价值

　　《课标》中已明确提到模型思想的教学价值：其一是促进学生体会和理解数学与外部世界的联系；其二是"提高学习数学的兴趣与应用意识"。除此之外，模型思想的教学，还有以下价值。

1. 有助于学生抽象思维、符号化思想的发展及数学概括、表达能力的提高

　　模型的构建首先是将实际问题（具体情境）抽象成数学问题，然后用数学符号、数学中相应关系式表达出来，这一过程始终伴随着抽

象、符号化思想。

2. 有助于学生体验综合运用知识和方法解决实际问题的过程，增强应用意识

数学建模的过程完整地体现了学生综合运用所学知识和方法解决实际问题的过程，有助于学生感悟数学与生活的联系，了解数学在现实生活中的应用。

3. 有利于促进学生对数学本质的理解和把握

在具体情境中找到数学问题，并进行数学化的抽象和表达，本身要求学生有一定的数学素养，具备把握数学本质的能力，反过来，这一过程又能进一步促进学生对数学本质的理解和把握。

三、模型思想的教学载体

按照广义的数学模型的解释，小学数学中每个知识都和建模有联系，都可纳入模型思想的教学。按照《课标》中关于模型思想的阐述，小学数学中以下教学内容比较典型地承载着模型思想的教学。

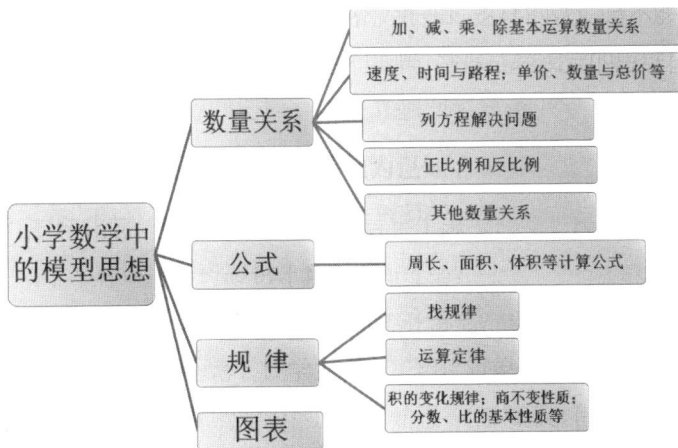

图32

四、模型思想的教学把握

1. 重视数学基础知识的理解和基本技能的掌握

数学建模是一种特殊的问题解决，需要学生基于问题的实际需要，灵活地选择和运用所学知识和技能。其前提是必须对有关的基础知识、基本技能有较好的理解与掌握，方能运用自如。这就需要我们加强基础知识和基本技能的教学。

例如：路程、速度、时间有关的数学问题，无论是哪一种情况，都和最基本的数量关系式"路程＝速度×时间"有关，只有充分理解"速度"的含义，建立好基本的数量关系，才能灵活应用。包括之后的相遇问题，以及作为拓展的追及问题等。

2. 让学生经历问题解决的全过程

人教版教材中，问题解决基本依照"知道了什么（阅读与理解）－怎样解答（分析与解答）－解答正确吗（回顾与反思）"进行编排，这与数学建模的过程基本一致。加强问题解决的教学，让学生经历问题解决的全过程，有助于学生体验数学建模的过程，有助于模型思想的初步建立。

3. 引导学生用数学的眼光去观察周围的事物

"用数学的眼光去观察周围的事物"，就是要求从实际事物中、现实情境中发现蕴涵其中的数量关系或空间形式。这样的"数学眼光"是完成数学建模不可或缺的能力基础，但这种能力不是一蹴而就的，需要不断积累，逐步培养。这要求我们要立足平时，在日常教学中长期有意识地引导学生用数学的眼光去观察周围的事物。

4. 与抽象思维、符号意识的培养及方程、函数思想的培养紧密结合

数学建模的过程离不开抽象、符号及关系结构的表达。文字语言、符号语言、图形语言是数学语言常用的三种表现形态。在数学建模的过程中，应当不失时机地逐步培养学生从文字语言、图形语言走向符号语言，鼓励学生用符号语言建构、表达所建立的模型。

此外，小学数学中的建模，从常见数量关系到周长、面积、体积计算公式的计算，以及正比例、反比例等，都离不开符号表达，都直接或间接体现方程思想和函数思想。

5. 借助几何直观，帮助学生顺利建模

小学生的年龄特点是以形象思维为主，逐步向抽象思维过渡。数学建模本身要求从实际问题中抽象出数学问题，但为了帮助学生顺利实现抽象和建立模型，应当顺应学生的思维特点，充分用好几何直观。

例如，一年级学生解答以下实际问题时，常有部分孩子遇到困难：

图33

如果我们引导学生画图，借助几何直观，让学生明白这个问题的解决实际就是求"10 和 15 之间有几个数"，既不能算"头"，也不能算"尾"，应该是"15-10-1"。

我们曾做过调查，对于这一类问题的解答，还有诸如"小朋友排队，从前往后数，小明排在第 10 个，从后往前数，小明排在第 5 个。问一共有几个小朋友在排队"，以及"读一本童话书，今天从第 10 页读到第 14 页，明天该读第 15 页了。问今天一共读了几页"等，最有效的方式就是引导学生画图，借助几何直观，帮助学生建立模型。

又如：六年级"数与形"及"数学思考"的教学，以及"找规律"等内容的教学，都是典型的借助几何直观，帮助学生理解和建立模型，从而实现问题的解决。

五、模型思想典型课例分析

以下，以我市学科带头人于芳老师展示过的一节四年级课例——"速度、时间、路程"为例，具体分析如何让学生有效建立数学模型，渗透模型思想。

【教学过程】

在生活情境中抽象出路程、时间、速度概念，建立速度模型

（一）生活中的路程、时间和速度

1. 出示东莞城区地图

图34

师：老师想明天下午在邮局下班前去取一笔稿费。不知道行不行？要解决这个问题需要知道哪些信息？

2.师生在对话中明确生活中人们所说的路程、时间、速度分别指什么。

（二）数学中的路程、时间和速度

1.用数学语言描述路程和时间

师：我们要知道一段路程的长短，一般用什么来描述？（板书：千米、米），时间的长短呢？（板书：时、分、秒）

2.用数学语言精确地表述速度

师：速度应该怎样描述呢？怎样说才能让别人一下就明白谁的速度快？

学生讨论、交流。

出示猎豹奔跑的图片。

图 35

猎豹是陆地上奔跑最快的动物，想知道它的速度吗？

课件出示：猎豹跑得真快啊！1分钟！

师：这样说，你有什么感觉？能体会到猎豹的速度吗？

课件出示：猎豹跑得真快啊！2千米！

师：像这样说行吗？应该怎么说呢？谁来试试？

学生尝试表达猎豹的奔跑速度。

师：大家在描述速度的时候，不光用到了长度单位，还用到了时间单位。确实，人们都是这样描述速度的。请大家一起来读一读几种动物的速度。

| 每分钟爬4米 | 每秒跑1.2米 | 每小时跑40千米 |

图 36

师：这里的"每分钟、每秒、每小时"是什么意思？

3. 概括速度的概念

师：究竟什么是速度呢？谁能用自己的话解释一下？

根据学生回答小结：每分钟、每秒、每小时也叫作单位时间，单位时间所走的路程，就是速度。

4. 用复合单位表示速度

在生活情境中建构路程、时间、速度的数量关系模型

（一）建构基本模型：速度 × 时间＝路程

①出示问题：如果老师步行前往，每分钟走 100 米，走 40 分钟到达邮局。学校到邮局的路程是多少米？

②学生尝试解答

③提问：为什么用乘法计算？

④辨析概念，明确：速度 × 时间＝路程

（二）建构变化模型：路程 ÷ 速度＝时间

①出示问题：学校到邮局的路程是 4000 米，如果老师骑自行车过去，骑车的速度是 200 米／分，我用多长时间能到达邮局？

②学生尝试解答

③辨析概念，明确：路程 ÷ 速度＝时间

（三）建构变化模型：路程 ÷ 时间＝速度

①出示问题：学校到邮局的路程是 4000 米，如果老师坐出租车只用 8 分钟就到达了邮局，出租车的速度是多少？

②学生尝试解答

③辨析概念，明确：路程 ÷ 时间＝速度

（四）解决初始情境中的问题

根据我们刚才获得的信息，老师应该选择哪种方式前往邮局？为什么？

运用模型，解决问题

1. 基础应用

乌龟的速度是 4 米 / 分，它 1 小时能爬多少米？

蜗牛的速度是 8 米 / 时，40 米长的小路它要爬几小时？

2. 提高型应用

起止地	速度	时间	路程
东莞—惠州	40 千米 / 时	3 小时	
惠州—东莞		2 小时	

3. 拓展型应用

小狗在爷爷和学校之间不断来回奔跑，爷爷的速度是 80 米 / 分，用 9 分钟时间走到学校，小狗的速度是 200 米 / 分。小狗究竟跑了多少米？

【课例分析】

本课例中，有两个重要模型的建立：一是"速度"概念模型；二是"S=vt""v=s÷t""t=s÷v"数量关系模型。

"速度"概念模型的建立，经历了以下教学过程：以去邮局取稿费这一生活情境，引出关于路程、时间、速度的讨论，在讨论中明确"路程""时间"的表达分别用长度单位"千米、米……"和时间单位"时、分、秒……"，进而引出问题"速度如何表达？"，通过尝试描述猎豹的速度，初步感知"速度是单位时间内所走的路程"，继而给出乌龟、鸵鸟、大象的速度，让学生在描述中进一步感知"速度"概念，在此基础上让学生尝试概括，通过用符合单位表示速度进一步加深理解和认识，从而建立"速度"概念。

　　"S=vt"数量关系模型的建立同样是从生活情境引入,"如果老师步行前往,每分钟走 100 米,40 分钟到达邮局,学校到邮局是多少米",在学生运用已学知识列出乘法算式后,教师接着追问:为什么用乘法解答?让学生从乘法的意义的角度解释,然后再引导学生分析算式中每个量在题目中表示的具体含义,概括出"速度 × 时间 = 路程"这一数量关系模型。之后是这一基本模型的变式"v=s ÷ t""t=s ÷ v"以及模型的运用。

　　这节课,虽然不是真正意义上的数学建模,但从小学数学教学的角度,既有概念模型的建立,又有数量关系模型的构建及变式,以及模型的三个层次的应用,较好地渗透了模型思想。

六、模型思想对小学数学教学的启示

1. 教学中要有"类"的思想

　　模型思想蕴含一般化、结构化思想。一般化思想即要求我们将一个问题的解决拓展为一类问题的解决。这一点恰是小学数学教学所欠缺的。先说两个事例:

【事例一】

方程的教学

　　以人教版教材为例,小学阶段所学方程无非以下类型(图37),而"x ± bx=c"与"ax ± bx=c"实际属于同一类型,从数学模型的角度分析,就四个模型,无论情境怎样变化,都可用以下一种模型解决。如果教学中教师能把握这一点,解方程及用方程解决问题的教学将高效很多。但实际情况是：老师们总希望加强题目的练习，以多练来达到掌握，甚至有老师恨不能将所有的题目都练一遍似乎心里才踏实。殊不知：题目是做不完的，情境是可以随时换的，只有把握关系结构，掌握基本模型，才能解决一类问题，才能游刃有余，因为"万变不离其宗"。

$$x \pm b = c$$
$$a\,x \pm b = c$$
$$a\,x \pm ab = c$$
$$x \pm bx = c$$
$$a\,x \pm bx = c$$

图 37

【事例二】

"找规律"的教学

以下是一道常见的"找规律"的习题：

用小棒照样子摆一行三角形：

图 38

大多数教师在教学时，会带着学生一起经历找规律的过程，并共同构建起"连续摆 n 个三角形，需要（2n+1）根小棒"的规律模型。教学也就到此为止。然后，在遇到下列问题（图39）时，又带着学生重复一次找规律的过程。

连续摆 n 个三角形需要小棒 $(2n+1)$ 根，

连续摆 n 个正方形需要小棒（　　）根，

连续摆 n 个正五边形需要小棒（　　）根，

连续摆 n 个正六边形需要小棒（　　）根，

图 39

如果教师具备模型思想，当明白以上习题属于同一类问题，在找到"摆三角形需要多少根小棒"的规律后，就可以直接出示图 39 中的问题，让学生运用所学进行类推，相信大部分学生不仅能写出每一个问题的表达式，当教师进一步追问"摆 n 个正 a 边形需要多少根小棒"时，少部分学生能写出一般表达式：$(a-1)n+1$。

在小学数学教学中，很多问题都需要教师有"类"的思想，我们常说的"一题多解""多题一解""一题多变"实际都蕴涵"类"的思想，其本质是模型思想。

2. 情境导入可以尝试系列化

曹培英老师曾针对小学数学"四则运算"的概念，做了引入情境系列化设计的尝试。

众所周知，"加、减、乘、除"四则运算，蕴涵着基本的数量关系，是典型的模型思想渗透课例。如"加、减法"的情境引入，人教版教材已设计为同一题材，即"小丑手拿气球"的情境。实践表明，这有助于学生直接感知"加、减法"之间的联系。那么，乘、除法之间的联系，加法和乘法、减法和除法之间的联系，能否也通过同一题材不断发展变化的情境设计，提高学生对四种基本运算的模型的感知呢？曹老师和他的团队以"小猴摘桃"为原型，设计了加、减、乘、除系列化情境，且实践效果非常好。

现行的小学数学教学中，现实模型"处处不同""支离破碎"的现象较为普遍，教材编写者虽已做了很多努力，但还有待进一步加强。教师教学实践中，这一问题则更加突显。十年前，郑毓信教授就说过"情境不能只起到敲门砖的作用"。可见，要做到情境系列化难度有多大。但我们必须清楚：同一题材的情境，有利于直观呈现数学事实，更有助于学生感悟其中的内在联系，更好地把握知识的本质，也更有利于数学模型的构建。因此，我们可以尝试同一类或者关联度大的知识的教学，采用系列化情境，以突出彼此之间的区别与联系，促进学生的学习。

小学数学教学中"循环论证"逻辑错误案例分析 [1]

　　所谓逻辑错误，是指思维过程中违反形式逻辑规律的要求和逻辑规则而产生的错误。如"偷换概念""偷换论题""自相矛盾""循环论证"等。小学数学教学中，由于部分教师逻辑学知识比较欠缺，教学中往往犯了典型逻辑错误，自己却毫无认识。笔者曾就听课过程中遇到的循环论证现象，与所有参与听课的教师进行探讨，结果是能发现执教教师犯了循环论证谬误的老师非常少。这不得不令我们对小学数学教学质量甚感担忧！

　　所谓循环论证是指用来证明论题的论据本身的真实性要依靠论题来证明的逻辑错误。简单地说，就是用假设证假设。本文通过两个典型课例，探讨小学数学教学中循环论证的不妥之处，期望引起广大小学数学教师的重视，教学中避免此类现象的发生。

【课例一】

乘法分配律

　　小学数学教学中，运算定律这一类课的教学一共有以下内容：加法交换律、加法结合律、乘法交换律、乘法结合律、乘法分配律以及整数运算定律推广到小数、分数。

　　从教材编排（人教版）可以看出，这一类课教学的思路基本一致，即情境引出具体算式—计算得出两组算式结果相等—观察算式，初步感知规律—学生自己举例并分别计算—观察

---

[1]　本文发表于《中小学数学·小学版》2015 年第 1—2 期 .

所有算式，发现规律—表述规律—应用规律。

在实际教学中，教师往往在"计算得出两组算式结果相等"以及"学生自己举例并分别计算"两个环节中出现逻辑错误。下面以乘法分配律（图40）为例具体说明。

3 一共有多少名同学参加了这次植树活动？

我先计算……

$$(4 + 2) \times 25$$
$$= 6 \times 25$$
$$= 150（人）$$

我先分别计算……

$$4 \times 25 + 2 \times 25$$
$$= 100 + 50$$
$$= 150（人）$$

所以，$(4 + 2) \times 25 = 4 \times 25 + 2 \times 25$。

想一想：$25 \times (4 + 2) \bigcirc 25 \times 4 + 25 \times 2$。

两个数的和与一个数相乘，可以先把它们与这个数分别相乘，再相加。

这叫作乘法分配律。用字母怎样表示？

$(a + b) \times c = \underline{} \times \underline{} + \underline{} \times \underline{}$

想一想：$a \times (b + c) = \underline{} \times \underline{} + \underline{} \times \underline{}$。

图40

一名教师的教学过程如下：

①通过情境，分别引出算式：$(4+2) \times 25$、$4 \times 25 + 2 \times 25$

②分别计算，发现结果相等，板书 $(4+2) \times 25 = 4 \times 25 + 2 \times 25$

③引导学生观察等号两边的算式有什么相同点和不同点，初步感知乘法分配律的形式及结构。

④学生自由举例。

……

进行到此环节，乘法分配律还没有形成，要求学生举例，无非是两个目的：一是让学生对乘法分配律的含义及数学结构表达式有更清楚的了解和认识，以便下一环节学生能初步总结出乘法分配律的含义及正确表达；二是增加更多的实例，让规律的得出更合理、更有说服力（至少对于学生而言更有说服力）。在此，需要特别说明一下，在小学数学教学中，发现规律这类课（包括找规律、运算律）的教学，所采用的基本都是不完全归纳法。所谓不完全归纳法，即以某类对象中个别的或特殊的部分对象具有（或不具有）某种属性为前提，推出该类事物具有（或不具有）该属性的一般结论的推理方法。在乘法分配律这一课中，$(4+2) \times 25 = 4 \times 25 + 2 \times 25$ 以及学生所举的例子（算式）都是个别对象，一般结论是指 $(a+b) \times c = a \times c + b \times c$。由于不完全归纳法没有穷举考察对象的全体，所以它的结论属于似真推理，严格来说，其结论的正确性需要进一步证明。但是考虑到小学阶段学生的接受能力和认知水平有限，教材并没有做此要求。只是用不同形式表达了让学生举出更多实例的要求（图41），因为运用不完全归纳法时，一类对象被考察的个别对象越多，范围越广，结论的可靠性就越大。在乘法分配律一课中，教材没有安排让学生举例，但是《教师教学用书》却特别说明：学生完成"想一想"后，可以让他们再举出一些类似的例子。

图41

回到刚才所说的让学生举例的环节，通过以上分析，我们应该明白：让学生举例是为了得到更多的具体算式（个别对象），让学生能从较多的算式中找到共同点（某种属性），即乘法分配律）。也就是说，在此环节，乘法分配律并没有得出（还只是一个假设），更不能运用。更具体地说，学生举例的时候，思维顺序应该是分别写出 $(a+b)×c$ 和 $a×c+b×c$ 这样结构的两道算式，然后通过计算，得出两个算式结果相等，才能在两道算式中间添上"="；或者先写上"="，然后分别计算，确认其结果相等，或者用其他方式说明其结果相等，例如：用乘法的意义。与此同时，教师在听学生汇报并板书学生的例子时，也应该按以上思维顺序进行。但是，在实际教学中，笔者多次听这节课，多次都发现以下现象：

1. 现象一：学生"用结论证结论"

举例环节，部分学生所写算式通常从左写到右，如：$(6+8)×9 = 6×9+8×9$ …学生之所以这样写，说明他们已经把 $(a+b)×c = a×c+b×c$ 当成正确的结论，即已经默认它是正确的，是可以运用的。也就是说，学生这样做，其实质已不是举例来进一步证明结论，而是在运用结论，已经犯了循环论证的逻辑错误。笔者每次听这一类课，到此环节，一定会走到学生中去，了解学生最真实的思维过程，每次都会发现班上有部分孩子不计算，直接从左写到右。

2. 现象二：教师"默认""用结论证结论"

如果说，学生犯循环论证的错误是"情有可原"——想偷懒（不计算）、逻辑思维不成熟等。那么，教师会怎样处理呢？部分教师是这样处理的：

（1）选择有代表性的例子，让学生板书在黑板上（或学生说，教师板书）；

（2）学生从左至右依次板书（或教师按照学生说的过程从左至右依次板书）；

（3）观察所有算式，找相同点；

（4）总结规律，形成结论。

不难看出，以上教学，教师默认了学生的思维错误。课后，本人找执教教师访谈，或者与所有听课教师交流，发现造成这一现象的原因主要有两方面：一是教师自身根本没有意识到逻辑错误所在，即自身本体性知识的缺失；二是部分教师只重知识的教学，忽略思维方法的引导。部分教师表示，当时感觉似乎有点不妥，但是急于想得出结论，也就没太在意，一带而过了。

也许以上教师没有意识到：培养学生严谨、科学的研究态度以及符合逻辑的思维方式，远比得到一个结论、记住一个知识点重要。不说长远，仅就小学数学而言，此类课占有一定课时数和学习量，其学习方式和思路也基本一致，因此，笔者建议：教师应该在这一类课的起始课，即加法交换律的教学时，做好充分的研究和设计，注意思维方法和学习方式的渗透和培养，为学生学习这一类课打好基础。

【课例二】

平行四边形的面积

"平行四边形的面积"一课的教学，通常都会安排数方格（图 42）环节。

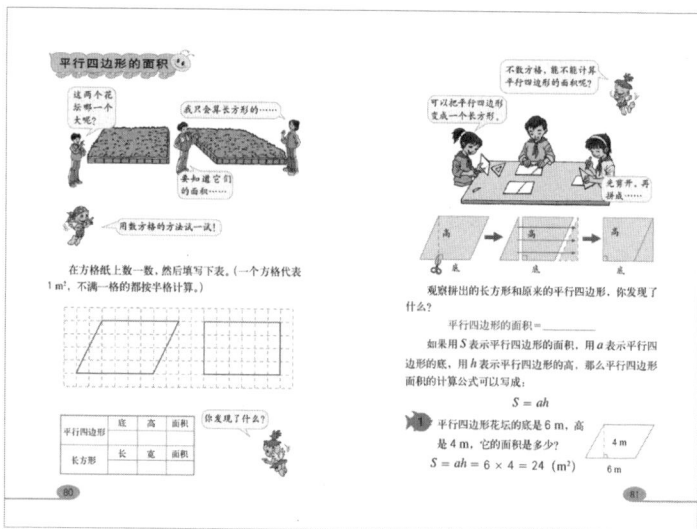

图 42

数方格计算面积，其作用有以下几点：一是可以直观计量，且基于学生原有认知和经验（学生在学习长方形、正方形的面积计算时已经使用过）；二是暗示了长方形和平行四边形两者之间的联系；三是通过数据，可以为学生猜想平行四边形面积计算公式提供依据（或者为证明猜想提供例证）。基于以上分析，我们可以知道，数方格的教学，是为探索平行四边形面积计算公式所进行的必要的铺垫，但无论如何，此环节没有得出公式，更不可能运用公式。然而，听课中，笔者多次在此环节遇到以下问题：

教师布置数方格任务，学生开始独立或小组合作数方格，完成表格填写。

此时，笔者观察到：学生填写表格时，通常只数"底（长）"和"高（宽）"的数据，面积的数据则通过计算得出。以下是笔者和学生的对话：

笔者：××同学，平行四边形的面积是24平方厘米，你怎么知道的？

生：算的，6×4=24。

笔者：为什么用6×4呢？

生：6是底，4是高，底乘高。

笔者：你认为用底乘高就可以算出平行四边形的面积？

生：嗯！

以上是学生在认知上存在的思维逻辑。形成这种认知有以下几种情况：一是学生已经先学，明确知道平行四边形的面积计算公式是底乘高；二是受前面环节"猜想"的影响，把"猜想"当成了结论；三是受长方形面积计算的影响，直接进行迁移。不管是哪种情况，在这里，学生始终没有明白的思维逻辑是平行四边形的面积计算公式需要通过自我探索、证明才能形成结论。对于学生的这一思维逻辑，教师又是如何处理的呢？以下是汇报环节的教学片断（学生数方格之后，教师组织汇报交流）：

师：谁来说说数的结果？

生：我发现平行四边形的底是 6 厘米，高是 4 厘米，面积是 24 平方厘米。

师：长方形呢？

生：长方形的长是 6 厘米，宽是 4 厘米，面积是 24 平方厘米。

师：同学们，你们数的和他一样吗？

生：一样。

师：对的，非常好！那你们观察一下表格中的数据，有什么发现？

生：我发现平行四边形的面积等于底乘高。

......

很显然，以上片段教师并没有纠正学生的思维过程。那么，在教学中该如何处理比较妥当呢？笔者建议：一是在学生汇报后，教师要强调并确认面积是数出来的。可以在学生汇报的基础上，问学生：大家都数了吧？我们一起数一数。然后带着学生，通过课件演示，重数一次。第二，纠正个别学生的逻辑错误。利用课堂生成资源（如果怕伤害学生自尊，也可以虚拟一个人物），将采用计算得到面积的思维暴露给学生，让学生自己辨析，在辨析中明白问题所在，得到正确思维方法。

以上两个课例中提到的逻辑错误，是笔者在多年听课中经常遇到的问题，期望通过以上分析，能让教师建立正确的认识，避免此类问题重复发生。在教学中，其他逻辑错误同样存在，如：以偏概全、偷换概念等。在此，也呼吁教师朋友们，多了解和学习逻辑学知识，提高自身素养，在教学中注意遵循教学的序、知识的序、思维的序，帮助学生建立正确的思维方式和逻辑结构。

价值多元与价值选择

——小学数学课例研究中"教学价值"定位之思 [1]

【缘起】

之所以会思考课例研究中的教学价值定位问题，源于两个教研事件。

【事件一】

"鸡兔同笼"课例的多样化演绎与教师教学的困惑

"鸡兔同笼"是小学数学经典课例，华应龙、钱守旺、朱乐平、施银燕等名师都上过。有侧重渗透枚举法或假设法的，有侧重画图法解决问题的，也有侧重"尝试与调整"策略的……早在 2009 年，陈洪杰根据施银燕老师在全国小数年会上执教此课引发的不同意见，专门撰写《追问"鸡兔同笼"的教学价值》一文，对此内容的教学进行剖析。知网上甚至有关于"'鸡兔同笼'问题研究文献"的研究。最新一篇研究综述表明：根据 CNKI 检索结果，仅 2008 年至 2016 年，"鸡兔同笼"问题的研究文献为 229 篇 [1]。可见其影响之广、关注度之高。人教版教材修订时，将"鸡兔同笼"由原来的六年级移至目前的四年级，目的是删除其承载的"渗透方程思想"的教学价值。但是，如此多的研究，亦或教材的调整，都未能解决一

---

[1]　此文发表于《小学教学·数学版》2018 年第 5 期，全文转载于中国人民大学复印报刊资料《小学数学教与学》2018 年第 9 期.

线教师教学此问题时面临的困惑。在"鸡兔同笼"的教学中，一线教师依然拿不准教学目标该如何定位？教学内容该如何取舍？常见的现象是力求面面俱到，却哪一面都到不了。课上不好，也上不完（人教版安排的课时为1课时）。

【事件二】
"密铺"一课的各执己见

在一次省级比赛中，两个地级市先后演绎了"密铺"课例。两个课例无论教学目标、教学内容、教学过程都有较显著的差异，而两地的辅导员对各自的设计都有充分的理由，但都认为对方的课例设计不合理。

以上两个事件，引发我关于课例研究的反思与追问：同样的教学素材，演绎时为何会有如此大的差异？这些不同的演绎对学生学习而言，有没有不同的影响？如果有，其影响的程度有大小之分、优劣之别吗？哪种定位更合理？影响更深远？

恰在此时，读到《小学教学·数学版》中郑毓信教授撰写的《课例研究的必要发展》一文，文中指出："当前课例的学习和研究应当特别重视的一个问题是，我们应当努力做到'小中见大'，即跳出各个课例的具体内容，从更为一般的角度引出值得人们深入思考的普遍性问题，以及具有更大启示意义的普遍性结论或建议等。"[2]

对于以上两个事件中的现象，个人认为是课例研究时教学价值的选择和定位问题。众所周知，教学是一种事实性存在，也是一种价值性存在。"任何'教学事实'的背后，或支撑起'教学事实'的，都是教学生活中的人的价值选择"。[3]

因此，我尝试从教学价值的多元与选择的角度，来思考与剖析小学数学课例研究中的教学价值定位问题。

一、何谓"教学价值"

关于教学价值概念的界定，目前尚无权威的说法，现有的表述也比较抽象和模糊。有人笼统地将其理解为教学的作用、教学的功能、教学的意义。也有人根据哲学中关于价值的界定，将其定义为"教学主体（教师、学生及社会）需要与教学客体（即教学活动本身）属性在相互满足与被满足的关系中所形成和衍生出来的一种旨趣、导向和指引"[4]。

本文所探讨的教学价值，主要指教学所指向的促进学生发展的价值，可理解为通过小学数学教学对学生所产生的影响，这种影响包含知识、能力、方法、思维、情感、品格等多方面，可概括为教学的知识价值、发展价值和生命价值。知识价值指教学满足学生主体知识需求的属性和功能，发展价值指教学满足学生主体发展需求的属性和功能，生命价值指教学满足学生主体生命意义提升需求的属性和功能。

二、教学价值的多元性及其产生原因

毫无疑问，所有的课例都承载着多元教学价值。"三维目标"本身就是多元教学价值的体现。除此之外，小学数学教学中的很多课例之所以承载多元教学价值，主要有以下三方面原因：

1. 教材编写者赋予的多元教学价值

不管哪种版本的教材，所有的课例几乎都不只一种教学价值，只是大多数课例都能在规定教学时间内较好地实现其承载的教学价值，因而并未引起大家关于教学价值选择与定位的思考和关注。有些课例则不然，教材编写者赋予的教学价值特别多。如"鸡兔同笼"，人教实验版教材中，"鸡兔同笼"问题安排在六年级，仅从解题策略和渗透数学思想方法的角度，教材编写赋予其"列表""假设""尝试与调整""方程"等诸多解决问题的策略的教学价值，同时渗透"枚举""假设""方程""化归""模型"等数学思想方法。修订后调整到四年级，删除了"方程法""方程思想"的渗透，但其他的教学价值依然保留，仍然丰富多元。显然，这些教学价值均是教材编写者所赋予的。

2. 教师"挖掘"出的教学价值

在课例研究中，教师往往会对教材进行加工和改造。加工和改造的过程则会不同程度地增加或减少课例所承载的教学价值（大多数情况是增加）。如：人教版教材中的"植树问题"，从教材编写的角度，例1、例2主要渗透"化繁为简""画线段图解决问题""模型思想"，例3则在此基础上渗透"一一对应"思想。而教学中，很多教师在例1的教学中就加入了"一一对应"思想。六年级"数与形"的教学同样如此，从教材编写者角度，这一内容主要渗透"数形结合"思想，很多教师则将"极限思想"赋予很高的教学地位。

3. 不同版本教材对同一素材赋予不同的教学价值

如"密铺"，北师大版和人教版对其教学定位明显不同。最大的区别是北师大版要求学生"初步了解平面图形可以密铺的道理"，人教版只要求学生"通过动手操作，探索哪些平面图形可以密铺，哪些不能密铺"（注：人教版新教材中已删除"密铺"这一教学内容）。理论上分析，这种情况不应该产生教学价值的多元与选择问题，因为教师只需按照所用教材版本的要求实施教学即可。但实际情况是大多数教师做课例研究时，都会搜集不同版本教材作为参考，当他了解到这一素材承载着不同教学价值时，往往会"创造性使用教材"，价值的多元和选择也就自然产生。

三、多元教学价值之间的关系

既然同一课例承载多种教学价值。那么，分析、理清各教学价值对学生所产生的影响及它们之间的关系就显得十分必要。

1. 等价（并列）关系

多元价值之间，有些教学价值是等价关系，即它们在教学中对学生的影响和重要性是同等的，没有明显的优劣之分。当然，这是相对而言。例如："鸡兔同笼"问题中的"假设法"与"方程法"，就其解决此问题的价值而言，基本是等价的。而"数与形"课例中，如果不考虑教材编写者的特定意图，仅就例2的学习素材而言，"数形结合""极限"两种思想方法的渗透也具有等价关系。

2. 不等价关系

有等价关系，自然也就有不等价关系。很多时候，课例所承载的教学价值具有层次性。小学数学教学中，从对学生学习和成长影响的重要程度而言，有些教学价值可能是短效的，而有些却是长效的。如：史宁中教授认为数学思想方法有层次之分：抽象思想、推理思想、模型思想是较高层次的，是基本思想。以及我们经常讨论的"知识与方法孰轻孰重""学会解题还是掌握思考的方法"等问题，实际都道出了教学价值的不等价现象。

就具体课例而言，教学价值的不等价关系也普遍存在。以"平行四边形的面积"一课为例，从发展价值角度分析，数学思想方法的渗透中："猜想—验证—结论"这种研究问题的基本思路高于"化归思想"，而"化归思想"高于"割补法"。又如："用字母表示数"一课，从知识价值角度分析让学生正确地理解"含有字母的式子不仅可以表示数量，还可以表示数量关系"的教学价值远高于"代入求值、字母的取值范围、字母与数相乘的简写方法"等知识的教学价值。

3. 互相融合关系

大多数时候，同一个课例中，多个教学价值之间是互相融合，彼此促进的。最典型的例子是"三维目标"的实现。知识与技能、过程与方法、情感、态度、价值观一定是伴随着教学的推进整体实现的。又如：前面提到的"平行四边形的面积"一课，三种数学思想方法之间虽然具有层次性，但在教学过程中，彼此是互相融合的，"割补法"是实现"转化"的具体方法，"转化"是验证"猜想"的重要途径。

四、课例研究中的教学价值选择

1. 为什么要选择

原因很简单：一是时间角度考量，一节课只有 40 分钟，有限的时间内不可能实现所有的教学价值（特别是当课例承载的教学价值过多时）。二是教学价值对教学行为影响的角度考量。教学价值的选择，在观念层面引领着教学的行为取向和实践效果。简言之，教学价值的选择决定着课例的教学设计和实施效果。

2. 如何选择

（1）当前课例研究中教学价值选择存在的问题

①舍本求末

目前的课例研究中，在教学价值选择方面，以下现象较为突出：知识价值选择方面，往往执着于知识点及解题技巧的掌握，忽视一节课的核心知识，重点处不够"重点"。如"用字母表示数"的教学，往往过多纠缠于"代入求值、取值范围及字母与数相乘的简写方法"等具体知识点，而对"让学生理解含有字母的式子既可以表示一个具体的量也可以表示数量关系"这一教学重点用力不够，教学不到位。在发展价值选择中，则分辨不出各种价值的层次性。如数学思想方法的渗透，往往过于强调具体的策略与特定的方法，对基本思想反而"轻描淡写"。如："平行四边形的面积"一课的教学，将"割补法"的具体操作强调过细、过多，对"转化思想"及"猜想—验证—结论"的研究过程则只在课尾总结时稍微带过。在"鸡兔同笼"的教学中，更重视"假设法"，特别执着于假设法每一步的列式及含义的理解，忽视"列表—枚举法"。殊不知，从对学生后续学习与发展而言，"列表—枚举"法更具普适性。

②贪多求全

很多时候，老师们"心地善良"，总希望尽可能地给予学生多而全的教育。我们经常遇到的课上不完、教学目标没达成、教学效果不理想等问题，固然有多方面原因，但与教师或教材本身赋予课例过多的教学价值有重要关联。"鸡兔同笼"是其中最典型的代表。

③忽视生命价值

随着"四基"的普及，目前的课例研究，已经由单纯的"重知识、技能"走向"知识、技能、思想、经验"并重。即教学的知识价值、发展价值在课例研究中得到重视与关注（虽仍然有许多问题值得研究），但"生命价值"却只在少数课例中所有体现。陈洪杰在《追问"鸡兔同笼"的教学价值》一文中有这样的表述："以'鸡兔同笼'为例，从解题方法的角度而言，方程法远比画图、列表之类的方法要快捷、简便，但这种简便是数学的价值而不是教育的价值！我们要发掘的是鸡兔同笼问题的教学价值、育人价值，而不是，至少不仅仅是数学价值。""仅仅看到鸡兔同笼的多种解法及其蕴含的数学思想，还只是从数学的角度而不是从教育的角度来看问题。"[5]

在大多数课例研究中，能看到"教育价值""生命价值"的少之又少。

（2）教学价值选择的基本原则

课例研究中的教学价值选择，应遵循以下原则：

①价值影响程度原则

总体而言，教育高于教学，生命价值高于发展价值，发展价值高于知识价值。就学科具体教学而言，以下方面应特别注意：人教版教材中，"数学广角"的教学，数学思想方法的渗透优先于具体题目的解答；"综合与实践"领域教学中，活动经验的积累、应用意识、问题解决能力优先于具体的知识技能；具体课例的研究中，则需要教师注意分析其蕴涵的教学价值及各价值之间的关系，核心价值优先于其他价值。在此，举两个事例：解方程的教学，在其根据"加、减、乘、除各部分的关系"解方程转变为"依据等式的基本性质"解方程的变化过程中，很多一线教师都不适应、不理解。而求最大公因数和最小公倍数，由"短除法"改为"列举法"，教师们依然抱怨"麻烦""学生掌握不好""短除法"效果更好。直至今日，还有少数教师对以上两个问题采取"两种方法都教"的策略。这些选择和判断的背后，反映出教师对每种方法的教学价值没有清晰的认识和理解，特别是对其对学生学习的影响程度没有明确的认识。

当然，如前文所说，很多教学价值之间是彼此相融、互相促进的关系，要具体课例具体分析。而这种分析和选择能力，某种程度上是教师教育观、个人素养、学科素养的整体体现。郑毓信教授曾说：数学教师专业成长的必然途径，就是由"数学教学"到"数学教育"再到"教育人生"。[6] 课例研究中，教学价值的选择与确定能反观教师专业成长所到达的阶段。

②教学整体观思维原则

很多课例，独立看，教学似乎都很有道理，但放到整个教学体系、甚至整个教育体系中，不免发现很多的"不合理""不恰当"。目前的课例研究，大多只着眼于局部，整体观缺乏，即很难"跳出各个课例的具体内容"。因此，如何在整体视角下，审视、思考一节课的教学价值定位，是课例研究不容忽视的问题。

③促进学科学习的原则

以知识价值为例，有些知识是基础，是进一步学习的必备条件，有些知识可能只是单纯地针对某一独立的内容，两者在整个知识链中所起的作用完全不一样。前者相当于知识链条中的关键连接点，一旦断裂，相关联的连接点都将断裂，后者则相当于链接中独立的一个点，其好坏只关自身，并不影响其他。开展课例研究时，应更好地理解"基础"的含义，准确把握哪些是真正的"基础知识""基本技能"，哪些内容的教学能更好地促进学生进一步学好数学。在这方面，俞正强老师的"种子课"研究为我们做出了榜样和示范。

④教学实际需要原则

教学实际需要原则，就是在选择和确定一节课的教学价值时，要充分考虑学生的学习程度、学生已有经验、教学现实条件等。如果忽视以上实际因素，单纯追求课例本身所承载的"理想状态"下的教学价值，课堂教学时往往难以实现预期的目的。

最后，有必要提醒的是教学价值选择的原则也不是孤立的，同样需要整体思维，需要综合考虑、合理选择！

参考文献：

[1] 张莉．罗燕．李昌勇．"鸡兔同笼"问题研究综述 [J]．中国校外教育，2017（2）：53-54．

[2] 郑毓信．课例研究的必要发展——"'课例研究'之思考与实践"系列研究之一 [J]．小学教学·数学，2016（4）：4-6．

[3] 赵文平．教学价值研究：教学论亟需深入关注的领域 [J]．教育理论与实践，2011（3）：53-56.

[4] 赵文平．教学价值问题研究三十年 [J]．教育导刊，2009（6）：12.

[5] 陈洪杰．追问"鸡兔同笼"的教学价值（上）.http://user.qzone.qq.com/57344650/blog/1276082883.

[6] 郑毓信．由"数学教学"到"数学教育"到"教育人生" [J]．数学教学，2016（1）：9.

细节决定效果

——小学数学练习教学有效性观察与思考

【背景】

2012 年 3 月，东莞市人民政府下发《关于印发〈东莞市教育事业发展"十二五"规划〉的通知》（东府〔2012〕37 号），《规划》中提出了"十二五"期间东莞教育发展的"十大工程"，其中之一为"高效课堂工程"。在此基础上，东莞市教育局制定了《关于推进基础教育"十项工程"的实施意见》及《东莞市教育局关于推进中小学"高效课堂工程"建设的实施方案》。"高效课堂"成为一种旋风，在我市教育界迅速刮起。作为这项工程的责任部门——教育局教研室，先后开展了多个会议、多次研讨活动。2012 年 12 月，在全市开展了"东莞市推进'高效课堂工程'建设工作会议"，会上公布了《关于东莞市中小学第一批'高效课堂工程'实验学校评选结果的通报》，其中小学有 128 所实验学校，小学数学有 104 所。一时之间，关于"高效课堂"的概念、理论、模式、实际操作等成为热门话题。就小学数学而言，一线教师困扰的是：究竟什么是高效课堂？是否有固定的模式？怎样实现高效课堂？基于以上背景，结合近几年的课堂观察，试图通过本讲座，给一线教师几点"可触摸"的提高课堂教学效率的思考和建议。

一、高效课堂是什么？不是什么

什么是高效课堂？这是老师们经常问到的问题。最初提出"高效课堂"之时，我们自己也经常这样追问。在《东莞市教育局关于推进中小学"高效课堂工程"建设的实施方案》中，"高效课堂"的界定如下："'高效课堂'是优质教学和有效教学的通俗说法，是一种教学愿景、目标追求和价值取向，是在原有成功的实践基础上，传承、整合、完善、创新和发展……""实施'高效课堂工程'是一项长期的任务，'高效课堂'是一个动态发展的过程……"。在我市教研室主持的《基于小学高效课堂的项目推进式教研的实践研究》课题开题会上，有一段这样的描述："高效课堂"是课堂教学追求的目标、是课堂教学的理想状态；"高效课堂"没有具体、量化的衡量标准，它是相对的，也是无止境的，即"没有最好、只有更好"，如果说要有模式、有具体衡量的标准，也只是基于某个特定阶段的，不是绝对的、永恒的。

以上两段关于"高效课堂"的描述，对于一线教师而言，缺乏直接、正面、可理解、可操作的说法。大家总觉得还是"雾里看花""水中望月"。那么，当正面思考找不到明确的概念的时候，我们不妨从反面入手："高效课堂"不是什么？可以明确的是：

①"高效课堂"不是单纯的考得好，即考试的高分，"考得好"只是"高效课堂"若干指标中的一个，但绝不是唯一的一个。

②"高效课堂"不是一个固定的模式或者一种统一的教学形式，因为"教无定法"，必须依据不同的教学内容、不同的学生个体、不同的教育教学条件和环境等因"材"施教，凡是试图用一个统一的模式框死所有的学科、学段、内容、学校、教师的做法，已经违背了教育规律，更不用谈"高效"问题。

③"高效课堂"不是一个单一的评价标准。这里的"单一"，除指单纯以考试成绩为衡量标准外，还包括"短视"与"长视"的问题。就本学科而言，"短视"指短期内对学生的显性表现的评价，如：解题能力、课堂表现等，"长视"则是指从长远发展的角度，对学生的

隐性能力进行评价，如：数学思维、解决问题的能力以及可持续发展的支持因素等。

二、高效课堂，我们能做什么

作为一线教师，也许不过多地纠结于概念的理解和界定，采用更为实际的做法，把握好自己的讲台，从课堂教学的点滴做起，似乎更为实在和可行。

那么，请回忆自己的教学，真实地回答以下问题：

①用于备课的时间多，还是用于改作业、辅导的时间多？

②每节课上课以前，弄明白教学目标、重点、难点了吗？

③日常教学中，练习课、复习课或做练习的环节，你怎样上？

④学生课堂出错了，你怎么想？怎么处理？

当想清楚、并对照现实之后，对"高效课堂"如何起步的问题就会清晰很多。就小学数学实际情况而言：规范课堂教学行为、准确把握教学内容是当前更为迫切的问题。以下结合当前课堂教学中练习教学低效现象具体分析。

三、提高练习教学有效性需注意的若干细节

（一）由几节推门课所观察到的真实课堂

2012 年，应一所学校校长的邀请，与之一起推门听了该校三位教师的常态课，最真实地观察到教师的日常教学（对辅导员而言，听到真正不经任何加工的原生态课的机会非常少）。那天，被听课的老师恰巧全部上练习课，也几乎都采用了大体一致的教学流程：做题—对答案—做下一题—对答案—再做下一题—对答案。其中，每次"对答案"的时候，基本采用以下方式：①指一名学生（多数时候是优生）

说答案；②说一题，师问："对不对？"（或者"对吗？"），生齐答（少数开小差，没答）："对！"接着，进入下一题。

（二）关于课堂练习教学的若干现象与反思

以上只是本人所听到的若干练习课中的几节，但是它最真实地反映了教学的状态，而这种状态对于教师的教学生涯来说，是一种常态。结合近几年所观察到的几百节课例中的练习教学（纯粹的练习课以及新授课中的练习环节等），有如下教学现象值得我们反思。

1. 现象一：单一循环的教学流程

如上所描述的"做题—对答案—做下一题—对答案—再做下一题—对答案"这样单一循环的练习课教学流程，不是正巧被观察到的几名教师的特例，而是多数课例的基本模式。而且，多数时候是对答案的过程如上所描述，对完答案，也基本不给改正的时间，直接进入下一题。因为在老师们的心中：时间非常宝贵，要抓紧一分一秒让学生多做题，"多做题就等于好成绩"。其实，练习的目的：对学生而言，是为了巩固所学、查漏补缺；对教师而言，是为了及时了解学生对所学的掌握情况，及时发现学生学习中存在的问题，以调整教学。如上单一的教学流程，一是学生学习兴趣、练习兴趣无法提高。最主要的是教师对学生所学的情况不能很好地掌握，只能简单了解到哪些学生做对了，哪些学生做错了，为什么会出错？引起出错的具体原因是什么？等等，却没有真正了解，当然也就没法"对症下药"，进行有针对性的指导。

2. 现象二：只讲正确答案是什么，没让学生思考出错的原因

以下是推门听课时听到的一节四年级练习课——运算定律和简便运算，整节课的练习内容安排如下：

1. 背诵所学运算定律

2. 下面各题对吗？不对请改正

① 74+58+226+42

=47+58+226+42

② 156−（56+38）

= 156−56+38

③ 125×25×8×4

=125×8+25×4

④ 25×（40+8）

= 25×40+8

⑤ 1250÷25÷5

=1250÷（25÷5）

⑥ 156−64+36

=156−（64+36）

3. 计算（题目为以上6题）

4. 用简便方法计算

545+167−45　　　54×99+54

17×25×4　　　　25×41

　　我们进入教室时，教学正好进入第2题"对答案"环节，教师仍然是指明学生逐一说答案，被点名的学生首先是指出题目的对与错，然后对不正确的题目进行改正，改正时只说出正确的答案。例如第②题，学生的回答如下："这道题错了，应该把'+38'的'+'改为'−'"。然后进一步说出正确答案，学生则每人一支红笔，自己对照评判。六道题都采用这样的模式，完成后就进入第三大题。实际上，第三大题是第二题的重复，因为学生已经将错的题目改正过一次，完全没必要再重做一遍，从练习安排来讲，这明显是低效的表现。就练习的有效性而言，我们还必须思考一个问题：对于出错的学生，真的只要告诉他正确答案就可以了吗？如第②题，对于出现去掉括号，不知道将"+"改为"−"的学生，仅仅告诉他应该改为"−"，他就学会了吗？进而我们必须思考：如何对待学生练习中出现的错误？教师自己是否能透过现象看到本质，是否深入分析题目背后所承载的知识点是什么？这个知识点的核心（或者说本质、原理）是什么？仍以第②题为例，学生必须理解减法的基本性质这一原理，也就是 $a - b - c$，实际就是从数 a 中既减去数 b，还要减去数 c，而 $a - b + c$ 则表示从数 a 中减去数 b，加上数 c，只有 $a - (b + c)$ 表示从数 a 中减去数 b 和数 c，所以 $a - b - c = a - (b + c)$。当学生真正弄明白这一原理之后，再遇到用这一原理解决的简便计算问题，出错的可能性就会非常小。那么，当学生出现 $a - (b + c) = a - b + c$ 这样的错误之后，显然，只告诉他应该把"+"改为"−"，没有解决本质问题，学生改了此题，下一次又同样会错，因为他没有理解"为什么"。在简便计算练习中，以上错误经常出现，很多老师归结为学生粗心，其实每一个错误的背后都藏着某一个深层次的原因，粗心只是其中一方面，学生对运算定律的本质不理解才是最根本的原因。第 2 题中其他题目出现的错误同样如此，这也让我们进一步思考：四年级"运算定律与简便运算"究竟该如何教学方能更有效？

由以上例子推广开来，在练习中当学生出现错误时，教师应该深入思考和分析，准确找到引起错误的原因，"对症下药"进行再一次的"补救"，这样才能达到练习教学查漏补缺、检验学习（教学）效果的目的。因此，也再一次提醒老师们：练习应该求质，而不在于量的多少。应该关注题目所承载的知识的本质，而不是关注题型。因为就小学数学而言，知识是相对固定，题型却是千变万化的，一个知识点，可以用若干题型和方式呈现，所以，题目是做不完的，但知识点无非就那么多。因此，要让学生理解性掌握，而不是机械训练。

3. 现象三："开火车"——低年级口算练习最喜欢的方式

"开火车"练习口算在低年级教学中较为普遍，一是因为"开火车"

显得比较热闹，课堂气氛相对较好，二是老师们有一种"朴素"的理解：课堂热闹才是好课。当然，不可否认的是："开火车"对低年级学生来说的确是比较受欢迎的一种练习方式。但经常采用，也未必可取。

我们不妨反思一下："开火车"练习口算效益有多大？以全班 40 人计，每人轮一次，一共做了 40 道口算题。也许大家会反问：40 道的练习量还不够？请注意：每人只有 1 道。当然，对于认真听课的孩子，40 道也许只是稍微打点折扣，对于不认真听讲的孩子，往往只关注他前面的几个人那几道题，当"火车"开到经过他的时候，忽然就松了一口气，后面的效率也就可想而知。如果"开火车"已经成为"习以为常"的事，参与的程度就更低。那么，如果采用每人同时独立完成 40 题呢？从时间上来说，比开火车所用时间只少不多，题量更不用说，且可以检测到每位学生的正确率和口算速度，久而久之，自然能提高学生的口算速度。因此，建议在低年级口算练习中，更多地采用试算、听算等方式，且需按《课标（2011 年版）》中规定的口算达标要求、结合教学进度和学生实际做时间和速度上的规定。当然，"开火车"、比赛等能激发趣味性的方式也可适当采用，但不要成为常态和唯一。因为，就高效课堂而言，最少的时间、最多的学生参与，意味着最大的效益。当然还要考虑兴趣问题。

4. 现象四：出示题目，立即要求学生动笔做题（或出示题目，教师读题、分析）

这一现象在高年级、尤其是六年级总复习或其他年级期末复习阶段较为突出和明显。"出示题目，立即要求学生动笔做"这一现象产生的原因，还是基于老师们"朴素"的认识：时间有限、题目做得越多越好。"做题多等于好成绩"这一认识似乎已经深入到很多老师的潜意识里，他们总会不由自主在教学中表现出来。每每遇到以上现象，我会想到老师们经常抱怨的一个话题：学生就是习惯不好，很多题目不是不会做，主要是不认真审题，还没读完题就开始做了……不知道这些老师在抱怨的时候，是否反问过自己：学生为什么不认真审题？为什么没读完题就动笔？这些习惯是怎样养成的？和我的教学有关吗？

"出示题目后，教师帮读或代读、帮分析或代分析"，其原因则是老师们的"不放心"，不相信学生的能力，不放心让学生自己先尝试。也许老师们就没想到：学生最终都是要独立面对所有的题目，他们必须学会独立阅读、独立分析。

再者，学生的习惯培养必须在日常教学中一点一滴地落实。日常教学中不注重培养学生的审题能力，不注重让学生养成良好的审题习惯，却寄期望于考试时学生突然就会审题，不知道老师们自己是否觉得荒谬？

5. 现象五：布置学生独立做题，一会儿之后，说：做完的同学请举手。学生举手的还不到三分之一，就开始讲评、对答案

对这一现象，老师们是否追问过：我的教学有没有考虑全体学生？学生做完与没做完对学习效果有什么本质区别？

我们一直提"面向全体"，面对具体的教学事件时，如何做到？虽说对于目前的大班额教学而言，真正做到难度非常大，但以班上大多数孩子的情况为标准，而不是以"优生"为标准是否应该做到？对于任何一道习题，学生自己亲自做过、经历思考的过程，比只听或看他人的正确答案，学习的收获是完全不同的。因此，建议应该在大部分学生做完后才开始讲评。并且要注意：讲评时尽可能让学生说解答思路，而不仅仅是正确答案。还要特别注意对解答方法、思路进行提炼、概括与总结。经常听到老师抱怨："这道题我讲了好多遍，学生就是

不会？"我们是否应反思：讲了好几遍学生还不会，是否"讲"出了问题？是否需要换一种"讲"的方式？此外，讲评后，要留一定的时间给出错的学生进行改正。

6. 现象六：练习时，一个学生（或几个学生）在黑板上板演，其他学生独立完成。在黑板上板演的一般都是优生，做得既快又对

追问：中下生怎么办？他们的解答是自己独立完成的？还是照抄黑板答案？

为优生肯定是班上做题既对又快的群体。当他们在黑板上完成解答和板书时，中下学生可能才找到思路，甚至还处于不太清晰的状态。这时，发现黑板上有现成答案，往往赶快抄写，既省事还可以有那么一点答案正确的骄傲，如果加上老师不明真相的鼓励，那么，以后该学生恐怕就此形成习惯。因此，练习时，要尽可能让学生独立完成，需要让学生在黑板板演，也需要甚至思考：选谁？什么时间？要找合适的学生、合适的时机，既达到板演有利于教学的需要，又不影响其他学生的独立解答。当然，这里主要是指练习时的板演，新授或其他特定情况则需依实际而定。

最后，需强调和补充两点：

①从细微处入手，从点滴做起，不断的改进、不断的提升，将对高效课堂的追求落实到每一节课中。

②提高练习教学的有效性，还需要思考：练习前、练习时、评讲时、评讲后，每一环节该做些什么？要注意哪些细节？只有这样不断的反思和追问，才能使练习更有效。

经历过程　发展"四能"[1]

——人教版新教材"问题解决"编写特点与教学建议

较之实验版教材，人教版新教材在编排上发生了诸多变化。其中，"问题解决"的编排是新教材重要的变化之一。本文结合一线教师的教学实践，以及教材编写理念与特点，对"问题解决"内容的教学提出以下建议。

一、经历解决问题的一般过程，形成解决问题的基本思路

新教材"问题解决"的编排是针对人们解决任何问题（不仅仅是数学问题，还包括其他学科遇到的问题）所要经历的一般过程进行设计的。所有"问题解决"的例题都按照"知道了什么（阅读与理解）—怎样解答（分析与解答）—解答正确吗（回顾与反思）"进行编排（图43），意图就是发展学生的"四能"。

---

[1]　此文发表于《小学教学·数学版》2016年第4期，全文转载于中国人民大学复印报刊资料《小学数学教与学》2016年第6期.

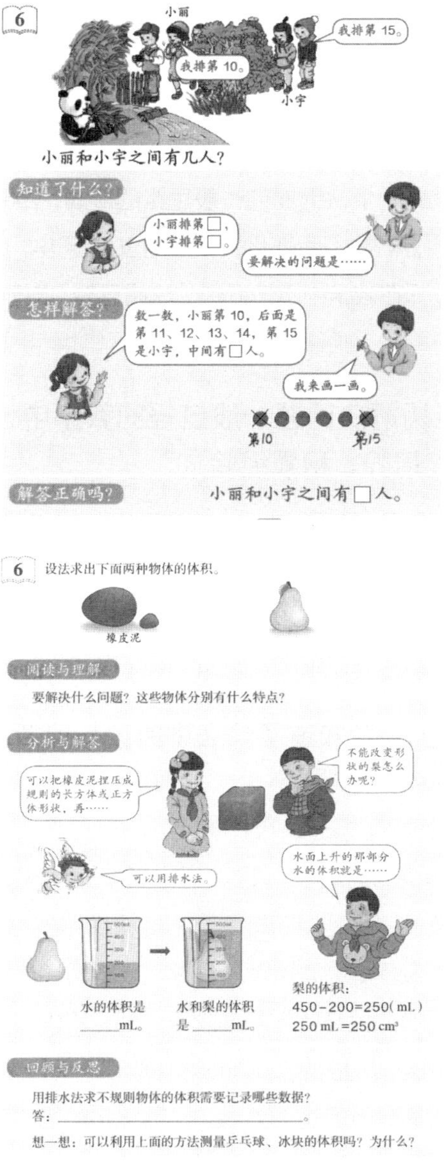

6

小丽

我排第15。

我排第10。

小宇

小丽和小宇之间有几人?

知道了什么?

小丽排第□。
小宇排第□。

要解决的问题是……

怎样解答?

数一数,小丽第10,后面是第11、12、13、14,第15是小宇,中间有□人。

我来画一画。

第10　　　第15

解答正确吗?

小丽和小宇之间有□人。

6 设法求出下面两种物体的体积。

橡皮泥

阅读与理解

要解决什么问题?这些物体分别有什么特点?

分析与解答

可以把橡皮泥捏压成规则的长方体或正方体形状,再……

不能改变形状的梨怎么办呢?

可以用排水法。

水面上升的那部分水的体积就是……

水的体积是_____mL。

水和梨的体积是_____mL。

梨的体积是
450-200=250(mL)
250 mL=250 cm³

回顾与反思

用排水法求不规则物体的体积需要记录哪些数据?
答:_____。

想一想:可以利用上面的方法测量乒乓球、冰块的体积吗?为什么?

图43

教学中，教师要让学生完整地经历这样的一般过程，特别是低年级学生刚接触"问题解决"的例题时，不仅要让学生经历完整的过程，还要尽可能通过板书、课堂小结等方式，有意识地引导、明示，强化学生对一般步骤的理解和认识，加深学生的印象，形成基本思路。此外，需要特别注意的是，解决问题的一般思路的形成，不是一节课或一道例题就能实现的，需要不断强化，循序渐进地促进学生思维经验的积累。这就要求教师在教学中不怕麻烦、注重反复，抓住一切教学契机，不遗余力地进行渗透，最终达到学生面对问题时能自觉解决的程度。

二、在经历解决问题一般过程的教学中，重视方法的训练和能力的培养，积累经验

"问题解决"的一般步骤包括"知道了什么（阅读与理解）—怎样解答（分析与解答）—解答正确吗（回顾与反思）"。这三个步骤的教学，每一步的含义是什么？包括哪些方面能力的培养？如何落实到课堂教学中，最终实现学生"四能"的发展？下面逐一进行分析。

（一）第一步：知道了什么（阅读与理解）——培养学生阅读、理解、表达能力

1.此步要让学生知道：在解决问题的过程中，一是要清晰、明确地找到"要解决的问题"。只有明确问题，才能想办法解决问题。二是要找到和分析"可利用的资源"（信息或条件）。在此，涉及诸多能力的培养，最基本的有阅读、理解。通过阅读准确把握信息、解读信息，这是现代公民必备的基本素养，阅读不仅包括文本阅读，还有图画、情境阅读；三是表达，即把自己解读到的信息准确表达出来，这是与人交流时需具备的重要能力。从数学学科的角度考虑，这一步还涉及到我们平时所说的"审题能力"的培养。

2.实际教学中,应当肯定的是,老师们都很清楚这一步需要做两件事:找"信息"(已知条件)和"问题"。通常会通过"你知道了哪些数学信息?"这一问题,让学生将题目或情境中的信息和问题找出来,然后进行板演。但一般都停留至此。

3.正确理解"阅读与理解"的含义,重视和加强审题能力训练。阅读与理解,不仅仅是读题,还包括对题意的进一步分析以及正确地解读。在此,不得不提到老师们经常抱怨的话——"学生不会审题""题目还没读完就开始动笔做了"。其实,我们不妨反思一下,以下现象在日常教学中是否经常发生:帮读、代读;出示题目,立即要求学生作答;"一问一答"式牵着甚至代替学生分析题意……试想:以上行为如果经常发生,学生还会认真读题、审题吗?

关于审题能力训练,新教材一年级上册《教师教学用书》有专项的"审题能力训练课"教学设计,老师们教学时可以参考。此外,除了平时要避免"帮""代"等现象发生外,低年级还要注重从图画向文字过渡,帮助学生建立完整的逻辑结构。教材在编写中特别重视这一点,一线教师教学时往往有所忽视。具体表现为:对于图画(或图文)表述的题目,教学中往往是一人一句,把信息和问题凑起来,结果没有让学生完整地表述图意,在学生头脑中没有形成一个具有逻辑结构的整体。正确的做法应该是:当几个学生找到信息和问题后,教师应结合学生的回答逐一呈现,并让全体学生读一读完整的题目。这样有助于学生整体把握题目,明确已知条件和要解决的问题,以及条件与问题之间存在的关联(数量关系)。

此外,审题不仅仅是知道信息和问题,还包括将信息和问题作进一步分析与整理(图44),这是解决问题时需要具备的重要能力,即读懂文字、情境背后隐藏的信息。这一点中高年级教学中要特别重视。

图44

（二）第二步：怎样解答（分析与解答）——教给学生多种解决问题的方法与策略

此步要结合具体的问题与情境，教给学生分析、解决问题的多种具体方法与策略，教学中，需把握以下几点：

1. 重视数量关系的分析

首先，要重视和加强对基本数量关系，即"加""减""乘""除"四种基本运算的意义的理解。对基本运算意义的正确理解，是解决一切复杂问题的根本和基础。新教材通过题组、加强对比等方式，帮助学生理解四种基本运算的意义（图45）。

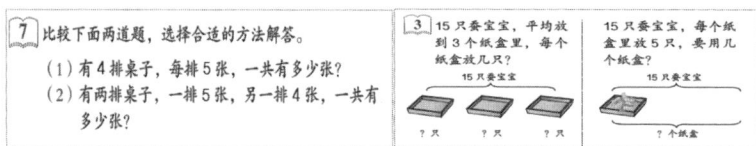

图45

其次，要加强对常见数量关系的分析与把握。教材从低年级开始，多次渗透"单价 × 数量＝总价""速度 × 时间＝路程"等基本数量关系，中高年级则进一步加强。在用方程解决问题的例题编排中，均要求写出等量关系。

2. 教给学生分析的方法

（1）分析法和综合法

曹培英老师认为：小学阶段，分析问题和解决问题的方法虽有很多，但是有层次之分。图46是曹老师对于解决问题方法的分类。其中，一般方法具有普适性，是解决问题时经常用到的。教学中，应该关注一般方法的掌握，即重视教给学生分析法和综合法的一般思路。当然，辅助方法和特殊方法在解决特定问题时会更有效，教学中也需要结合具体问题进行渗透。新教材在编排上非常重视各种方法的渗透。如：二年级上册第78页例3、二年级下册第48页例3均蕴含分析法。

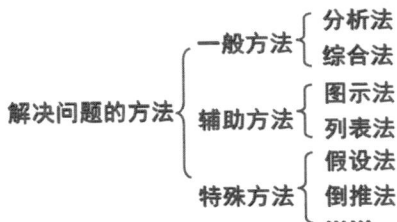

解决问题的方法
- 一般方法
  - 分析法
  - 综合法
- 辅助方法
  - 图示法
  - 列表法
- 特殊方法
  - 假设法
  - 倒推法
  - ……

图46

分析法与综合法教学时需注意以下几点：

低年级要注意通过具体实例教给学生分析法和综合法的基本思路，且尽可能不要混合使用两种方法，以免造成学生思维的混乱。一段时间内尽可能使用一种方法，通过一定的反复练习，让学生掌握其基本思路，待学生熟悉一种方法之后，再教学另一种方法的基本思路。中高年级则要注意尽可能让学生展现分析问题的思路，从学生的表述中了解学生是否能正确运用分析法和综合法分析和解决问题。

（2）画图法

画图法在新教材中很常见，是帮助学生理解问题、分析问题很重要的一种方法。新教材从编排上，体现由直观图、示意图逐步向线段图、几何图过渡的特点。一、二年级教材中，画图是最常用、出现次数最多的一种方法。利用画图法教学时需注意以下问题：

①不是直接告诉学生怎样画图，也不是把画成的图展示给学生看，否则学生就沦为了"操作工"，而是让学生经历画图的过程，在画图的活动中体会方法、学会方法。

②画图的目的是理清数量关系。要让学生明白两点：一是如果解决问题遇到困难，暂时想不到方法的时候，可以先试着画草图帮助思考；二是画图时，要根据题目的条件和问题画，图要正确、清楚地表达题意。

③画图法只是解决问题若干方法中的一种，是帮助学生解决问题的一种手段。画图不单单是指传统教材中的线段图，应鼓励学生画草图，但要正确表达题意。

3. 培养学生良好的解答习惯

"分析与解答"步骤中，分析是一方面，解答也很重要。解答过程中，学生是否有良好的解答习惯尤为重要。良好的解答习惯包括规范列式、正确运算、良好的书写习惯等。这些都需要日常教学一点一滴地培养。

（三）第三步：解答正确吗（回顾与反思）——积累解决问题的基本经验

与实验教材比较，或与传统应用题教学比较。"回顾与反思"是新教材大大加强的内容。反思能力是一种重要的学习能力。那么，新教材"问题解决"内容的教学中，究竟该如何引导学生进行回顾与反思？它与传统意义上的"检验"有什么区别？"回顾与反思"的具体内容包括哪些？

1. "回顾与反思"内容之一：检验答案的正确性

传统应用题教学，通常会让学生检验解答是否正确。显然，"解答是否正确"肯定是反思的内容之一。关于解答正确性的检验，日常教学中，常见学生将答案代入原式再算一次，即从计算的角度检验。这样的检验是否合理？是代入原式检验，还是代入原题检验？教材（图47）很清楚地告诉我们：应该代入原题检验。

图 47

2. "回顾与反思"内容之二：检验分析方法、解答方法（思路）的正确性

解决问题过程中，分析的方法是否正确，思路是否合理，这是能否真正解决问题的关键。新教材在诸多例题中，重视引导学生从这一角度进行回顾与反思，如图48，这是二年级上册 P63 例 7 的"解答正确吗"，教材通过"先检查图画得对不对，再看算式是不是正确地表示了图的意思"这句话，引导学生从分析、解答的方法与策略入手，进行检查、回顾与反思。

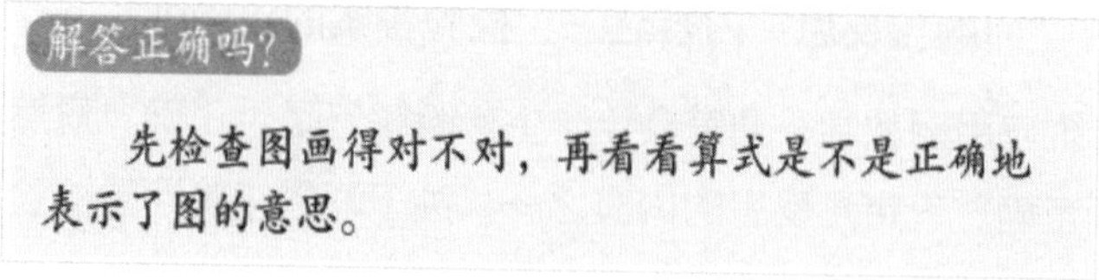

图48

3."回顾与反思"内容之三：对解决问题一般步骤、思路或方法的总结

回顾整个解答过程，总结解决问题的一般步骤，或解答某一类问题所采用的特定的思路、方法，是积累解决问题的经验、形成解决问题技能的重要一环。如图49，左边是二年级下册第52页例4的"解答正确吗"，学生第一次学习解决两步计算问题，在此环节，教材通过"如果一个问题需要多个步骤才能解决，要想好先解答什么，再解答什么"对解决两步计算问题的基本思路进行总结；右图则通过直接提问"我们是怎样解决这个问题的呢"，引导学生对解决问题的方法进行回顾与总结。

图49

4."回顾与反思"内容之四：对解决问题方法的迁移与类推，经验的积累

通过解决问题，总结方法，积累经验，并将其运用到其他问题解决过程中，这是培养解决问题能力的重要方面。教材编写时，尽可能结合具体例题，对教师教学进行引导（图50）。教学时，我们

要抓住契机，引导学生回顾解决问题的过程，归纳方法，并及时引导学生思考：这一方法，能否解决新的问题？可以解决哪些新问题？这样，才能既促进学生归纳、类比思维的发展，又提高学生解决问题的能力。

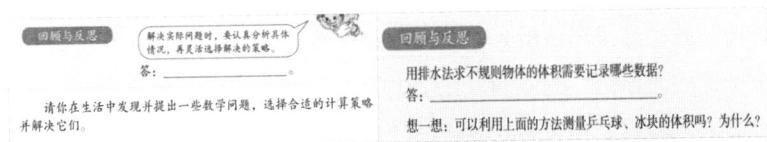

图50

5."回顾与反思"的核心目标：积累经验，发展能力

无论是对答案正确性的检验，还是对解决问题方法、思路的总结以及方法的类比、迁移。最终目的都是帮助学生积累经验，发展解决问题的能力。这不仅仅是"回顾与反思"环节的核心目标，而是整个"问题解决"教学，甚至其他内容教学的核心目标。"问题解决"内容只是其中重要的载体。但是，经验的获得、能力的发展，都需要通过一节课一节课循序渐进地积累。只有把握好每一节课，才能使其得到落实。

最后，需进一步强调的是："问题解决"的教学，我们不能仅仅停留在知识的层面，甚至传统应用题教学的层面来认识与理解，而应该站在"学生未来发展所必需具备的解决问题的能力"这一高度，思考其价值和意义。只有这样，我们才能真正实现学生"四能"的发展。

紧扣图形平移　突出数学本质
——"认识平移"一课的研究与实践

　　《小学数学教育》2015 年第 10 期刊登过黎燕老师的《"平移和旋转"教学实录与评析》一文，那是黎老师参加"广东省第九届小学数学优质课评比"的课例。在全国第十二届小学数学教学改革观摩交流会上，黎燕老师执教的课例是"认识平移"。从省优质课评比活动教学"平移与旋转"到全国观摩交流会只教学"认识平移"，课例研究和实践过程中，凝聚了我省教研团队、黎燕老师及所在学校教研组的许多智慧。那么，我们究竟经过了哪些研究历程？基于怎样的思考与分析？具体调整了哪些内容？本人作为整个过程的参与和亲历者，在此呈现我们的研究和思考。

一、教学内容——追问、分析、选择、重构

　　"平移""旋转"分别是人教版二年级下册第三单元"图形的运动（一）"中的例 2 和例 3 的教学内容（图 51）。教学时，几乎所有老师都将两个例题安排为一课时。黎老师参加省赛时，也是如此安排，其教学过程如下（教学实录可参看《小学数学教育》2015 年第 10 期）：

　　1. 创设情境，引入生活中的平移和旋转现象。

　　通过游乐场情境，逐一引入并模仿游乐场中六个物体（电梯、大风车、缆车、天旋地转、大摆锤、青蛙跳）的运动，初步感知平移和旋转的运动特点。

　　2. 按运动方式分类，引入课题。

　　3. 聚焦平移现象，再次模仿，认识平移是"沿直线运动"的。

　　4. 辨认组合图形（例 2 房子图）平移后的图形，感知平移的特点：

三不变（大小、形状、方向）一变（位置）。

5. 练习与欣赏。

（1）判断倒霉熊影片中的平移和旋转现象。

（2）教材练习七第 5、6 题。

（3）欣赏平移和旋转运动形成的美丽图案。

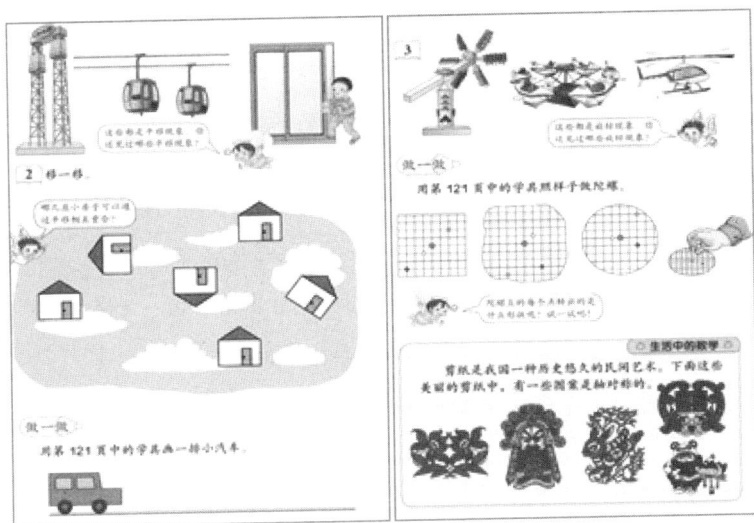

图 51

【追问一】

"平移和旋转"安排在一课时进行教学，其优点和不足各是什么？

【分析】从黎燕老师的教学实践，我们认为，"平移和旋转"一并教学，其优点有两方面：

1. 有利于学生较好地感知平移和旋转运动的特点。

即在对比中，学生能较好地感知平移是"沿着直的路线移动"，旋转是"绕同一个点（或同一条直线）转动"。

2. 学习素材的选择相对丰富，特别是引入和练习环节。

如：倒霉熊影片中，如果删掉旋转现象，趣味性相对减弱；图案欣赏中，如果只呈现运用平移运动形成的美丽图案，方式相对单一。也许正是基于以上原因，老师们都"理所当然"地认为"平移"和"旋转"应该安排在一课时进行教学。那么，这样的安排真的就是最理想、最合适的吗？它有没有不足之处呢？

通过对黎老师的教学实践及多个教学视频的分析，我们认为：以下三方面的不足较为明显。

（1）顾此失彼——本质特征感悟不深

一方面，旋转的教学比较单薄，只在课始和练习1有所涉及，"做一做"及相关练习都无法完成。犹如蜻蜓点水，一带而过，无法给学生留下较深的印象。

另一方面，平移的特点感悟不深。关于平移的教学，从《课标》到《教师教学用书》，都要求达成"通过观察、操作，初步理解图形的平移""能辨认简单图形平移后的图形"的教学目标。"辨认"需要在"初步理解"的基础上，"初步理解"需要经历"生活中的平移现象"到"平面图形的平移"的过程，需要较丰富的表象的积累，二年级学生年龄尚小，观察、操作、体验、理解等一系列活动需要时间的保障。显然，有限的40分钟，顾此必然失彼，甚至"彼""此"都失。

（2）无法突出"图形的平移"这一教学重点

《课标》和《教师教学用书》中都要求学生能辨认简单图形平移后的图形。而"能"这一目标动词，与"掌握"同类，是指"在理解的基础上，把对象用于新的情境"。本单元的单元标题是"图形的运动（一）"。显然，"图形的平移"是教学重点。黎燕老师以上的教学，更多的是生活中的平移、旋转现象，图形的平移及平移特征的教学只在组合图形（小房子图）的环节涉及，力度显然不够。

（3）"房子图"环节承载的教学功能过多，逻辑顺序混乱

教学中，"房子图"环节既承担着"判断简单图形平移后的图形"的教学目标，又承担着"初步理解平移的特征（形状、大小、方向不变）"的教学目标。且从逻辑上分析：对事物的认识，应先把握特征，然后才运用所掌握的特征进行相关判断。

【追问二】

只教学"认识平移"是否合理？有哪些依据？

【研究与分析】

1. 教材编排的角度

例题编排：本单元共 4 个例题，具体编排如下。

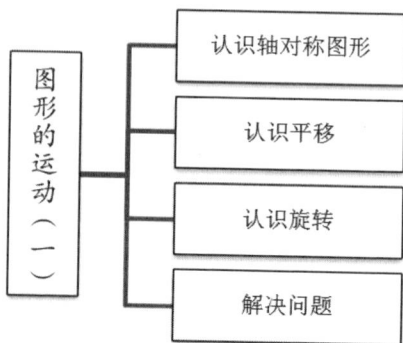

图 52

显然，认识平移与认识旋转是独立编排的。

练习的编排同样如此：例1—例3后都安排了独立的"做一做"；练习七共14道题，1—3及13题对应例1、4—6及14题对应例2、7—10题对应例3（其中，第7题和第10题是平移与旋转的综合性练习）、11—12题对应例4。同时，在《教师教学用书》中，建议此单元用四课时教学。

以上分析可见：教材编写者并没有明显的将例2和例3合并一课时教学的主张；相反，从例题、"做一做"到习题的编排来看，教材编写更侧重于每个例题独立一课时进行教学的编写思路。

2. 凸显数学本质的角度

（1）强化图形平移的教学

如前分析，无论从单元标题、《课标》要求，还是数学学科特点考虑，教学的重点都应是"图形的平移"。如何突出"图形平移"的教学，仅仅借助小房子图，素材够丰富吗？显然，从教学和学生认知两方面考虑，应当增加基本图形平移的教学，即遵循"生活中的平移现象—基本图形的平移—组合图形的平移"的逻辑顺序。这样，既丰富和突出了图形的平移，也更符合学生认知规律。

（2）加强对平移特征的认识与理解

认识平移在人教版教材中共安排两次教学，分别是二年级下册和四年级下册。本课教学是学生第一次接触平移运动，主要是直观认识。但如何在直观认识的基础上，让学生结合实例初步理解平移的基本特点，知道"平移时图形的方向、大小、形状没有变化，只是位置发生了变化""可以上下、左右、斜着移动，但要沿着直线方向移动"，从而突出数学本质的教学。

【选择与重构】

基于以上追问与分析，我们最终选定只教学例2——认识平移。

首先，我们对教材进行了加工，增加了"基本图形的平移"教学环节。这样，一方面实现"生活中的平移现象—基本图形的平移—组合图形的平移"的顺利连接；另一方面突出"图形的平移"。对于基本图形的选取，我们团队从"点、线"到"三角形、长方形、正方形、圆"，逐一进行研究和分析，最后选定三角形，主要原因是：方便学生观察和表述"方向不变"这一特点。教学实践中，学生也正是通过观察和描述三角形平移前后，"尖尖"（顶角部分）一直朝上，从而感知"方向不变"这一特征的。

其次，调整了房子图的教学功能，将其定位为运用平移的特点"判断图形平移后的图形"及在判断中加深对平移特征的认识与理解。

再次，引入、练习及图案欣赏环节重选素材，重新设计。

具体教学流程如下：

1. 生活中的平移现象。

（1）感知、模仿生活中的平移现象。

以游乐场为情境，逐一引出"小火车""激流勇进""欢乐列车""跳楼机"四种生活中的平移现象，并组织学生模仿其运动方式。

（2）观察、思考：运动的路线是怎样的？

（3）再次模仿，观察、发现：物体平移时，位置变了。

2. 简单图形的平移。

（1）三角形的平移——了解图形平移的基本特点：方向、大小、形状不变。

（2）组合图形（房子图）的平移——判断简单图形平移后的图形，加深对平移特点的认识。

3. 练习巩固。

4. 图案欣赏。

二、教学片断——追问、反思、改进、完善

两次教学中，"小房子图"环节是始终保留的教学内容。但在教学方式选择、教学过程设计等方面都有明显的调整和改进。

"平移和旋转"一并教学时，此环节教学过程如下：出示"小房子图"、提出问题—观察、猜测—个别示范—小组活动—全班交流。

【追问与反思】

这一环节，有小组合作学习、有"猜测—验证"，真的

体现了"学生主体"及开放式教学理念吗?

当深入剖析时,我们发现:问题采用填空式。( )号图形向( )方向平移可以和( )号图形重合。虽有利于学生模仿,规范表达。同时也限制了学生思维,丢失了让学生自己构建语言进行表达的机会。

小组活动前,先让个别学生上讲台示范,教师用心良苦。但同样反映出教师始终想主导教学、不敢放手的心理。整个教学,看似开放、实则教师始终把控课堂,将学生的思维牢牢圈在自己预设的范围内。这样的课堂,学生缺少自己的思考和表达,缺少争辩、交流,缺少思维的碰撞,难以达到对平移特征的本质理解。

【改进与完善】

在认识到以上问题后,我们对此环节进行了改进,主要变化如下:

1. 改变问题的表达方式

将"( )号图形向( )方向平移可以和( )号图形重合"改为"哪几个小房子图通过平移可以互相重合?"。

2. 让学生充分观察、想象,发展学生空间观念

出示图形和问题后,让学生独立思考、认真观察、在头脑中想象、模拟小房子图的平移,初步做出判断,并在学习单上做好记录。

3. 在辨析中巩固对平移特点的认识

给充分的时间让学生讨论、争辩、说理。通过生生之间的互相辩论,不断修正答案、巩固对平移特点(形状、大小、

方向不变）的认识。每当形成共识——确认某个图形通过平移不能与其他图形重合时，就将其从黑板上取下来，最终剩下正确答案。

4. 操作验证，深化对平移特点的理解

核对正确答案，再一次让学生通过操作进行验证，以此加深认识。

三、我们的突破

对比前后两次教学，以及其他"平移和旋转"教学视频，我们认为"认识平移"一课在以下三方面有所突破：

1. 突出了图形平移的教学，更加突显数学学科本质

2. 强化了平移特征的理解

虽然本阶段只要求"初步理解"，主要是"直观认识"，但我们认为：学生对平移特征的本质性把握有利于学生后续学习。因此，我们基于二年级学生的思维能力和认知水平，尽可能加强平移基本特征的教学。教学实践证明，学生完全可以达成以上学习目标。

3. 重视沟通"对称与平移的联系"（练习第 4 题和图案欣赏）

四、后续思考

1. 如何更好地突出"图形平移"的教学

研课过程中，省小数会杨健辉会长曾提出基本图形平移的教学可否按照"点的平移—线的平移—三角形的平移"的顺序展开，给学生一个更加完整的关于"图形平移"的认识。由于时间仓促、加之当时没想到合适的情境联接这一系列内容，我们没有进行尝试。但是，从

突显"图形平移"教学的角度，这不失为一个新的教学思路，可以进一步实践和探索。

2. 关于教材编写的思考

平移、旋转的教学，之所以大多数教师会安排在同一课时，除前面所分析的原因外，更重要的一点是旋转的编排让老师们困惑和犯难：一是教学内容少——例题只编排了生活中的旋转现象，用一节课教学，时间太多，教师必须补充大量学习内容和素材；二是"做一做"难度较大且意义不大，学生需要花较多时间完成制作，但对促进学生对旋转运动本质特征的认识没有多大帮助。

例2认识平移的教材编写，同样存在一些问题：一是房子图既承载掌握图形平移的特点的教学功能，又承载运用特点进行判断的教学功能，是否合适？二是从生活中的平移现象，直接进入辨认组合图形平移后的图形，中间是否需要补充基本图形的平移？

虽说教材无非是个例子，但对于大多数一线教师而言，教材毕竟是教学很重要的"例子"和依据，教材编写应更好地引导教师教学。

以上只是我们在研课过程中的思考，与大家分享，期待更多同行的争鸣与探索！

链接：“认识平移”教学实录与评析

黎　燕　执教　（广东省东莞市虎门外语学校）
陈晓燕　评析　（广东省东莞市教育局教研室）
杨健辉　评析　（广东省广州市教育研究院）

【教学内容】

人教版义务教育教科书·小学数学二年级下册第 30 页例 2，练习七相应习题。

【教学目标】

1. 借助日常生活中的平移现象，通过观察、操作，初步理解图形的平移，能辨认简单图形平移后的图形。

2. 经历“生活中的平移现象—简单图形的平移—辨认简单图形平移后的图形”的学习过程，初步获得观察、操作、交流的经验，发展观察、想象、操作能力及空间观念。

3. 感受图形的平移在生活中的应用，体会图形的运动与现实生活的密切联系，感受数学美。

【教学重点】

初步理解图形的平移，能辨认简单图形平移后的图形。

【教学难点】

能辨认简单图形平移后的图形。

【教学过程】

一、生活中的平移现象

1. 谈话引入，初步模仿

师：同学们，喜欢去游乐场玩吗？

生：喜欢。

师：我也很喜欢。前段时间，我又去游乐场玩了一次，拍了许多照片。这些照片全都存进 IPad 相册里了（出示 IPad 相册），想看吗？请看。

（课件呈现小火车图片。）

师：这是什么呀？

生齐答：小火车。

师（举起手）：来，举起手，模仿小火车的运动……

师：这是一部神奇的 IPad，请你举起手指，一起数到三，然后滑动手指……

（师生一起数一、二、三，出示激流勇进照片。）

师：这是什么？

生：激流勇进。

（师和学生一起动作模仿"激流勇进"向下冲的运动）

（同样方式分别出现欢乐列车、跳楼机照片，师生一起做动作模仿这两项运动的运动方式。）

2. 聚焦平移, 引入课题

师: 还想看吗? 好, 我们接着看。这一次, 请大家仔细观察, 画面中的物体运动的路线是怎样的?

(课件依次呈现欢乐列车、跳楼机和激流勇进的运动画面, 并随运动过程呈现运动的轨迹。)

师: 它们运动的路线是怎样的?

生: 欢乐列车是向左运动的, 跳楼机是上下运动的, 激流勇进是斜着动的。

师: 哦, 它们是朝着不同的方向运动的。虽然运动的方向不同, 但是运动的路线都是怎样的呢?

生: 直的。

师: 同学们, 小火车、跳楼机、开心列车、激流勇进, 它们都是沿着直直的路线移动的, 这样的运动方式在数学上叫平移(板书"平移")。来, 一起读一遍。

生: 平移。

师: 今天这节课, 我们一起来"认识平移"(出示"认识")。

3. 操作体验, 感知特点

师: 瞧, "欢乐列车"来到了我们的课堂上, 谁能当小司机, 让它开动起来。(边说边板贴列车图, 请一组学生上讲台操作。)

师组织全班学生一边发口令指挥讲台上的同学操作, 一边集体模仿列车图片的平移。

(同上, 组织学生操作和模仿"跳楼机""激流勇进"图片的平移。)

师: 个个都是出色的小司机。咦, 小司机们, 你们认真观察了吗? 每张图片(指黑板上的图片)在平移时, 什么变了?

生1：方向变了。

师：说说你的想法。

生2：一个是上下平移的，一个是横着平移，还有一个是斜着平移。

师：是，它们朝着不同的方向平移。但无论朝哪个方向平移，（指着图片）想一想：平移时，什么变了呢？

生：位置变了。

师：嗯，位置变了。我们一起来看看。（指着图片）"小火车"从这平移到这，位置变了没？跳楼机从这平移到这，位置有没有变化？激流勇进从这儿平移到这儿，位置变了吗？

师：的确，物体在平移时，位置变了（板书：位置变了）。

二、简单图形的平移

1. 观察三角形平移，进一步感知平移的特点

师：同学们，平移是生活中常见的运动现象。在数学王国里，平面图形也经常做平移运动呢！

师：请看，谁来了？

生：三角形。

师：你可以指挥三角形。比如，你说"三角形向右平移"，三角形就会向右平移。（课件演示三角形向右平移的动画。）

（师生互动，让三角形向各个方向平移。）

师：三角形向各个方向平移时，位置变了吗？

生：变了。

师：是的，每次平移时位置都发生了变化。

师：那——什么没有变呢？

（课件出示三角形分别向上、下、左、右四个方向平移后的页面，同桌讨论。）

师：谁来说说？

生1：大小没有变。

师：大家认为呢？大小变了吗？

生：没有。

师：是的，每次平移时，图形的大小都没有变。（板书：大小）

生2：形状没有变。

师：来，大家再仔细看看平移前后三角形的形状，和他一样认为形状没有变的，请举手。（板书：形状）

师：的确，图形在平移时，大小、形状都不变。（板书：不变）

师：除了大小和形状不变，还有什么也不变呢？

生3：方向没有变。

师：嗯，你从哪里看出方向没有变？

生3：那个尖尖一开始是朝上的，后来还是朝上的。

师（指着三角形上面的角）：你说的尖尖是指的这个角吗？

生3：是的。

师（对全班同学）：大家一起看这个角，无论向哪个方向平移，这个角总是……全班学生：朝上的。

师：三角形的方向变了吗？

生：没有变。

师（边板书，边小结）：的确，三角形平移时，形状、大小和方向都没有变。

2. 辨认小房子图的平移，强化认识

（1）出示例2房子图

师：平移的奥秘真多呀！瞧，这些可爱的小房子图也想学习平移呢！

哪几个小房子图可以通过平移相互重合？

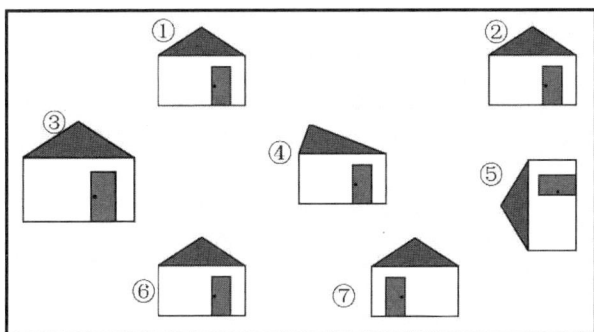

图53

课件出示房子图和问题，生齐读问题。

（2）观察、想象、猜测

师：大家仔细观察，在头脑中想象、模拟小房子图平移的过程，想一想（课件出示"想一想"）：哪几个小房子图可以通过平移相互重合？

学生思考片刻。

师：想好以后把你的答案填到这张学习单上。（课件出示"填一填"）

问题	答案（填序号）
哪几个小房子图可以通过平移相互重合？	

学生填学习单，老师板贴小房子图，然后巡视。

（3）汇报与辨析

①找反例，辨析中巩固认识

师：（课件出示：说一说）请你说一说自己的答案。

生1：①号、②号和⑥号。

师（边在黑板上记录，边说）：我帮你记下来。和他想法一样的举手。

师：还有其他的吗？

生2：还有③号和⑦号。

师：你是说③号和⑦号也可以通过平移与这几个房子图重合吗？

生2：嗯。

师：我也帮你记下来。

（有学生质疑）

师：有什么问题吗？

生3：③号图形太大了。

师：接着说。

生3：所以不能重合。

师：是啊，太大了，也就是它的大小与其他图形不同。那③号图形平移时会改变自己的大小吗？

生3：不会。

师：也就是说，③号图形平移不会改变大小，而它的大小与其他图形不一样，所以……

生3：所以③号图形不能通过平移与其他图形重合。

师：真了不起！这么长的话都能说清楚。来，掌声送给这个细心观察、善于表达的孩子。

师：③号图形这回心服口服了，它交给你一个光荣的任务，自信地走上讲台，把③号房子图从黑板上取下来。（学生把3

号图形从主题图中取下来。）

（还有学生举手）

师（递话筒给另一个学生）：请你说。

生4：⑦号图形也不对。因为它里面的门在左边。

师：继续说。平移后呢？

生4：平移后门还是在左边。所以通过平移不能重合。

师：他讲的道理大家同意吗？

生：同意。

师：那我们应该把⑦号图形也——

生：取下来。

（生4从主题图中取下⑦号图形，还有学生举手表示质疑。）

师：你还想说，请说一说吧！

生4：⑤号图形也是不行的。它倒过来了。

师：倒过来了，也就是什么不同？

生4：方向不同。

师：继续说，平移后呢？

生4：平移后方向不会变。所以不能通过平移和其他图形重合。

师：同意他的意见的，请举手。

师：会学习、会观察、还会表达。请你去把⑤号图形取下来。

师（对另一个举手的学生）：你还有什么想说的吗？

生5：④号图形的房顶斜了。

师：也就是它的什么不同？

生5：④号的形状不同。平移之后形状还是不同，所以它通过平移不能和其他的图形重合。

（生5把④号图形取下来，老师擦掉黑板上记录的部分序号，只留下①②⑥。）

②验证，操作中深化认识

师：同学们，现在只剩下①②⑥这三个图形了，它们可以通过平移相互重合吗？

生：可以。

师：嗯，这只是我们的猜想。到底对不对呢，我们需要移一移（课件出示"移一移"），进行验证。

师：你最积极。说说吧，你想验证几号和几号？

生1：我想验证①号和②号。

师：好，请你和同桌一起来。

（学生走上讲台，全班互动，两人操作，其余学生观察，判断是否能重合）

师：②号通过平移和①号重合了，那①号能通过平移和②号重合吗？

生：能。

（用同样的方式组织学生完成①号和⑥号、②号和⑥号图形的验证。）

师小结：通过验证，我们发现①②⑥这三个图形可以通过平移相互重合。

师：通过三角形和小房子图的学习，我们认识了图形平移的特点。请看，图形平移时——（指着板书，学生齐读）形状、大小、方向都不变，只有位置变了。

三、巩固练习，深化认识

1. 看影片寻找平移

师过渡：大家表现这么出色，有一位神秘的客人被吸引过来了，谁呢？（课件出示倒霉熊）倒霉熊请大家当老师，如果你在动画片中发现了平移现象，就大声告诉他"平移"。要看清楚哦，如果看的运动现象不是平移就坐端正。

（学生观看影片，看完后独立出示"旋转门"画面，让学生进一步辨析。）

2. 忆生活判断平移

师：我们的生活中，平移现象也无处不在。一起来看看，下面现象中，哪些是平移？（依次出示以下图片）

抽屉的运动　　电梯的运动　　秋千的运动　　缆车的运动

图54

3. 巧选择辨认平移

（1）哪些小鱼通过平移可以与7号小鱼重合？

图55

（2）下面四个图形通过平移可以拼成哪个火箭图？在它的

序号上打"√"。

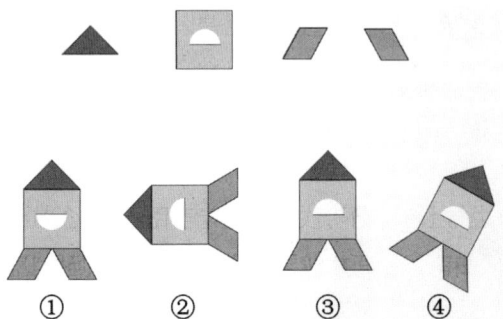

图 56

（学生完成之后，组织学生进行反馈，通过对①号火箭图的辨析，让学生进一步明确平移的特点：方向不变。）

4. 善沟通运用平移

图 57

师：我想到得到这样的花边，可是我只有半张蝴蝶图，有什么好办法吗？

生：对称。

（根据学生的回答，课件演示半张蝴蝶图通过对称变成一张蝴蝶图的动画。）

师：通过对称，可以得到一张蝴蝶图。然后，通过什么方式可以得到四张呢？

生1：对称。

（课件演示一张蝴蝶图通过对称得到两张，进而得到四张蝴蝶图的动画。）

生2：平移。

（课件演示一张蝴蝶图通过平移得到四张蝴蝶图的动画。）

四、欣赏平移，回顾总结

师小结过渡：通过平移或对称，可以得到美丽的蝴蝶花边。请你想象一下，四张蝴蝶图继续平移下去，会怎样呢？

师：接下来，让我们伴随着动听的音乐，一起来欣赏艺术家和数学家们运用图形的平移和对称为我们创造的奇妙图案吧！

（课件出示动画，师生共同欣赏。）

图58

师：原来运用图形的平移和对称可以创造这么奇妙的图案呀！

师总结：今天的课，我们学习了平移，了解了生活中的平移现象，还认识了数学中图形平移的这些特点，应用图形平移的知识解决了许多问题。你们的表现非常出色。课后，请你和爸爸妈妈一起分享今天的收获。

附：

板书设计

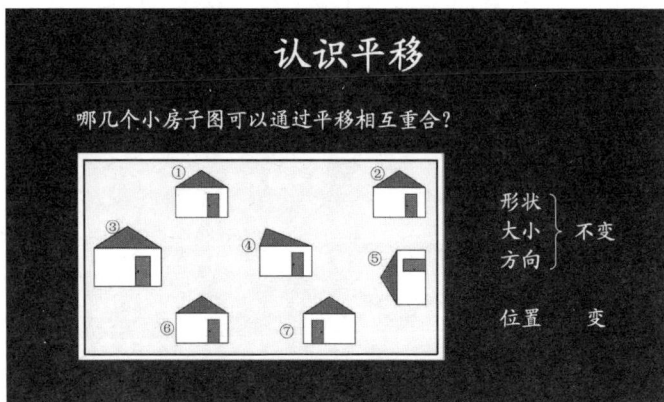

图59

【评析】

"认识平移"是人教版二年级下册第三单元"图形的运动（一）"中例2的教学内容。本单元共安排了4个例题：例

1——认识轴对称图形、例2——认识平移、例3——认识旋转、例4——解决问题。黎燕老师执教这节课从市赛、省赛到全国赛，充分反映了整个教研团队不断学习、研究和实践的过程。归结起来体会有四：

1. 选择合理

时下要上好一节课，首先要学会选择，包括内容的选择、方式的选择、题材的选择等。黎燕老师执教的这节课，在参加市赛、省赛时，例2、例3是一并教学的，全国赛时只教学例2，改变的主要着眼点是：紧扣数学本质，强化图形平移的教学，在有限的时间内让学生更好地感知平移的特点，发展空间观念。在实际教学过程中，黎老师很好地把握了以上要求，达到预期的教学效果。

为了突出平移内容的教学，在新授部分设计了"生活中的平移现象—三角形的平移—辨认小房子图平移后的图形"三个教学环节。与教材原本的安排相比较，增加了"三角形的平移"的内容。这样设计，一方面，层次更加清晰：平移现象—简单图形的平移—组合图形的平移；另一方面，每一环节的教学功能和目标更加明确："生活中的平移现象"引入"平移"，感知"位置变了"；"三角形的平移"进一步认识平移的特点：三个不变（大小、形状、方向）、一个变（位置）；"辨认小房子图平移后的图形"则是运用平移相关知识解决问题。层层深入，逐步递进，既突出了教学的重点——图形的平移，又强化了对平移特征的感知。

同样的道理，在练习部分巧妙地将对称与平移有机地结合起来，既沟通了知识之间的联系，又为学生的欣赏图形提供了支持，取得了很好的效果。

2. 取材得当

在这节课的磨练过程中，为了运用多种方式加强对平移特征的感知，发展学生空间观念，我们特别注意提供丰富、典型的学习素材。

一是"生活中的平移现象"素材的选取，以游乐场为背景，以相册为载体，将学生非常喜欢的游乐项目——小火车、跳楼机、欢乐列车、激流勇进引入课堂，并模仿它们的运动方式。既符合学生的认知特点，又有利于学生感受平移现象。四个游乐项目，包含左右、上下、斜向三种不同方向的平移运动，为学生提供了丰富的表象，体现了数学来自生活。

二是"图形的平移"学习素材的增补，除对教材例2进行创造性加工外，还增加了最基本的几何图形——三角形。二年级学生所认识的基本图形中，三角形最适合学生观察和描述平移的特征。事实证明：这一选择非常合理！课堂上，学生正是通过观察和描述三角形平移前后，"尖尖"（顶角部分）一直朝上，从而感知"方向不变"这一特征的。

三是欣赏素材的收集。除美丽的蝴蝶图、四叶草图、雪花图，还恰到好处地引入了数学分形几何学的经典图案——谢尔宾斯基地毯和谢尔宾斯基三角形。给学生数学美的震撼！

3. 结合到位

在这个课例的教学中需要学生多种器官的有效参与，包括看、做、想和说等。然而怎么样合理地安排这些活动，使得学生较为深刻地感受平移这种运动现象的特征，需要科学的搭配和结合。

　　在"生活中的平移现象"环节，黎老师安排了"两次模仿、两次观察"：模拟四个游乐项目的运动、指挥和模拟黑板上板贴的三个游乐项目图片的平移；观察游乐项目"移动的路线是怎样的"？观察"物体平移时，什么变了"？学生在模仿、操作、观察中，初步感知了平移的特点——"直直地"移动、位置变了。

　　在平移三角形的环节，黎老师把主动权给了学生，将学生推到主体地位上，让学生来指挥并观察三角形的平移。接着，老师把所有平移的情况汇集到一起，给学生提供了丰富的观察资源，从而让学生比较顺利地感受到"形状、大小、方向都没有变，只有位置变了"。

　　在移动小房子图的环节。黎老师不仅设计了多层次的观察、操作、想象、辨析活动，实际教学中，还给了充足的时间和空间，提供了支撑活动、支撑思考、支撑操作的条件，让学生在系列活动中加深对平移特点的认识。如：先让学生在头脑中模拟小房子图的平移，结合想象初步进行判断，再将答案写在"学习单"上；又如：在反例的处理上，设计了扎实、细腻的辨析活动。每一个结论，都让学生解释理由。在学生充分说理、辨析清楚、全班认可的基础上，把确实不能通过平移重合的图形取下来。"说"和"取"这一连贯的学习活动，强化了平移特征的认识。验证正例环节，则再一次安排操作活动，并提供了直尺，让学生在正例操作中，再一次深化平移特征的认识。而提供直尺，一方面便于学生操作，便于显示平移的路线，避免学生直接拎起一个小房子图贴到另一个小房子图上；另一方面，再一次突出平移的特点——路线是"直"的。

4. 练习增效

在这节课的练习部分，教研团队精心设计和安排了一组练习题，将生活中的平移现象、几何中的图形平移以及图形的欣赏分层次逐一呈现，让学生看影片寻找平移现象、回忆生活情境判断是否平移、通过图例辨认平移后的图形、同时沟通对称与平移的关系，创生出许多精彩而美丽的图案等。既突出了平移教学的重点，又联系生活实际，让学生明晓生活中的平移现象和数学中的图形平移等内容。不仅有"生活味"，又有"数学味"，而且还恰当地控制了学习难度，适合绝大部分学生的学习特征。

把握本质　经历过程　多元表征

——从"圆的认识"一课谈小学几何概念教学

一、概念与数学概念

（一）概念

概念是反映一类事物本质属性的思维形式。概念包括内涵和外延。概念的内涵指概念所反映的事物本质属性的总和；概念的外延指概念所反映的具有该本质属性的事物的全体。

（二）数学概念

数学概念是反映客观事物中有关数量关系和空间形式方面的本质属性的思维形式。即数学概念是客观事物的数与形的本质属性在人的思维中的反映。

（三）小学数学概念的表现形式

1. 定义式

用简明而完整的语言揭示概念的内涵或外延的方法。如：两组对边分别平行的四边形叫作平行四边形。

2. 描述式

用一些生动、具体的语言对概念进行描述。如：像 5.98、0.85 和 2.60 这样的数叫作小数；像手电筒、汽车灯和太阳等射出来的光线，都可以近似地看成是射线。

二、概念学习的两种基本形式

（一）概念形成

概念形成是在教学条件下，从大量例子出发，从学生实际经验的肯定例证中抽象概括出一类事物的本质属性。如：周长、面积两个概念的教学，都是先从大量具体实例中，找共同特征，然后逐步抽象，用语言概括描述，最终形成"图形一周的长度就是它的周长""物体表面或平面图形的大小就是它的面积"这样的关于"周长""面积"概念的认识。

（二）概念同化

概念同化是利用学生已有的知识经验（认知结构），以定义的方式或描述的方式直接向学生揭示新概念的本质属性从而使学生获得概念的过程。如：锐角、钝角的概念，是基于学生对"角"和"直角"概念认知基础上，以"小于90°的角叫锐角""大于90°的角叫钝角"这样描述式的方式直接揭示的。（说明：这一定义是基于小学低年级学生对"角"概念只有直观认知以及未接触"周角"等其他类型角的基础上的描述，并不严谨。）

（三）概念形成与概念同化比较

概念学习的两种方式，从学习过程看：概念形成的学习过程大致为"具体事物的抽象—正反例证的辨析—揭示概念的本质属性"；概念同化的学习过程则是"新旧知识的联系—辨析与原有关概念的异同—组成概念系统"。

从适应情况看：概念形成比较适合低年级；概念同化比较适合中高年级。

从学习内容看：几何知识、原始概念、层次较低的概念一般采用概念形成方式；发展性概念一般采用概念同化方式。

三、小学几何概念教学存在的问题

通过前面的介绍，我们对"数学概念"及其学习方式有了简单的了解。那么，小学数学教学中，"图形与几何"领域概念教学究竟该如何教？就教学现状而言，究竟存在哪些典型问题？就个人近年来的课堂观察，以下现象值得关注和改进：

①忽视概念的形成过程。往往采用直接告诉的方式把一个新的概念和盘托出，让学生找关键词，死记硬背。

②在需要采用概念形成的教学中，提供的感性材料不够丰富，不利于学生形成完整的表象（认识）。

③不善于举例（特别是反例）和运用变式帮助学生加深对概念本质属性的理解。

④在概念抽象与概括过程中，不善于引导、点拨，让学生用自己的语言表述概念。

四、小学几何概念有效教学的实现——以"圆的认识"一课为例

教学中如何避免以上问题，让学生经历概念形成的学习过程，准确把握概念本质。下面，以我市学科带头人钟莉老师的展示课"圆的认识"为例逐一进行分析。

"圆的认识"一课，教学的目的是"理解并掌握圆的特征"，同时为中学进一步学习'圆'及理解'圆'的定义做铺垫、打基础。本节课，与圆的特征有关的概念相对较多：圆是曲线图形；圆心、半径、直径的概念；圆的半径和直径的特点及关系；同时，还要掌握用圆规画圆的技能。

而关于圆的定义，从中学的角度，有如下几种定义方式：

①平面内与一个定点距离等于定长的点的集合叫作圆。

②在平面内，以一个定点为中心，离该中心点一定距离处有一动点，绕着中心点保持等距离运动所形成的图形叫作圆。

③在平面内，线段 OA 绕着它的端点 O 旋转一周，它的另一端点 A 所经过的封闭曲线叫作圆。

那么，如何通过一节课的学习，让学生把握圆的特征，并初步感知"圆是平面内与一个定点距离等于定长的点的集合"这一本质属性。

1. 对比中初步感知"圆是曲线图形"

一般而言，概念教学的引入方式有以下几种：以感性材料为基础引入新概念；以新、旧概念之间的关系引入新概念；以"问题"的形式引入新概念；从概念的发生过程引入新概念。

"圆的认识"一课，钟老师采用了两种方式引入：

（1）运用概念的比较，让学生初步感知"圆是曲线图形"

师（出示一圆片）：这是个什么图形？

生（齐答）：圆。

师：老师把圆和这些图形放在一起（三角形、长方形、正方形、平行四边形、梯形），如果让你闭上眼睛，你能很快摸出圆形吗？说说你的想法。

生：上面那些图形都有角，圆没有角。摸起来很光滑。

师：光滑——这个词用得好！还有什么区别？

生：上面那些图形的边是直直的，而圆的线是弯弯的。

师：这种弯弯的线叫曲线。数学上，我们把上边的这些由直直的线段围成的图形叫直线图形。（课件演示）那么圆就是——曲线图形。

（2）运用反例，让学生初步感知圆的特征

师：（出示一个不规则的曲线图形 ）它也是由曲线围成的图形，它是圆形吗？

生：不是。

师：为什么？

生：它有的地方凹，有的地方凸。圆每个地方都是鼓鼓的。

师：（出示一个椭圆 ）它没有凹凸不平吧？看上去光滑、饱满，它是圆吗？

生：不是！

师：为什么？

师：（利用学具演示）椭圆这样看上去扁扁的，这样看上去——瘦瘦的。圆呢？无论怎么转看起来都是匀称的。

师：是呀！和这些曲线图形相比，圆看起来是那样的光滑、饱满、匀称。难怪在 2 000 多年前，就有数学家这样赞美——"在一切平面图形中圆最美"。今天，就让我们一起走进圆的世界，一起来认识"最美"的圆。

【分析】以上导入环节，钟老师首先采用"新旧对比"的方式，让学生很快表述出"圆是曲线图形"这一特征。紧接着，通过反例，让学生进一步感知"圆"是"圆圆的""匀称""饱满"，为接下来学生理解"同一圆内所有的半径、直径都相等"以及"圆是平面内与一个定点距离等于定长的点的集合"埋下伏笔。

2. 运用反例，突出概念本质属性

反例就是故意变换事物的本质属性，使之质变为其他事物，在引导思辨中，反衬出事物的本质属性。反例是概念教学的重要方式，通过反例，让学生在对比中进一步修正自己的认识，完善头脑中关于图形表象所表征的几何概念的意义，从而更准确地把握概念的本质属性。

钟老师"圆的认识"一课，"直径""半径"概念的认识，就是通过反例（图60）让学生逐步完善自己的描述。

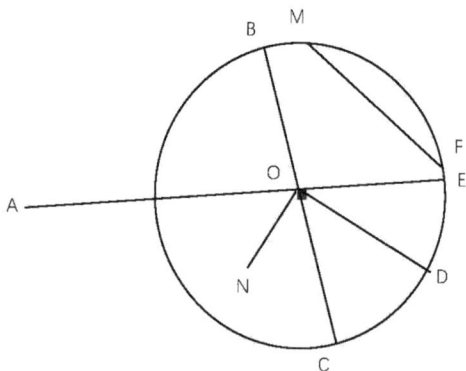

图60

教学过程如下：

当学生说知道圆有半径和直径之后。

师：图中，你能找出圆的直径和半径吗？

生很快就找到直径BC、半径OD。

师：那你们能说说什么是圆的半径？什么是圆的直径？

学生根据自己的理解，先同桌互相说，再全班交流。

生1：直径就是圆里面两端都在圆上的线段。

生2：不对，应该要通过圆心。

师：慢点，别着急，再想想应该怎样描述更准确。

生3：应该说"通过圆心，两端都在圆上的线段"。

师望向全班：你们认为呢？为什么？

生 3：MF 两端也在圆上，但它不是直径。

师赞许地点点头，接着问：线段 AE 通过圆心，它是不是这个圆的直径？

全班：不是。

师：所以，应该怎样描述？

生：通过圆心，并且两端都在圆上的线段叫作圆的直径。

通过以上教学，半径的概念学生很自然地就能从反例中抓到本质属性，顺利地用自己的语言准确地进行描述。这样的教学过程，相比让学生直接看书或者教师直接给出概念而言，学生的认知更加清晰、深刻，理解更到位。

反例的运用，在几何概念教学中十分常见。如：角的初步认识的教学（图 61）、"三角形的认识"的教学（图 62）。

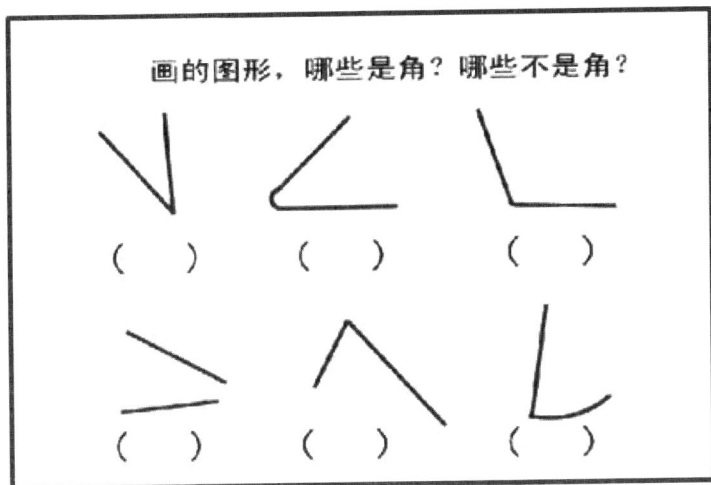

图61

图 62

抽象性是数学最为基本的一个特性。帮助学生较好地理解与掌握抽象的数学概念是数学教学的一项基本任务。实现这个目标的一个基本手段就是恰当地举例——会举例，善于举例。郑毓信教授说："会举例、善于举例"应当被看成数学教师的一个基本功。教学中，教师不仅自身要善于举例，还要注意引导学生学会举例。如：要求学生通过具体操作证实相应的符号方法，或为抽象的数学概念给出一个实例。

应当指明，就高度抽象的数学概念而言，举例并非一件易事。

尽管数学教学中时时都在用到各种各样的例子，但例子又有"好"与"坏"，或者说"恰当"与"不恰当"的区分。作出这种区分的一个重要标志是：这些例子是否真正有利于学生很好地去掌握相应的抽象概念。"会举例、善于举例"的一个具体内涵，就是应当有利于学生较好地实现由具体实例向抽象数学概念的重要过渡。

3. 运用变式突出概念的本质属性

变式是指概念的肯定例证在非本质特征方向的变化。即正例的变化，也就是让概念（图形）表象的非本质属性处于经常的变化中，从而突出概念（图形）表象所反映的本质属性。

钟老师"圆的认识"一课，半径的认知中除了运用反例，也运用了变式。图1中，除OD外，OE、OB、OC可以看作是半径的变式。当然，这个例子不是特别明显。下面"垂直与平行"的案例就较为凸显。

案例：《垂直与平行》 （莞师附小 袁芬）

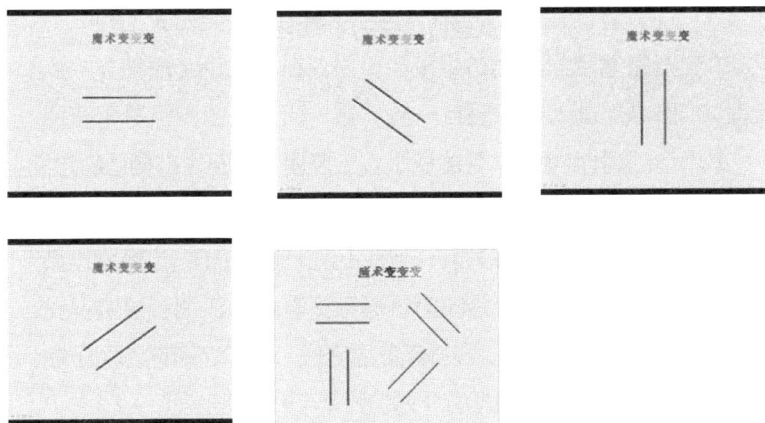

图63

"平行与垂直"一课中，"平行"的认识，第一幅图是正例，通过第2、3、4幅图，让学生明白"同一平面内，不管两条直线如何摆放，只要它们不相交，它们就互相平行"。

在概念教学中，除了用好"标准变式"之外，还要重视以"非标准变式"作为"标准变式"的必要补充。具体说，就是在通过某些具体实例引出数学概念的同时，为了防止学生将相关实例的某些特殊性质误认为相应概念的本质属性，我们在教学中就不应只局限于平时所经常用到的一些实例（即"标准变式"），也应当有意识地去引入一些"非标准变式"。例如：角的初步认识，教学（特别是板书）中所呈现的"角"，不应该都是有一条边为水平射线，以及所有的张口都朝右，以免学生将以上两点当作角概念的本质属性。

4. 让学生经历"定义化"（图形特征认识）的过程

一个学生处理或形成外部表述的方式将显示出他在头脑中对于这一信息是如何予以表征的，这种由"内"向"外"的转变必然会使学生对自己的"概念意象"具有更高的自觉性，十分有利于他们通过反思或改进实现新的发展。概念的教学，必须让学生自己经历概念的"定义化"过程。钟老师"圆的认识"一课，在这方面比较突出。那么，究竟如何实现"定义化"呢？

（1）要求学生对新学习的概念作出表述（甚至作出自己的定义）

"圆的认识"一课，半径、直径以及"同一圆内所有的半（直）径都相等"的教学，钟老师均让学生在充分感知的基础上，用自己的语言描述、表征概念。先后通过图形表征、语言表征、操作表征等方式，让学生经历"定义化"过程。如以上关于"直径"的教学片断的描述就充分地体现了过程性教学。

（2）提供丰富的感知材料或已具备的知识背景，组织好学生的感知活动

要想让学生经历概念的"定义化"过程，学生首先得有充分的感知，这就要求教师为学生提供丰富的感知材料。一般而言，感知材料应符合以下要求：

①符合科学性，且尽量全面，并且有意识地把感知的对象从背景中区分出来，以便让学生清晰地感知；

②在组织学生的感知活动时，活动的对象比静止的对象容易被学生感知，而且能使学生获得准确而清晰深刻的印象；

③在组织学生的感知活动时，应尽量让学生同时用多种器官参与对具体材料的感知活动。

此方面，建议有兴趣的老师到网络上查找吉林朱颖老师参加全国优质课比赛的课例——"认识周长"。在第一个大环节中，朱颖老师精心设计了让学生感知周长的生活化素材，并且以生动有趣的动画形式动态呈现，实为这方面的典范。

（3）重视表象的建立

表象的建立是以对所感知的材料的观察、分析或通过语言文字

的形象描述所唤起的回忆为基础的。建立表象的关键在于观察所提供的材料时能否抓住事物的共性。教师在组织学生的感知活动时，必须有秩序、有目的地引导启发，并及时引导学生归纳概括出概念的本质属性。

当学生已充分感知并建立表象后，教师要不失时机的在此基础上，通过分析、比较、综合、抽象、概括，使学生获取对事物本质属性的认识，从而使学生的感性认识上升到理性认识。

总而言之，小学数学中的概念教学，首先教师必须有让学生经历概念"定义"过程的意识；其次，要精心设计，通过提供丰富的感知材料，引导学生在观察、比较、分析中建立表象，把握共性，并通过变式、反例等方式，让学生在辨析中逐步剥离概念的非本质属性，把握本质属性，最终实现概念的获得，并能用语言、图形等方式表征概念。需要特别强调的是：这一过程，学生的状态是由不会到会，由不完整的认知到完整的认知，由不完善的描述到准确描述的过程。

把握目标　明晰要求　有效渗透数学思想

——人教版"数学广角"教学价值、现状与建议

"数学广角"是人教版小学数学教材的特色板块。人教版小学数学教材，从二年级开始，每册在"总复习"之前均设置一个独立的单元，叫"数学广角"。旨在落实《数学课程标准》理念，有计划地渗透数学思想方法。

一、"数学广角"的编排意图

人教版教材编排"数学广角"这一内容，其主要意图是什么？人教社小数室王永春主任阐述如下："现行人教版实验教材，根据《数学课程标准》[1]的理念，数学思想方法的渗透有所加强，这主要体现在两个方面：一是在数与代数、空间与图形、统计与概率等三大领域内容中，渗透数学思想方法；二是在每册教材中还单独设立一个小单元'数学广角'进行思想方法的渗透。"[2]

那么，《数学课程标准》关于这一点有何理念与要求呢？"实验稿"在"总体目标"中有如下阐述："通过义务教育阶段的数学学习，学生能够获得适应未来社会生活和进一步发展所必需的重要数学知识（包括数学事实、数学活动经验）以及基本的数学思想方法和必要的应用技能"。[3] 2011 年版《数学课程标准》则进一步明确提出"四基"

---

[1]　《数学课程标准》全称为《全日制义务教育数学课程标准》，目前有 2001 年颁布的实验稿，简称"实验稿"及 2011 年颁布的"2011 年版"，简称"2011 年版"，下同.

[2]　王永春."数学广角"的价值取向和教学建议 [J]. 小学教学（数学版），2009（11）: 29.

[3]　中华人民共和国教育部. 全日制义务教育数学课程标准（实验稿）[S]. 北京：北京师范大学出版社，2007.

的理念，即"通过义务教育阶段的数学学习，学生能获得适应社会生活和进一步发展所必需的数学的基础知识、基本技能、基本思想、基本活动经验"。[1]

人教版教材无论"实验版"还是"修订版"都独立编写了"数学广角"单元，其目的是贯彻《数学课程标准》的理念，系统而有步骤地渗透数学思想方法。"修订版"在"实验版"基础上有些变化，两套教材具体内容编排如下：

人教"实验版"教材"数学广角"具体编排

项目	二年级	三年级	四年级	五年级	六年级
上册	排列组合1 逻辑推理	排列组合2	优化问题	数字编码	鸡兔同笼
下册	找规律	集合 等量代换	植树问题	找次品	抽屉原理

人教"修订版"教材"数学广角"具体编排

项目	二年级	三年级	四年级	五年级	六年级
上册	排列组合1	集合	优化问题	植树问题	数形结合
下册	逻辑推理	排列组合2	鸡兔同笼	找次品	抽屉原理

二、"数学广角"的教学目标

王永春主任在《"数学广角"的价值取向和教学建议》中明确指出："'数学广角'的教学目标可概括为以下几点：

---

[1] 中华人民共和国教育部. 全日制义务教育数学课程标准（2011年版）[S]. 北京：北京师范大学出版社，2011.

①感悟重要的数学思想方法。

②运用数学的思维方式进行思考，增强分析和解决问题的能力。

③提高学习数学的兴趣，增强学好数学的信心，养成良好的学习习惯，具有初步的创新意识。

④在参与观察、实验、猜想、推理等数学活动中，发展合情推理能力，感悟演绎推理思想，学会独立思考。"[1]

三、"数学广角"的教学现状

1. 教学目标定位失当

（1）以解答题目、应付考试为主，忽视数学思想方法的渗透和培养

受传统应试思维的影响，大多数教师形成了"教学就是做题、考试，教学的目的就是要让学生学会解答相应习题"等"双基"教学的片面认识，且根深蒂固，以致在"数学广角"教学中，一方面，部分教师将"数学广角"直接定位为"双基"教学，似乎不让学生做较多的习题，或者学生没学会解答相关习题，就没有完成教学任务。另一方面，即使部分教师明白"数学广角"的教学目标是渗透数学思想方法，但在具体的课堂实践中，受惯性思维的影响，仍不免采用传统"双基"教学的方式。因此，以"会做题"为教学目标的现象在"数学广角"教学中普遍存在。

（2）将"数学思想方法的渗透"变为"奥数解题训练"

"数学广角"单元中的大部分教学内容，与曾经风靡一时的部分"奥数"学习专题相同，如植树问题、抽屉原理、排列组合、逻辑推理、等量代换、鸡兔同笼等。许多教师曾是"奥数"教学的"金牌教练"，因此，在实际教学中或有意或无意就将"数学广角"上成了"奥

[1] 王永春."数学广角"的价值取向和教学建议[J].小学教学（数学版），2009（11）：29.

数解题训练"。例如：教学"植树问题"时重点弄清是"段数加1"，还是"段数减1"；教学"鸡兔同笼"时重点突出"怎样列式"或"怎样列方程"等，以致数学思想方法的渗透被忽略，导致学生学完了"找规律"，却不知道什么是"规律"；学完了鸡兔同笼问题，却没有体会到"假设法"之精髓所在……

2. 教学过程以教师讲解为主，学生体验、感悟少

因为目标定位失当，导致教学一味关注知识的结论，教师急于将规律、方法、模式等结论性的知识"及早"总结出来，直接告诉学生，以便留下更多时间进行练习（做题）。为了节省时间，课堂基本采用教师讲解为主的方式，学生较少有机会经历"探索–交流–归纳"的过程，对所要渗透的数学思想方法也无法体验、感悟、内化。

3. 不重视，教学随意，要求降低

因为"'数学广角'并不是《数学课程标准》规定的必学和必考内容"[1]。在部分教师心中：不考就意味着可以不教。在某地区进行的"数学广角"教学现状的调查中，其中"关于'数学广角'内容的处理方式"，有11.3%的教师是"由学生自学"。而现实的情况则可能更糟糕，当教学效率低、教学任务完不成，或者需要更多时间巩固"三大领域"教学效果时，老师们的选择往往就是放弃"数学广角"的教学。

4. 原因分析

表面看，"数学广角"教学中存在的问题其原因是多方面的：对目标定位不准、应试观念的影响等。但深入分析，不难发现：最根本的原因是教师自身数学素养的缺失。由于教师自身数学素养不够，对数学学科及数学教学的核心意义和价值不清晰，无法认识到数学思想

[1] 王永春."数学广角"的价值取向和教学建议[J].小学教学（数学版）,2009(11).

方法对学生数学学习甚至终身发展所产生的深远影响。也由于这种缺失，导致其对数学思想方法没有清晰的认识和全面的了解，对每册"数学广角"所要渗透的数学思想方法把握不准，也就不可能做到在教学中有效渗透。

四、"数学广角"教学建议

1. 牢记"数学广角"的教学价值，准确定位教学目标

"数学广角"教学的价值和目标在于"系统而有步骤地渗透数学思想方法"。它的教学"并不承载双基目标的重任，教学的重点也不应放在机械的公式和抽象的模型及解题技能训练上……"。[1]

"数学广角"的教学目标主要体现在过程性目标上，让学生体验知识的形成过程、感悟数学思想方法。在"数学广角"的学习中，学生主要通过观察、猜测、实验、操作和直观等手段解决问题，而不是通过总结抽象的数学模型和公式来解决问题。因此，"数学广角"的教学，探索和经历知识的形成过程比结果本身更重要，体验数学思想方法比死记硬背抽象的模型和解题训练更重要。从目标准确定位上分析，以下关于《植树问题》的教学片段，就显得尤为重要。

教师在引导学生发现"段数 +1 = 棵数"的规律之后，设计了下面的教学环节：

师：这个规律记住了吗？

生：记住了。

师：老师请你们忘了它，否则你们会"中毒"。先来看：

学校准备建一个圆形的花坛，花坛一周全长 50 米，如果每隔 5

---

[1] 王永春."数学广角"的价值取向和教学建议 [J]. 小学教学（数学版），2009（11）.

米放一盆菊花，一共需要多少盆？

（大部分学生口答：11）

师：看，你们有不少人已经"中毒"了，想吃"解药"吗？动手画一个圆，找一找在圆上段数和盆数有什么关系？

生画图，得出只用 $50 \div 5 = 10$（盆）。

师：同学们，通过刚才部分同学的"中毒"事件，你觉得他们为什么会"中毒"？

师：其实，规律并不重要，今天你记住了，明天，后天……一年，忘了或者题目变了，怎么办？关键是你能借助画图法去找到规律，题目会变，方法不变。如果你能体会到我刚才的话，这节课你才没有白学。

关于渗透数学思想方法，需要注意的是：并不要求直接将"集合""排列""组合""统筹"等数学化语言教给学生，只要求学生感悟、体会。

2. 经历"探索—交流—归纳"的过程，在活动中体验、感悟数学思想方法

（1）弄清楚数学思想方法与数学知识之间的关系

数学思想方法蕴涵于数学材料（即具体数学知识）之中，数学知识的形成过程是进行数学思想方法教学的重要载体。

（2）明白"渗透"的含义

所谓渗透，就是要在具体的数学知识的教学中，融进某些抽象的数学思想方法，使学生对这些思想方法有一些初步的感觉或直觉。因此，离开具体的数学材料（数学知识），离开数学知识的形成过程，离开学生的数学活动过程，数学思想方法的渗透也就无从谈起。在教学中，学生的参与非常重要，没有参与，学生就不可能对数学思想产

生体验；没有体验，数学思想只能是一句空话。因此，每一个"数学广角"的教学，都要有计划地创设数学活动，并留给学生足够的时间和空间，让学生经历"探索—交流—归纳"的过程，在过程中体会、感悟思想方法。

（3）教师要适时地介入，恰当地引导、点拨

在学生"探索、交流、归纳"时，教师要充分发挥主导性。要适时介入，了解学生学习情况，相机进行恰当的引导、点拨，帮助学生更好地完成探索、思考、交流、归纳，更充分地体验、感悟。在此，有一点必须重新引起我们的重视：那就是学生的主体性。我们必须清楚：学生的主体参与绝不是自发形成的。让学生做主体首先要使学生会做主体，一个不会思、不会学、习惯于让老师牵着走的学生，即使给他时间，给他机会，他也做不了学习的主人。"主体参与"必须由教师有目的、有计划地组织、启发、点拨、指导才能实现。特别是在学生交流、归纳等环节。

（4）明确目标，合理取舍

总有教师会问：一节课的时间有限，在短短的40分钟内，既要让学生经历"探索—交流—归纳"的学习过程，又要让学生会解答教材习题，似乎难以实现，怎么办？其实，这个问题简单理解就是：当渗透数学思想方法与学生解题技能形成发生矛盾时，怎样取舍？我们必须承认：课堂的时间是有限的，不可能面面俱到。现实的情况也的确如此，例如："实验版"六年级上册的"鸡兔同笼"问题，教学中的确存在"所要渗透的数学思想方法过多、时间不够"的问题。（当然，其他内容的教学更多的是我们的教学不够到位造成的）当遇到这种矛盾的时候，该怎样取舍？其实，只要我们牢记"数学广角"教学的价值和目标，对其认识足够清晰和坚定，取舍也就非常简单。当然，解决问题的根本办法是加强研究，精心设计教学，实现两者之间的统一。

从本质上讲，两者不仅不矛盾，而是高度一致的。

3. 循序渐进地渗透数学思想方法

思想方法的形成是需要过程的。一种思想的形成要比一个知识点的获得困难得多。从学生的数学思想形成过程来看，它不可能像数学知识那样一步到位，它需要一个不断渗透、循序渐进、由浅入深的过程，需要逐步积累。因此，它需要教师抓住合适的时机，不断地反复。不仅在"数学广角"教学中注重数学思想方法的渗透，在其他三大领域教学中，只要有合适的载体、恰当的时机，都要不遗余力地进行渗透。例如："植树问题"所要渗透的画图的策略、建模的思想，在学生学习这一内容之前，教材已经在多处有所体现和渗透，教学中如何循序渐进地实现？又如：逻辑推理、优化思想、等量代换、假设法等，除"数学广角"外，在其他内容的学习中，同样经常出现，我们教学时是否有意识地逐步渗透？

同时，在循序渐进地渗透数学思想方法这一过程中，需要教师做一个"过程"的"加强者"。也就是说，适当的时候，需要教师对所渗透的数学思想方法进行提炼、概括，并明示给学生。特别是对于"探索—交流—归纳"的学习过程，要善于引导学生进行回顾与反思，在回顾中提炼基本思路，加深学生的认识，让学生对所渗透的数学思想方法有更深的理解和印象。例如：在二下"简单的推理"一课的教学中，通过学习过程形成如下板书（图64），此板书一方面可以看出教师让学生经历了解决问题的过程，突出了解决问题的一般步骤，同时，对本课所要渗透的"推理"思想的要点进行了概括和提炼，即"确定能确定的，排除能排除的"。在课尾，教师还通过"回顾与反思"，进一步加深学生对步骤和方法的把握。这可谓"过程"的"加强者"。需要注意的是："过程"的"加强者"并不是要把"优化""集合"

等名词直接教给学生，而是建议对每种思想方法的基本思维过程用学生能接受的语言进行提炼、概括。

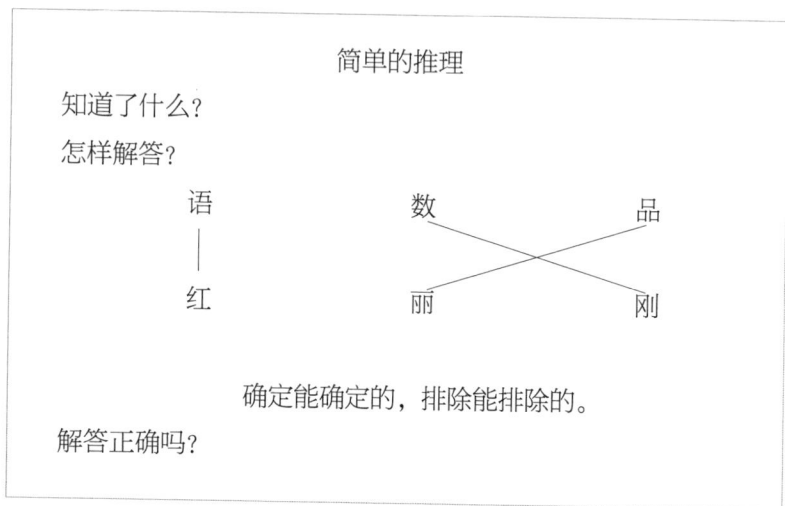

图64

4. 加强学习，促进自身数学素养的不断提升，提高"数学广角"教学的实效

前面已经提到："数学广角"教学之所以存在各种问题，其根本原因是数学教师自身数学素养不够导致的。大部分数学教师是中师毕业，即使有进一步的学历提升，但选择数学专业的较少。先天的不足，以致自身对数学思想方法的理解和把握困难重重。例如：有教师表示，自己想提高自身素养，也买了有关专家撰写的关于数学思想方法的专著，但读起来很费力，看不太懂，读着读着也就没兴趣了。我想这可能是普遍现象。但尽管如此，我们还是要不断地学习，以下文章和书籍老师们不妨认真读一读。

阅读链接

1.《"数学广角"的价值取向和教学建议》　王永春

2.《细析"数学广角"中的数学思想方法及教学策略》系列（一至九）　顾志能

3.《走进数学思维》系列（一至四）　郑毓信

4.《建模教学法——实现〈数学广角〉教学由"奥数解题训练"向"渗透思想方法"转变的有效方法》　李丹

5.《数学思想概论》（共4辑）　史宁中

5. 加强研究，在教材对比中思考"数学广角"编排上的变化及变化的原因

必须指出：加强研究，不仅仅是指研究教材的编写变化，应包括对每个教学内容进行必要的研究。但特别提出"教材对比"这一点，是希望提供另一个研究的角度。大家知道：2014年9月开始，人教"修订版"教材已全部代替"实验版"教材，在各个年级使用。两套教材在"数学广角"的编排上也发生了一些变化。那么，我们应该思考：为什么这样变？对教学的启示是什么？例如："植树问题"由四年级下册移至五年级上册，"鸡兔同笼"由六年级上册移至四年级下册，说明什么？教学时该如何把握所要渗透的数学思想方法？对于"鸡兔同笼"的变化，显然把重点放在假设法和枚举法的渗透，而暂时舍弃了方程思想的渗透；对于"植树问题"，更突出画图策略和建模思想的渗透，这些变化都应该引起我们的思考，特别是变化对教学的指导意义，应该认真研究和把握。

最后，跟大家分享一句话：数学思想方法是数学的灵魂。我们千万不要把"灵魂"弄丢了。

"理解"是教好的前提

——小学数学"估算"教学思考与建议

自《数学课程标准》实施以来，估算教学越来越引起大家的重视。在《数学课程标准》中，关于计算教学有这样的描述：重视口算、加强估算、强调算法多样化。由此，估算教学由原来的选学内容成为必学内容，并且大大加重了分量（每册实验教材中都有独立的估算教学内容）。但在目前的课堂教学中，部分教师对估算教学的意义的理解，对教材中估算教学内容的编写意图以及估算策略的研究等方面都存在一些偏差。

【案例一】

人教实验版教材第五册第 18 页"三位数加三位数进位加法"教学片段：

师：求"爬行类和两栖类一共有多少种"你们会解答吗？

生：会，376+284。

师：你们真聪明！那在练习本上试试，看哪些同学能又快又准地计算出来。

（学生在练习本上很快算出得数：660。）

师：你们是怎样计算的？哪位同学愿意把你的想法说给其他同学听？

于是，几个学生纷纷站起来讲了一遍计算法则。（因为该教师在复习时就让学生背诵了"两位数加两位数计算法则"。）

教师总结了计算方法后。课件出示：

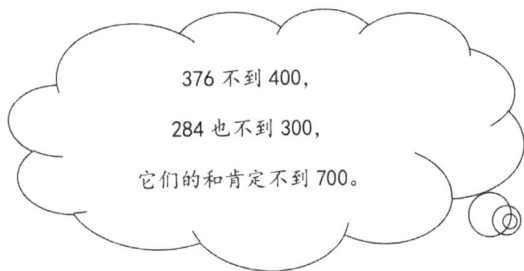

图65

师：我们来看看，小明计算这道题时是怎样想的？读一读。（学生齐读）

师：为什么说"它们的和肯定不到700"？（学生将上面的句子又重复了一遍。）

师：那我们计算的结果是……

生：660

师：真的是不到700，说明我们的估算是……

生（齐答）：对的。

【案例二】

这是"小学数学教学网"论坛上一则关于"估算教学"考试试题的讨论，现摘录部分内容：

题目是：估算，在得数是60多的算式后打"√"，其中有一道算式是"42+18"。这位教师想知道这个算式到底该怎样估算，应不应该打"√"。最后，他认为：既然是估算，所以只是大概的计算结果，根据估算的方法：先看个位，再看十位的方法得出个位符合"满十进一"，十位则 4+1+1=6，所以，这题应该打"√"。

【案例三】

一位数学教师在教学以下乘法估算习题时，是这样处理的：

教材中的原题是：

根据 $25 \times 20=500$、$20 \times 30=600$，说一说下面哪几题的积在 500 和 600 之间？

28×20	34×20	30×25
25×19	23×30	20×27

教师处理以后的题目是：

1. 笔算下面两道题： $21 \times 35=$ $28 \times 35=$

2. 根据 $21 \times 35=735$，$28 \times 35=980$ 说一说下面哪几题的积在 735 和 980 之间？

23×35 19×35 28×37

修改的原因：教材中的原题直接口算很容易，学生在练习时容易先口算，再判断，这样就不能达到通过比较进行估算、掌握估算方法的效果，更谈不上估算意识的培养；而经过加工和处理以后的题目，学生口算显然是不可能，这样，能更好地促使学生认真观察，仔细比较，从而达到掌握估算方法，培养估算意识的目的。

由以上三个教学案例，引发本人对估算教学的几点思考。

【思考一】

为什么要"加强估算"？——关于估算的意义的思考

估算教学的引入在我国的数学教材中是 1990 年以后的事，成为必学内容更是课改之后的趋势。那么，数学教学为什么要引入估算知识？《课程标准》为什么会提出"加强估算"这一要求？本人认为，引入估算的意义主要有以下几个方面：

1. 社会发展的需要

当今社会，计算机和计算器已被广泛使用，人们对计算的要求也随之发生了变化，完全用笔和纸进行的"大乘大除"计算已被淡化和减轻，大数目的计算都由计算工具代替，但是使用工具的人应对计算结果的合理性（是否在正确结果的范围内）有个估计，以防止在使用工具中出现差错。这是引入估算教学的主要原因。

2. 现实生活的需要

在我们的日常生活中，经常会遇到不需要精确计算的场合，我们每天都和估算打交道。如：到商场购物大概需要带多少钱？用餐点菜时估算餐费，外出旅游时估算花费等。因此，估算作为学生现实生活的一部分必须进行教学，这是引入估算教学的另一重要因素。

那么，对于小学阶段的学生，他们经常遇到的估算主要有三类：对大数目的粗略计算；对日常口算、笔算的验算；对现实生活中一些量的简单推算。其估算的意义则主要表现在以下两个方面：

1. 增强行为的计划性、培养估算的意识

学生在从事某种行为时，必须先对有关问题做出粗略的初步估计。如计算前先估算计算结果的范围等。

2. 养成对计算结果的检验意识

学生在计算之后，可利用估算来判断计算结果的合理性。如计算的结果是否符合实际、是否出现明显的错误等，以检验笔算或计算器计算结果的正确性。

从以上对估算教学的意义的分析不难看出，小学数学教学中，估算教学一个重要的作用就是对计算结果的检验，而这种检验既可在正式计算前进行，也可在计算后进行。无论是计算前还是计算后进行估算，其目的都是为了检验计算结果的合理性。如案例一中的估算：376 不到 400，284 也不到 300，它们的和肯定不到 700。通过这一估算说明如果我们计算的结果大于 700，那么计算一定是错的。然而，该教师在教学中却完全没有弄明白估算的作用，反而用笔算来检验估算的正确性，可见其对估算教学的理解存在很大偏差。由此也可以看出，在现实的课堂教学中，如何研读教材、如何正确把握教材仍是许多教师需要努力解决的问题。

【思考二】

怎样估算？——关于估算策略的思考

案例二中提到了怎样估算"42+18"，从这位教师自己的估算方法来看，应该说是一种具体计算，而不是估算。那么，估算到底该怎样"估"？估算的方法和策略又是什么？本人根据小学阶段的估算教学内容提出几种简单的估算方法以供参考。

1. 大数目的粗略计算

对于数目较大的计算，先借助凑整的方法求出精确数的近似数。通常保留最高位或次高位，然后用口算求出这些近似数的和、差、积、商。一般不求出精确的得数，只要求达到得数的高位数或与精确得数高位数相同或相近的数。

2. 对日常笔算的验算

（1）对大数目精确计算之后，可以利用上述大数目粗略计算的方法进行验算。

这样可以较为简便地判别出错题。如 23×47 计算结果应在 1000 左右 $(20 \times 50 = 1000)$，如答案与 1000 相差甚远，说明计算错误。

（2）根据运算性质、意义进行估算验算。

如一个数乘比 1 大的数，结果比这个数大；乘比 1 小的数，结果比这个数小。在进行小数的乘除法计算时，可利用这种方法验算小数点的位置是否正确。如 0.25×4，刚开始学习小数乘法时，很容易计算错误，不能准确确定小数点的位置，计算结果通常会出现 0.1，1 或 10 的情况。而通过估算可知计算结果应该比 0.25 大，故不会是 0.1；应该比 4 小，故不会是 10。

3. 对现实生活中一些量的简单推算

对于小学生而言，在现实生活中最常估算的是物体的长度、面积、体积。使用以下几种估算方法较为便捷：

（1）可参照 1 个单位的量（如 1 厘米）来进行估算。

（2）可先估算出长度，然后运用公式来估算出面积、体积。

如估长方体体积时，先估出长、宽、高各为多少，再计算。

（3）可利用就近的实物作为参照物。

如观察身边的固定长度（1 步长、1 臂长、身高），观察生活实际中常见物品的量 (一瓶矿泉水的容积，一瓶啤酒的容积、一桶饮料的容积、各种包装的牛奶容积) 等。

当然，估算的方法因人因事因地而异，每个人生活背景、思维方式不同，所采用的估算策略也就不同，只要是合理的，教师都应该给予肯定，并且应该鼓励学生多交流，促进估算策略的多样化，丰富学生的估算经验。当然，对于案例二中的这道考试题，本人认为：42 接近 40，18 接近 20，40+20=60，因此，答案应该是 60 左右。那么，题目却是在得数是 60 多的算式后面打"√"，该怎样处理呢？应该说这道题本身有点问题，如果说一定能断定得数能超过 60 的话，应该将题目改为：42+21，即两个数都是省略尾数。

【思考三】

教材为什么选那些隐含整十整百的计算难度低的数让学生估算

案例三中的教师将教材的习题进行加工和处理，其原因是教材中给出的算式全是可以直接口算得出结果，无须通过"麻烦"的比较，也达不到培养学生估算意识的目的。那么，教材为什么选那些隐含整十整百的计算难度低的数让学生估算？是编者没有考虑到该教师所想到的问题吗？当然不是。我们不妨先回忆一下，当我们遇到需要估算的内容时，我们通常的方法是什么？不难发现，我们一般是先省略尾数取近似值，或用扩大、缩小的方法来确定某个结果的所在范围，然后再估算结果。也就是说，在实际估算的过程中，我们总是偏爱那些整十整百的数，即便是非整十整百的数，我们也把它们看作整十整百的数来算，其原因是这样计算简便。并且，人们在估算时，往往会不自觉地运用现成的经验，而这些经验一般也都是"简便易行"的。比如案例三中的习题：根据"25×20=500、20×30=600"可以得出"28×20 在 500—600 之间，因为 25 < 28 < 30"。这是观察比较的结果，所凭借的"25×20=500、20×30=600"的经验设定是人们生活中常用的，因为它"简便易行"便成了估算中普遍意义上的经验凭借，沉淀下来成为人们估算的跳板。但是，如果人为设定"21×35=735、28×35=980"作跳板，那就带来了两个问题：一是这个跳板不是人们经验中常用的，不具有普遍意义；二是思维训练的重点似乎不在估算这边。虽然该教师这样设计的出发点是为了促进学生估算的意识，但却忽视了估算本身的特点是"简便易行"。我想，教材之所以选择隐含整十整百的计算难度低的数让学生估算，除了小学生学估算刚起步所以数目小这个原因外，最主要是遵循了人们估算时的基本原则——简便。因此，在实际的教学中，我们要充分认识和理解好编者的意图，注意引导学生进行估算，防止因计算容易而忽视估算方法的掌握；更不要为了强调估算而人为设计一些较难计算的算式给学生作跳板。

　　总的来说，关于估算教学这方面我们的经验还很欠缺。进行估算教学时，一定要多研读教材、教师教学用书，深入把握编者意图，多一些实践与反思。

暂不能至　心向往之

——小学数学课堂教学观摩感悟

【背景】

2013 年 11 月，我先后参加了"广东、浙江小学数学教研交流活动"和"全国第十一届小学数学教学改革观摩交流大会"。共听了 18 节观摩课，对照浙江、北京、上海、深圳等地的课例，有很多感悟和体会。恰巧，应市教师进修学校之邀，为我市小学数学辅导员培训班作讲座。于是，结合我市小学数学课堂教学实际，将所感所悟整理成文。

一、关于标题

与很多教育界的朋友聊天，每当说到某种先进理念或某地、某校的先进经验时，总有朋友以无奈或不屑的口吻说："这不符合我们的实际！我们做不到！"多年前如此，现在亦如此。每当此时，我总有一种深深的无奈。固然，学习他人成功经验、实践新的教育理念，切合实际是必要的，短时间内条件不成熟，没法实施也是正常的。但是，我们必须知道我们该往哪儿走？并且思考，我们的差距在哪里？如何赶上并超越？总而言之：我们需要一点教育理想！因为，教育是一份需要我们心怀理想的事业！

二、缘起

2013 年 11 月中旬，广东省各地级市小学数学辅导员一行前往浙江，与斯苗儿老师带领的浙江小数同仁交流。说是交流，实是学习。其中，深入课堂听了两节课：赵海峰老师执教的《用字母表示数》、朱国荣老师执教的《方程的意义》。接着，从杭州直接辗转到武汉，参加在此举行的"全国第十一届小学数学教学改革观摩交流大会"。听了16节课及曹培英老师的总结点评，其中有北京、上海、深圳的参赛课例，结合平时教研工作，引发诸多思考和感悟。

三、课例呈现与分析

浙江一行，所听课例以及斯老师的报告，给我留下的课堂教学总体印象是：简约但绝不简单！简约体现在教学环节设计、课件制作、学习素材选取等方面，一切都围绕教学内容的本质进行，多余的、与学习不相关或关联不大的内容与形式全部剔除。"不简单"体现在：重视学生思维发展；紧扣数学本质；深研究、浅表达（符合学生认知发展水平）；一切形式都是为内容服务；学习素材：精选、深挖掘、用足用好！课堂能充分让学生展示、暴露自己的思维过程，师生、生生能在课堂上实现真正意义上的对话与交流。

【课例一】

《用字母表示数》 执教：赵海峰（杭州市采荷第二小学）[1]

课例呈现：

简单引入，激活经验

1.出示题目（课件出示：b+b=12，y×2=10，及含"x、a、m"的数阵）

师：今天老师带来了一些含有字母的信息，我们一起来看看。这里的字母表示什么意思？

---

[1]　本课例由浙江省杭州市采荷第二小学赵海峰老师设计与执教.

生：b 表示 6，y 表示 5，x 表示 2.5，m 表示 3.9，a 表示 4.3。

师总结：字母在数学中的应用非常广泛。这节课我们一起来研究在数学中如何利用字母来表示数。

理解用字母表示数和数量关系

1.引入小棒搭三角形情境

师：大家看屏幕（课件出示 3 根小棒搭成的三角形），由 3 根小棒搭成了 1 个正三角形，像这样摆 2 个三角形需要几根小棒？这样子呢？（课件出示 5 个三角形）如果三角形的个数是 31 呢？

2.布置任务

师：照这样子写，会写吗？能不能用自己的方式，把这样所有的情况都表示出来？

三角形个数	小棒的根数

（生思考片刻后）师：那就请同学们把它记录在材料一上面。

（教师巡视）

3.作业反馈

（1）教师直接呈现学生的各类典型表示方法。

项目	个数	根数
第一种	1	3
第二种	x	x
第三种	a	b

（续表）

项目	个数	根数
第四种	x	x×3

师：同学们，老师这里收集了几种不同的表示方法，我们一起来欣赏一下。

注意：静静观察、认真思考，先不发表意见。

（2）小组内交流。

师：看了这些方法，你有什么想说的吗？现在把你的想法在四人小组内进行交流，注意要求：

第一，对上面的每一种方法作出评价。好，好在哪里，不足，不足在哪里。

第二，选出你们认为比较好的表示方法。

（3）全班交流。

①师：说说看你们对这些表示方法的评价。

生1：第一种的话如果个数是2就不知道根数了，第二种如果x是2，那根数也是2了，这样就不对了，第三种我觉得不好，第四种比较好。

生2：第一种只表示了一种情况，第二种是错误的，第三种我就想不通了，第四种个数是x，根数正好是x×3，这样就对了。

师总结学生评价：现在我们的观点比较统一了，第一种不好，第二种是错的，第三种不太好，第四种比较好，是这个意思吗？

②师：刚才同学们说第一种不好，我听明白意思了，就是说这样具体的一组数不能把所有的情况都表示出来。那同学们为什么说第二种是错的？

生1：那如果个数是 3，根数也就是 3 了，这样不对。

师：也就是说三角形的个数与小棒的根数应该是不相等的，所以不能用相同的字母来表示。那这里的字母 x，它表示什么意思呢？

生2：x 表示三角形的个数。

师：那这里的 x 可以表示 2 吗？3 呢？有没有可能是 1000？也就是说你这里的字母 x 是表示任意的三角形的个数。

师：第三种中的字母分别表示什么意思？

生1：a 表示三角形个数，b 表示小棒的根数。

师：这位同学用字母把所有的情况都表示出来了，你们为什么还觉得不好呢？

生2：这样如果 a 是 3 的话，我们就不知道 b 是几了。

师：你的意思是三角形的个数和小棒的根数之间应该是有一种关系的，什么关系？

生3：小棒的根数是三角形个数的 3 倍，是 3 倍关系。

师总结：哦，我明白了。这种表示方法有好的地方，他用字母把所有的情况都表示出来了；也有不足的地方，不能让别人一眼就看出个数与根数之间的 3 倍关系。

师：那第四种方法能不能让我们看出这种 3 倍关系？

生齐：能。

师：你们都能看出来吗？你们是从哪里看出三倍关系的？

生：x×3。

师：我们来举个例子吧，如果 x 是 2，那么这边就是 2×3；如果 x 是 5，那么这边就是 5×3，那如果采用上面这种方法看不看得出它们的关系？

师总结：这么好的方法，是哪位同学的？你太厉害了，掌声送给他。我们今天就用你的方法（板书）了，n×3 这个含有字母的式子直接表示出小棒的根数，还表示出了根数和个数之间的 3 倍关系。那这种方法还有什么地方可以改进吗？

生：x×3 可以直接写成 3x。

师介绍：是的，当数与字母相乘的时候，可以把乘号省略，不过要注意数要写在字母的前面，比方说 x×3=3x，

师：那我换个字母行吗？如果我们就用刚才这位同学的 a 来表示三角形个数，那这边……

生：那小棒根数就是 3a。

师：如果我们非要用刚才这位同学的 b 来表示小棒的根数，那么这边……

生：b÷3。

师：说说看为什么想到用 b÷3 来表示三角形个数。

生：因为小棒的根数是三角形个数的 3 倍，所以只要除以 3 就表示个数了。

师总结：说得真好，这些含有字母的式子都能直接表示数，同时也清楚地表示出了数量之间的关系（板书：数、关系）。

深入理解，建立模型

师：老师这里还有两个含有字母的式子，我们一起来看一看。

（1）（课件出示图 66）师：你能结合相关信息，分别说说这里的 y 和 3y 各表示什么意思吗？

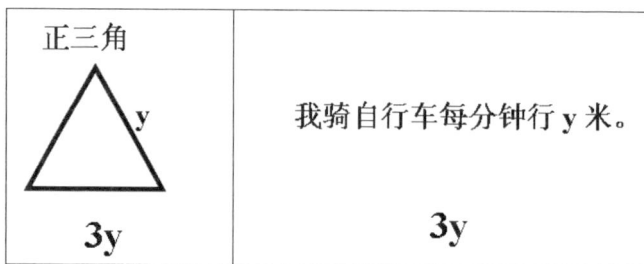

图 66

（2）（课件出示图 67）师：说说 3y 可能表示什么意思？

图 67

生 1：y 表示一本书，3y 表示 3 本书。

师：你把 y 看成了一个物体——书，想想能不能把 y 看成一个数量。

生 2：y 表示一本书的厚度，那么 3y 就表示 3 本书的厚度。

生 3：y 表示平均每本书有 y 页，那么 3y 就表示 3 本书总共有多少页。

生 4：y 表示每本书的价格，那么 3y 就表示 3 本书的总价。

（3）（课件出示图 68）师：结合生活实际说说 3y 还可以表示什么含义？

图68

生：表达各种生活中的例子。

……

师（总结）：看来在生活中只要有三倍关系的数量，我们都能用这样的形式来表示。

巩固内化，深入构建

师：同学们的表现太棒了，在不知不觉中我们已经学会了一种新的表示数的方法，那就是"用字母表示数"（板书）。

出示材料二（图69）

材料二：写出下面数量关系的式子

① 车上原有 x 人，到站下车 5 人。

车上现在有（　　　）人

② 正方形面积（　　　）

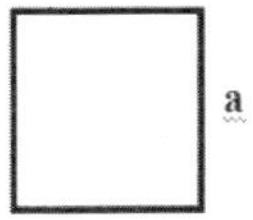

③ 李明今年 m 岁，爸爸的年龄比他的 3 倍小 2 岁，爸爸今年的年龄（　　　）岁。

猜猜看，李明今年可能是几岁？（　　　）

A. 5 岁　　　B. 12 岁　　　C. 50 岁

④ 一瓶可乐 2.50 元，买了 k 瓶，付了 50 元，可以找回多少？

（　　　）

图69

1. 独立做题。

2. 全班交流。

拓展提升，简单总结

1.（师出示图 70 课件）：

还记得这道题目吗？如果一直这样排列下去，那肯定是排不完的，如果其中的某个位置用 C 表示，那么它周围的 4 个数，你能用今天的知识把它相应的表示出来吗？

2. 反馈：

（1）答案为具体数据。

（2）正确答案。

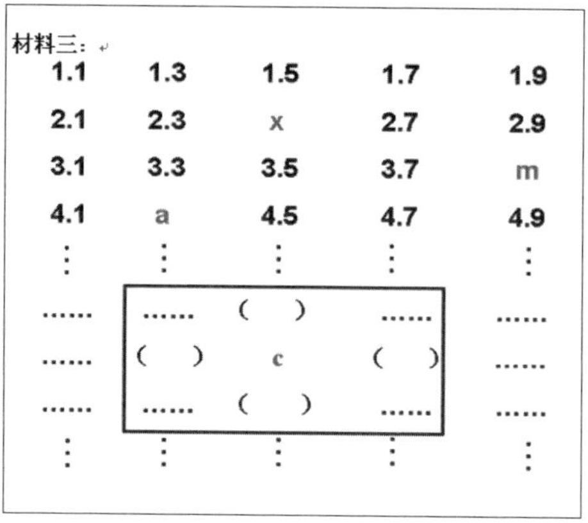

材料三：				
1.1	1.3	1.5	1.7	1.9
2.1	2.3	x	2.7	2.9
3.1	3.3	3.5	3.7	m
4.1	a	4.5	4.7	4.9

图 70

【亮点赏析】

本节课的亮点很多，如前面所分析。但在诸多亮点中，本人特别强调以下两点，因为这是本区域大多数课例所缺失或做得不够好的方面。

1. 抓住数学本质，注重学生思维过程，师生、生生实现了有价值、有深度的互动和交流

本节课，师生、生生的对话、交流，改变了传统课堂师生一问一答的简单对话方式，让我们感受到思考的力量，特别是学生在课堂的积极思考。例如："对四种表示方法进行评价"环节的交流，"'3y'表示什么"以及最后一题的反馈环节的交流，都展现了学生积极思考、乐于表达、认真倾听、不断修正、最终获得正确答案的过程。在这样的交流过程中，每一次对话都能感觉到学生对问题进行了重新认识，产生了自己新的思考。这种相互之间产生影响、相互作用的过程，才是真正的互动和交流。当然，我们必须看到的是：课堂上的成功互动和交流都源于教师的精心设计，其本质是教师对教学内容的研究和把握、对先进教学理念的深刻理解。例如，在"对四种表示方法进行评价"环节，小组及全班交流前，老师提出了如下要求：

第一，对上面的每一种方法作出评价：好，好在哪里，不足，不足在哪里。

第二，选出你们认为比较好的表示方法。

在学生交流时，教师又适时介入，和学生一起思考，特别是对于学生即时生成的对话，教师能及时调控、参与，与学生共同思考。这些都是没法预设的，是课堂上教师与学生互相作用、互相学习的结果。

2.学习素材：精选、深挖掘、用好用充分

本节课的学习素材，在内容选择、呈现方式和有效运用等方面都给了我们示范和启示。在内容选择上，无论是引入环节的复习题，还是新授环节用于研究的"搭三角形需要多少根小棒"，以及练习环节的所有习题，都经过精心的选择和设计，每一题都恰到好处地从一个角度发挥其促进学生对所学内容理解的功能，综合起来则有效、全面地帮助突破重、难点；在呈现方式上，只采用了"学习纸"和课件两种方式，并且都以最简洁的方式呈现，"学习纸"为 A4 纸一个页面，内容见课例中材料一至三，每生一份，用于学生独立完成。课件更是简约大气，将学习素材以最简约、可视效果最优的方式呈现给学生，除此别无其他形式方面的雕琢。在学习素材的使用方面，尽可能深挖掘，用好用充分。例如：引入环节的素材，在课尾再一次使用，练习中"3y"的多次运用，从具体到抽象，从封闭到开放，层层深入。

【课例二】

《积的变化规律》　薛铮（北京市西城区黄城根小学）[1]

课例呈现：

一、从生活中来

1.一只小熊乘着热气球以同样的速度上升。

教师分别问：小熊飞 2 秒、4 秒、6 秒、8 秒，能飞多高？

---

[1]　中国小学数学教学专业委员会 . 全国第十一届小学数学教学改革观摩交流大会资料汇编 [G].2013：1–2.

【引导学生在具体情境中感悟：速度不变时，上升的高度随着时间的变化而变化。】

二、探索规律

1. 发现规律

观察两组算式，借助学习建议，寻找积的变化规律，并全班交流。

2×6=12　　　5×2=10

10×6=60　　　5×4=20

100×6=600　　　5×12=60

请学生再举一组符合这样规律的算式。

【引导学生从若干组不同的的算式中，自己探索积的变化与谁的变化有关、有什么关系，并把它们表示出来，从而初步感悟积的变化规律，为抽象、概括规律打好基础。】

2. 表达规律

师：请你把发现的规律记录下来。

全班交流不同的记录方式，教师借此整理板书，得到积的变化规律。

【引导学生个性化的表达，使内隐的认识外显化，并在全班交流中，逐渐完善对规律的认识，发展概括、推理能力。】

3. 应用规律

小青蛙"吃"数：吃进的数与嘴里的数相乘，得到"吐"出来的数。

已知：6×□=222

抢答：24×□=？

　　　3×□=？

问：方块里的数不知道，怎么知道结果的呢？

三、到生活中去

1. 回顾学习过程。

引导学生"回头看"，回顾整个学习过程。

2. 借助图，编故事。

隐去热气球的单位名称等，请学生编故事。

【拓展对积的变化规律的认识，感悟"变"与"不变"存在的广泛性，为进一步探索商不变性质等规律积累相关经验。】

【亮点赏析】

1. 很好地诠释了"尊重学生、以生为本"这一理念如何在课堂上落实

"尊重学生，以生为本""学生是学习的主体"等理念，不是一句口号，需要在日常的课堂教学中扎扎实实落实下去，如何落实？薛老师的课给了很好的示范。主要体现在以下方面：

（1）给学生充分表达、交流的机会。

整节课，有深度的交流是两次（这也说明，一节课并不需要过多、过于泛滥的合作交流）：一是"发现规律"环节，对找到的规律进行反馈交流；二是"表达规律"环节的反馈交流。在这两个环节中，交流前，教师均给足时间让学生独立思考；交流时，则给足时间让学生充分表达、比较、互相欣赏、互相评价、不断思考、修正、完善自己对规律的认识。

（2）允许学生用自己的经验，用自己的语言来表述对规律的理解和归纳。

数学学习过程，学生对数学概念、定义、公式、结论等的理解和建构必定是一个由不会到会、由不理解到逐渐理解的

过程。在这一过程中，学生必定经历自己的理解、自己语言的表达到数学地理解、数学语言表达的过程。薛老师的课堂上，学生充分经历了这一过程。

（3）善于等待。

在小组学习、交流中，能给与充足的时间，让每一个学生，充分地表达自己的意见；在全班交流时，有几次都出现学生表达不全面、不准确的情况，教师不是马上让学生坐下，重新找一位学生来回答，而是用等待的眼神、鼓励的话语，给学生自我修正、重新表述的机会，并通过恰当的评价性语言，让全班孩子学会欣赏他人、评价自己、正确认识同学和自我。

2. 课堂互动，交流非常成功

（1）与浙江课例相同的是：课堂上实现了真正的互动、交流。

没有停留在表面的热闹和浅层次的对话，而是真正落到实处。在互动交流过程中，教师通过多方面的努力（教学设计、课堂调控艺术、智慧的对话艺术等），帮助学生不断的完成对接，让学生在对接的过程当中，学会思考、学会倾听、学会评价，从而学会表达、学会对话。

（2）不仅有知识的交流，还有方法、策略的交流，甚至包括人格的、情感的交流。

让学生学会分享，学会接纳，学会反思，学会修正自己，从而促进学生形成良好的学习习惯和学习品质，以及良好的生活态度。应该说，薛老师的这节课，让与会者充分感受到：课堂上，知识只是其中的一方面，更重要的是生命教育。

（3）充分展示学生的思维过程，并巧妙运用学生思维的差异，引导学生互相评价，互相欣赏，在评价中比较、反思、促进学生逐步完善、修正自己的认识和理解。

3."回头看"——方法的引导、经验的积累

每节课的结尾，老师们习惯用"这节课你有什么收获"这样的大问题让学生谈收获和感想，总结全课。大问题看似具有开放性，但也容易让学生不着边际地漫谈或应付式回答。薛老师则用"回头看"的方式，通过课件回放，领着学生一起简单回顾整节课的主要学习过程，在回忆中进一步加深记忆、提炼方法、积累经验。

4.教学目标的表述——规范、准确、具体

> 教学目标：
>
> 探索积的变化规律，尝试用数学语言进行描述，并进行简单运用。
>
> 经历"积的变化规律"的发现、表达和应用的过程，初步获得探索规律的方法和经验，发展概括、推理能力。
>
> 感受探索、运用规律的乐趣。

以上是本节课的教学目标描述，一方面，非常规范、准确地使用了《课标（2011年版）》中用于描述教学目标的行为动词。如："探索、经历、感受"等表述过程性目标的行为动词，"运用"等表述结果性目标的行为动词；另一方面，目标表述非常具体，如第2句对过程、获得的方法、应发展的能力的描述，都有具体明确的要求。

四、追问与反思

【思考一】我们的差距在哪里？

大多数课堂的教学现状是：

1. 知识传授型，且以灌输为主

关注形式大于内容（数学本质）；关注技巧；真正的互动、合作、交流少，学生的主体性几乎为"零"（少有充分体现）；素材、情境多且杂，不能深入挖掘素材的可利用资源；开放不足、思维得不到应有发展。

2. 提问多，问题质量不高

提出问题后等待时间不足；大部分问题是有关事实、回忆或者知识层面的，基于思维、方法的问题较少；简单"碎问"、随意"追问"、反复"强调"的现象较常见。《优质提问教学法》[1]中，有以下两份资料，用此描述我市小数课堂提问，十分恰当。如不信，老师们可以自己任意录一节常态课进行统计。

在 30 分钟内你提出了多少问题？

老师们的估计：15 个　　　　　　录像研究统计：50.6 个

在 30 分钟内学生提出了多少问题？

老师们的估计：10 个　　　　　　录像研究统计：1.8 个

---

[1]　[美]沃尔什，萨特斯.优质提问教学法[M].刘彦，译.北京：中国轻工业出版社，2009.

【思考二】我们需要怎样的公开课（展示课、比赛课）？

通过一节课能引领一类课甚至是一种教学理念，这节课一定是一节好课，它的价值不仅仅在于"课"本身。斯苗儿老师指出：听课评课要"以点带面"，通过一节课推到"一类课"，一个领域，甚至一个学科的核心价值观；而"磨"一节课，则要反过来，要"以面看点"，以学科核心价值观为指导，站在课例所在领域及"一类课"教学的高度进行思考。以上两个课例很好地践行了这一理念，由此，从教学研究的角度，不论是辅导员、学校教研组长亦或上课的教师，都必须清醒认识到这一点，比赛、展示、研讨等活动中呈现的课例，磨课时要牢记"以面看点"，通过一节课引领一类课、一个领域，听课评课时要牢记"以点带面"。

【思考三】教学研究走向何处？除了教师，指导者的理念怎样与时俱进？

身为辅导员、辅导员的我们，工作职责除了服务，更多的是研究、指导、引领！如何引领？引领老师走向何处？斯苗儿老师说：许多技巧不到位是观念在作梗！武汉观课后，我更深刻体会到：很多时候，我们"不是做不到，而是想不到！" 所以首先是要开拓视野，打开眼界：①了解名家、名师，关注他们的文章、书籍，及时阅读；②善捕捉，敏锐、迅速接受新信息、新理念。其次是要养成勤思考的习惯，提高批判性思考的能力。对于任何理念和现象，学会辩证地分析、选择。需要特别注意的是，一切思考的起点都应该是：是否有利于学生的发展，特别是有利于学生未来的发展、终身的发展。

翻转什么　坚守什么

——"翻转课堂"教学模式观察与思考

近几年，随着技术的日新月异，教育领域的变革也如火如荼。"慕课""微课""翻转课堂"等名词时常出现在我们的工作中，似乎已耳熟能详。但是，不管它热度如何高，对于大多数一线教师而言，"慕课""翻转课堂"总归还是个"新事物"。对于这样一个"新事物"，我们应该有怎样的态度，又应该如何在教学实践中做出应有的尝试和探索，做好"理论的实践性解读"呢？

马云曾说："很多人输就输在，对于新兴事物：第一是看不见，第二是看不起，第三是看不懂，第四是来不及。"那么，对于"翻转课堂"这一新事物，我们如何做到"看得见、看得懂、赶得早"呢？

一、看得懂——翻转课堂：是什么、实施现状、存在问题

1."翻转课堂"是什么

相信很多老师都看过《终于把"翻转课堂""微课"和"慕课"说明白了》。这篇文章的确将三者说得非常清楚。所谓"微课"，简单地说即数字环境的微型教学视频，可以是知识点，也可以是微主题。具备微型、简要、便于网络传输和移动，适合学生视觉学习、适合自学等特点。

慕课（MOOC）：指大型开放式网络课程。MOOC(Massive Open Online Courses)，"M"代表Massive(大规模)，"O"代表Open(开放)，第三个字母"O"代表Online(在线)，"C"代表Course，就是课程的意思。

翻转课堂：一种教学模式。一般而言，教学过程通常包括知识传授和知识内化两个阶段。传统课堂是通过教师在课堂中的讲授完成知识传授，知识内化和巩固则留在课后，通过作业、操作或者实践完成；翻转课堂则通过借助信息技术的辅助，在课前让学生完成知识传授，即学生借助教师制作好的微课，在课前完成知识的学习，课堂上，则主要采用讨论、辨析等方式，促进知识的内化。因此，翻转课堂的基本内涵是基于教学流程变革过程中所带来的知识传授的提前和知识内化的优化。

三者之间，如果用一句话概括，则可以这样理解：翻转课堂是一种教学方式（模式）；微课是一种教学（学习）资源（视频资源）；慕课是一种课程。

2. "翻转课堂"教学现状、误区及问题分析

目前，一提起翻转课堂，大家在认识上经常会有一些误区，最典型的就是将其理解为视频和Ipad的代名词。因此，很多老师表示：我们无法开展"翻转课堂"教学，因为学生没有Ipad。其实，Ipad真的是翻转课堂的必需品吗？我们是否将"翻转课堂"理解为"平板教学"了呢？二者之间有着本质的区别，翻转课堂是一种教学模式，平板教学是一种教学技术。

就这一点而言，我们可以进一步自问："翻转课堂"真的是"新事物"吗？如果按照以上关于"翻转课堂"的解释，个人以为："翻转课堂"的本质就是"先学后教"，只是"先学"的手段和方式稍有不同，由以前的通过看书或导学案完成先学变成了看视频（微课）先学。如果明白这一点，我们就不难发现，邱学华的"尝试教学法"，杨思中学、杜郎口中学、昌乐二中的"先学后教""导学稿""导学案"等都与"翻转课堂"有共同的特征。

除以上认识偏差外，在目前"翻转课堂"实验过程中，还存在以下较突出的问题：

①新瓶装旧酒。即"微课＋传统课堂"，虽然让学生课前先学了，但课堂上仍采用传统课堂教学模式，将知识重新再讲一遍。不仅没有达到"翻转课堂"的要求，连传统课堂的效率都打了折扣。

②无教师指导下的课堂学习。"翻转课堂"教学模式"课堂教学"部分是知识的内化，实现的方式是课堂的互相交流、碰撞，从学生的先学差异中逐步实现对知识的理解和掌握。小组学习、课堂汇报、交流等环节，教师的组织与引导十分重要。就目前观察，大多数课堂要么仍走传统课堂的老路——教师控制课堂的一切，要么放任自流——脚踩西瓜皮滑到哪算哪。

究其原因，主要由以下因素造成：

①教师专业素养达不到。翻转课堂对教师素质有更高的要求，需要教师具备良好的学科本体性知识、学生学习特点分析能力及较强的课堂应变能力。特别是对学科教学及学科知识本质的深刻理解和把握。

②备课难度加大，需要教师投入更多的时间和精力。翻转课堂教学模式，备课时，教师不仅需要完成传统课堂备课所需完成的所有任务，还要考虑微课的设计、制作或选择，自学任务单的设计等，课堂教学环节的设计也需要作出更多种预设，设计更多与之相应的应变策略，这些无疑比传统教学模式备课更具挑战性，需要教师投入更多的时间和精力。

③课堂管理难度增加，对教师是一大挑战。翻转课堂教学模式，课堂教学主要是实现知识的内化，是在学生对所学知识有所了解的基础上开展的教学，课堂学习更多是互动、合作、交流、辨析等。课堂组织调控、课堂设问引导等都需要教师具备较强的应变能力和调控能力。

④学生自主学习的意识和能力跟不上。翻转课堂教学模式要求学生能主动学习，善于倾听，善于提问，而我们的大多数学生学习主动性并不强，不擅于倾听、提问和思考，以至于课堂讨论交流无法深入，没有真正的互动，也就无法实现知识的内化。

⑤大班额以及优质资源的缺乏，也制约着翻转课堂教学模式的开展。大班额，教师无法关注到每一个学生，也无法做到让每一组、每一个学生都能充分展示、交流、辩论。

二、赶得早——"翻转课堂"实施建议

实施翻转课堂教学模式，我们首先需要弄清楚翻转课堂的本质，在把握本质的基础上，明白需要翻转的是什么？需要坚守的又是什么？

1. 把握"翻转课堂"的关键要素

翻转课堂的'课前传授 + 课上内化'的教学形式与传统教学过程正好相反，这是大多数人的直观理解。我们往往忽视了翻转课堂的两个关键点：

第一，课外真正做到了深入的学习。

第二，高效利用课堂时间进行学习经验的交流与观点的相互碰撞，深化学生的认知。

这两个关键点，实质上是双"主"思想——"教师主导"与"学生主体"相结合。即把传统教与学方式的优势和网络数字化教与学方式的优势结合起来，既要发挥教师启发、引导、监控教学过程的主导作用，又要充分体现学生作为学习过程主体的主动性、积极性与创造性。

因此，高效的翻转，教师不应在课堂上重新讲授课前自主学习资料中的内容，换句话说，教师不在课上重复讲授本该学生课前自主学

习的内容。但是，课前的自主学习与课堂教学的关联性又是极大的，翻转课堂中教师需要发现学生自主学习环节出现的集中问题，并在课堂知识内化阶段主要解决这些问题。因此，真正的翻转课堂，课上的主体是学生，教师需要根据学生课前自主学习的反馈结果总结出其中的问题，将这些问题拿到课堂上进行解决，并在此基础上，开展更深层次的知识内化的活动。

2. 弄清"翻转什么、坚守什么"

了解了"翻转课堂"教学模式的特点，把握了"翻转课堂"的关键要素，我们也就能弄清楚"翻转课堂"实际上需要翻转的是什么，需要坚守的又是什么。

（1）翻转什么

直观感受：翻转了教学程序。

本质上：①翻转学生观和学习观，即我们必须认识到：个性化学习、自主学习、主动学习已不再是教育的口号，需要真切地落实到课堂教学中。②翻转资源观，一方面，必须意识到教学资源的丰富、多样、网络化、互动性等特点，另一方面，要明白：如今学生获得资源的途径多样且速度非常快捷，教师不再是知识的唯一传授者，我们要善于用好这些优势。③翻转教师观，即教师的工作更具挑战性。课前学习任务单的设计、教学活动的框架设计、教学过程的组织推进、问题解决过程中的参与指点等，对教师自身能力和专业素养都是一种挑战。

（2）坚守什么

无论翻转课堂教学模式，还是传统课堂教学模式，亦或其他任何教学模式，以下几点是必须坚守的：

①坚守"以人为本"的教育。教育的一切出发点都是为了促进学

生个体更好地发展。心中有学生，尊重每个个体，关注学生的个性化学习，设计符合每个个体学习、成长所需要的教育教学活动等是任何教学模式都需坚守的。

②坚守教学的关键要素。"翻转课堂"虽更多地运用了信息技术，技术也切实帮助其更好地实现了"翻转"。但我们不能唯技术论，始终要清楚：技术是手段、教育教学是核心。特别是学科教学，学科知识点的理解和掌握、学科能力的培养等都不能忽视，切忌"捡了芝麻丢了西瓜"，把技术凌驾于学科教学之上。

③坚守学科教学及对数学知识本质把握的研究。这是从数学学科来讲，无论翻转课堂模式，还是传统课堂教学模式，目前而言，把握数学知识本质，提高课堂教学质量是关键。因此，加强对教材、学科知识本质把握的研究，怎么强调都不为过。

3. "翻转课堂"实施建议

（1）课前先学如何让学习真正发生

课前先学的关键要素：微课＋学习任务单。具体要求：清晰地讲授；任务驱动；有自己的思考和探索尝试。

课前先学内容的设计：不是将该节课所有内容提前学，微课也不是一节课内容的浓缩；必须有所选择，考虑哪些内容适合学生先学，学生能通过先学达成一定的认知和理解，或对该问题能有自己的思考。

关于"微课"：不一定自己制作，可以下载修改完善，但是选择能力很重要。无论选择或制作，均需注意以下问题：

①充分考虑时长、难易度、互动性、思考性、层次性；

②关键点要给学生提供提示性信息（例如：用颜色线标识，屏幕侧边列出关键词，用符号图形标注等）；

③增强互动性，在适当位置提醒学生暂停，或者后续活动的提示

等，便于学生看微课时转入相关学习活动。

④应有恰当的提问，促进学生思考。

⑤微课结束时建议有简短的总结，概括要点，帮助学生梳理思路，强调重点和难点。

⑥声音和字幕结合。字幕只须呈现关键词语，切忌满屏或每句话都写，会增加学生的阅读负荷。

关于"先学任务单"：

①量：适中，预估学生完成先学需要多长时间？一般而言，不宜超过 15 分钟；

②质：从内容上讲，尽量减少低水平填空式内容，围绕核心知识点设计关键问题，适当增加操作、探究等内容；注意任务的层次性和思维的逻辑关系。

案例："倒数的认识"先学任务单

"倒数的认识"先学单

A. 什么是倒数？请举例说明。

B. 倒数是指一个数吗？

C. 怎样求一个数的倒数？

D. 所有的数都有倒数吗？为什么？

（2）课上如何有效促进知识内化

首先，教师需要准确掌握课前先学情况。即学生先学效果如何、存在的问题是什么，有哪些困惑，这是确定课堂教学教什么和如何教的关键点。

其次，根据学生先学情况，对预设的教学流程和设计作出相应调整，针对学生实际学习效果，选择关键内容，设计有层次的教学活动，组织学生汇报、讨论、交流，在辩论中完成知识建构和内化。切忌仍采用传统教学模式——教师讲、学生听。"翻转课堂"教学模式中，课堂教学环节一定是学生有意义地建构知识，这种建构需要学生自己完成。

当然，培养学生合作学习、有效对话的能力及问题意识非常重要。

（3）"翻转课堂"中教师应扮演的角色

正因为如此，"翻转课堂"教学模式中，教师扮演的是组织者、引导者、合作者的角色。相当于"爸爸去哪儿"节目中的村长。既要熟悉整个活动，又要参与其中，还能及时调控，将活动的节奏掌握好。

理清·练活·评准

——小学数学复习教学建议

小学数学复习教学，离不开以下四件事：理、练、评、测。

一、复习教学中的"理"

1. "理"的含义

根据百度词条，"理"的含义有很多，复习教学中的"理"应取"疏理、整理"之意。整理：整顿使有条理、有秩序；疏理：阐明义理、分辨事理。目前的复习教学，大多侧重于"整理"，"疏理"之意则较少。

2. "理"的目的

复习教学的"理"，主要有以下目的：①将旧知识点按一定标准分类，使之条理化、系统化，形成一定的知识网络，有利于学生整体理解和把握。②"理"清思路、关系、义理等，即将有关联的知识点联接起来，也就是求同，或把相近知识点分化开来，即求异。③教给学生"理"的方法，使之学会"理"。④帮助学生形成"理"的习惯，使之能自觉、及时对所学进行疏理、整理。

3. "理"的教学现状

就本区域而言，复习教学中的"理"有以下几种现象：①不"理"或"以练代理"。在大部分教师的观念中，"复习 = 做题"，复习教学的课堂也就演变为一题接一题的做、讲、评。②教师"理"。即教师包办，学生附和或被动接受。这是教师"好心 + 不放心"的典型表现。③"理"不到位。把"理"简单理解为所学知识点的简单回顾和罗列，没有帮助学生建立联系、形成系统，没有通过对比区别异同、明晰概念，也就是"疏"的目的还没达到。④不注重教给学生"理"的方法、培养学生自觉"理"的意识和习惯。

4."理"的教学要求

（1）全、清、类

"全"即全面，不能遗漏复习范围所涉及的知识点。"清"指知识结构清晰，形成系统。"类"即"分类"，主要针对期末和六年级总复习，因为涉及的知识点比较多，分类才能更清晰，因此。"类"是保证"清"的前提。

那么，如何做到"全、清、类"呢？

第一，复习前，教师要自我整理、列出所有知识点。整理方式可以是表格或其他（建议用表格），要求：①单元复习时要细致到练习题涉及的知识点，因为单元整理是期末和六年级总复习的基础和保障；②先独立整理，再在同年级组内互相交流；③每册教材整理后建立教研组资源库，再次使用时只需进一步修改完善。需特别强调的是：教师自己必须经历整理的过程，这一过程不仅有利于复习教学，也有利于教师对所教内容的进一步理解和反思，有利于教师自身熟悉教学内容的体系结构，它是一个教学相长的过程；此外，如果在备课或学期初完成，效果会比复习时完成更好。

第二，做好复习计划（主要指期末总复习，单元整理与复习一般只有1—2课时），将整理后的表格，按课时进行内容划分。

第三，做好教学设计，根据学生实际情况，选择合适的"理"的方式、大致安排"理"的时间。

（2）培养"理"的意识和习惯

很多教师抱怨：学生从来都不主动复习。我们是否思考：教学中，是否有针对性地培养了学生复习的意识和习惯？在目前的复习课堂上，无论哪个年级的复习课，都是千篇一律地由老师安排学生整理，大多是课堂开始才整理，极少看到学生课前整理，更别说课前主动整理。听课多了，我总在想：六年级的复习课与一年级、四年级、五年级的复习课应该有什么不同？学生复习习惯该怎样培养？教学的整体性和循序渐进性如何体现？

有了以上追问，想必大家都认识到：学生复习的意识和习惯的培养应该从一年级开始，应该是每个年级的老师共有的责任。只是，不同年级，应采用不同的要求和教学策略。例如：一年级，可以由老师带着学生在课堂完成整理，当学生掌握一些简单整理的方法后，可以慢慢放手，试着布置一次课前回家整理；二年级则采用半扶半放，课前整理逐渐加强，但是对学生自己整理的结果要求不必过高，重在让学生逐步养成一种意识，随着年级的升高，逐步安排更多的课前自我整理，要求也逐步提高。这样，到了五六年级，学生才会主动复习，初中老师也不至于抱怨小学老师没有让学生养成良好的学习习惯。

（3）教会"理"的方法

对于学生的主动复习，不单单是意识和习惯的培养，更为重要的是教给学生整理和复习的方法。有一个观点非常值得我们思考：学生的自主学习绝不是自发形成的。让学生自主学习首先要使学生学会自主学习，一个不会思、不会学、习惯于让老师牵着走的学生，即使给他时间，给他机会，他也做不了学习的主人。复习同样如此，不教给学生复习整理的方法，学生是不可能主动复习的。

复习的方法有很多，但最根本的方法是："回忆—整理—对照（课本）—完善"，或"阅读课本—逐一整理—形成图表"。相比较而言，前一种方法更有价值，因为在自我回忆整理的过程中，学生实际上完成了一次自我检查，加深了对所学内容的记忆，再与课本对照时，则有一个自我修正的过程，能再一次加深认识和记忆，复习的效果也就更好。但不管采用哪种方式复习，总离不开"理"这一步，"理"的方式有：表格、图画、框架、提纲、手抄报、数学日记等。一般而言，低年级宜采用有趣、简单的整理方法，如：画图、简单的表格、提纲等，高年级则宜采用更数学化、更抽象的方式，如：表格、框架图等。

最后，需再一次强调的是：①牢记"理"的主体是学生；②教给学生具体的复习整理的方法；③培养学生复习的意识和习惯；④"让学生学会主动整理和复习"是一个长期的过程，需要坚持不懈、不断培养，需要各个年级老师的共同努力。

二、复习教学中的"练"

复习课中的练习与新授课中的练习有明显的不同。新授课中的练习，一般针对单一的知识点，而复习课，一般涉及一个单元、或某一个版块的知识，内容覆盖更广。因此，练习所涉及的知识点更多，综合性也更强，对题目的选择、练习的方式都有更高的要求。

1. 习题的选择

（1）基础性

复习首先是检查学生对最基础、最重要的知识的掌握程度。习题的选择，首先必须保证基础题的量。基础题一般都是指对概念的理解、公式的直接运用以及基础的计算等。

（2）针对性

不论基础题还是综合题，都要针对教学的重、难点，针对学生学习的薄弱点，针对作业中的易错点。建议平时注意收集学生的典型错例，教研组可以开展相关课题研究。如：上海一小学开展了"学生作业档案管理与应用研究"。

（3）开放性

开放性习题，有利于培养学生思维的灵活性、创新性和批判性，是课程改革以来一直倡导的重要理念，而现实情况是学生解答开放性题目的能力较弱。例如：以下是教材例题（修订版教材在练习中出现）（图71），也是一道基础性题目，只是有一个多余条件，严格来说算不上开放题。但在毕业考查中出现，学生出错率较高。

---

2. 一杯约250 mL的鲜牛奶大约含有 $\frac{3}{10}$ g的钙质，占一个成年人一天所需钙质的 $\frac{3}{8}$。一个成年人一天大约需要多少钙质？

图71

开放题分为条件开放，答案开放、解答策略开放等。在教材中较多，复习时还需要一定的补充。

（4）综合性

综合性习题一方面是考查的需要，因为一张试卷，要尽可能全面考查一个学期甚至整个小学阶段的知识，版面有限，必须把知识联接起来，以最少的题目达到全面检测（复习巩固）的效果。当然，更为重要的原因是培养学生能力的需要：综合性习题（如图72），可以引导学生学会分析、学会筛选、学会思考、学会整合，最终达到综合运用知识解决问题的能力。

---

29. 观察下图，并解答下面各题。

（1）如果用整个圆表示整体，用哪部分扇形表示整体的25%？

答：＿＿＿＿＿＿＿。

（2）如果用整个圆表示有小学学生总人数（共1300人）。扇形B表示一至三年级学生人数。育才小学一至三年级共有学生多少人？

（续图）

（3）如果用整个圆表示六年级学生总人数。扇形 A 表示喜欢打网球的

人数，扇形 B 表示喜欢踢足球的人数。已知六年级喜欢打网球的有 65 人，喜

欢踢足球的有多少人？

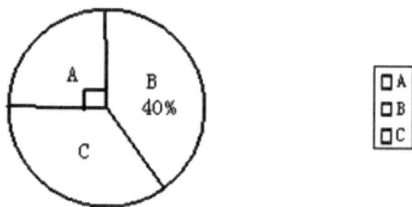

图 72

30.如图是一个长方形（图上所标数据是从里面测量所得），请仔细观察，

并解答下面各题。

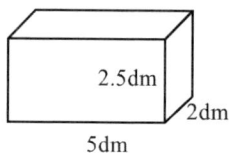

（1）长方形"上面"的面积是（　　）dm^2；"左面"的面积是（　　）

dm^2。

（2）如果将这个长方体注满水，一共可以装水多少升？

图 73

2. 习题的来源

复习课的习题，一部分来自教材"整理与复习"或"总复习"中

的习题。但仅仅完成课本习题，显然是不够的，需要适当补充。补充

的习题主要从以下几方面进行开发：①学生平时的典型错例。因此，有经验的老师都会有意识地搜集学生的典型错题；②课本习题的再加工；③网络或购买的各类教辅、"习题集"中搜集，这需要老师有辨别的眼光和能力。

在习题的来源中，需特别强调的是：教材为主，教辅为辅。

对于教材习题的加工，我们应该有以下思考：

①用好教材，准确把握教材的编写意图，在教学中力求还原教材编写的本意，深入感悟教材资源，实现教材自身价值的最大化。

②用活教材，以教材作为原型和范例，在依托和尊重教材的基础上，根据实际需要对教材进行适度的拓展和延伸，挖掘教材资源的深层价值，最大限度地发挥教材的功能。

③活用教材，读懂学生、读懂教材，寻求学生认知规律与教材编写意图之间的契合，对教材科学合理地整合、重组和超越。

例如：以下是人教实验版教材六年级下册"比例"单元中的一道习题。

3．判断每组表中的两种量成正比例还是成反比例。

(1)

每组人数	4	6	8	12
组　数	12	8	6	4

(2)

正方形的边长 /cm	1	2	3	4
正方形的周长 /cm	4	8	12	16

图 74

用好教材：判断每组表中的两个量成正比例还是成反比例？并说一说你是怎样判断的。

用活教材：根据表（1）算一算，如果分成 2 个组，每组多少人？

活用教材：如果将表（2）中的两个量改为"正方形的边长"和"正方形的面积"，还成反比例吗？请列表阐述理由。

三、复习教学中的"评"

1."评"的分类

"评"即讲解、评价，在复习教学中，"评"主要包括：练习前的分析性讲评、练习后的反馈性讲评、测试后的试卷讲评。

2."评"的作用

通过"评"，可以了解学生知识掌握情况（复习效果），可以帮助做错的学生理清思路、纠正错误、可以深化认识、加深理解，还可以总结经验、提升方法以及培养学生反思、概括能力。

3."评"的方式

自评或互评：简单的习题，出示正确答案、让学生自己与之对照，或同桌交换评改（要求：学生人手一支红笔，随评随改）。

师生共评：易错题、易混题、综合题等需要对比、总结、深化认识、引起关注的习题，宜采用全班反馈、师生共评的方式，通过互相交流，加深理解，明晰要点和方法。

4."评"的教学现状

日常教学中，无论哪种"评"，大多数都按照"公布正确答案—对答案—改正"这样的流程进行。"公布答案"一般由教师分析讲解并板演或由优生分析、板演，"对答案"时，只追求答案对不对，不追问对错背后的原因，甚至忘记给学生改正的时间。

5."评"的教学要求

只讲答案的"评",是最省力、最省时、但也是效果最差的一种"评"的方法。

"评"的时候,要注意讲评题意、思路和方法:让学生了解解答过程,学会审题、解题、辩题等技巧;还要注意讲联系,举一反三:从一道题到一类题,从一个知识点到整个知识网。

"对答案"时,要分析出错原因,并注意举一反三(如引出相关联、对比性的知识点或题组),特别要重视解题策略和方法的提炼、总结和强化。

练习后和测试后的"讲评",要留足时间,留给学生机会(特别是出错的学生),让学生展示解答的思维过程,了解学生的真实思维。从而找准学生答题出现失误的"关键"点,透彻分析。

"改正"环节,要留给学生矫正补偿的时机,并要求学生养成及时改错的习惯,时间允许的情况下,设置针对性练习或小测试。

试卷讲评课一般以下列内容作为讲评重点:

①全班出错率高、得分率低的题目及相对应的知识点;

②具有典型性、针对性和综合性的题目;

③在以往的教学中已多次接触,多次矫正,但学生仍未掌握的难点;

④关系到后继学习的重点知识,重要技能;

⑤平时教学中疏忽的"教学盲区";

⑥学生卷面上独到见解的题及解答思路。

四、复习教学中的"测"

1."测"的分类

①复习前"测"——摸底、了解掌握情况、准确把握学生学习中

存在的问题；

②课堂小"测"——了解学生对本节课复习的内容的掌握情况；

③复习后"测"——对某一阶段复习或某一板块知识复习后的检测，把握复习效果及存在问题。

2. "测"的注意事项

①测验次数不宜过多、过于频繁、不能单纯以"测"代"复"。

②测试题要精心选择，依据不同目的选择题目。一般而言，应适当设置综合性题目。

五、注意做好"学困生"的辅导

复习教学中，每位教师均要面临学困生的辅导。这是一项长期、艰巨的工作。没有特别有章可循、一劳永逸的有效方法。在此，提两点建议，希望对大家有启发：

一是辅导之前要找准引起"学困"的原因，不要盲目归结为"懒、不爱学习、不认真、不做作业"等表象因素。只有归因正确，方能对症下药，进行针对性的辅导，归因要具体、要从学习的角度分析、要把握自身能控制和改变的因素。

二是尝试"辅导前置"。一直以来，大家习惯"今天补昨天的学习内容、明天补今天的学习内容"，是否考虑：今天补明天的学习内容、明天补后天的学习内容。提前辅导，有助于课堂上建立学习信心，也有助于课堂学习效率的提高。当然，在实施前置辅导之后，应尽量保证其不落下当天所学知识点，那么，辅导一段时间之后，也就能逐渐消除学困生，至少能缩小差距，不至于越来越差。当然，"辅导前置"只是本人的一个思考，需要大家实践验证。希望老师们在实践中总结出更有效的经验和方法。

系统构建知识网络　促进空间观念发展 [1]
——"图形与几何"总复习教学建议

复习教学是一个老话题。有老师感叹：复习年年有，年年复习苦！的确，复习教学中有许多值得研究和探讨的话题。下面，就"图形与几何"领域总复习教学，谈三点个人的思考和建议。

一、整体构建"图形与几何"领域知识网

复习的目的之一是帮助学生构建知识网。众多关于复习教学的文章及各版本教材的编写都十分强调"构建网络、形成系统"。遗憾的是：大多都仅从独立的一节课出发，做局部构建，缺乏对整个领域的系统梳理。这就造成：学生经过六年的学习，对小学阶段"数与代数""图形与几何""统计与概率"几大领域究竟学习了哪些知识仍没有整体的认识。因此，个人以为，在总复习阶段，每个领域的第一课时应用于整个领域知识网的建构。就"图形与几何"而言，总复习的第一课时应该帮助学生建构起以下知识网络（图75）。

---

[1]　本文发表于《小学教学·数学版》2017年第2期.

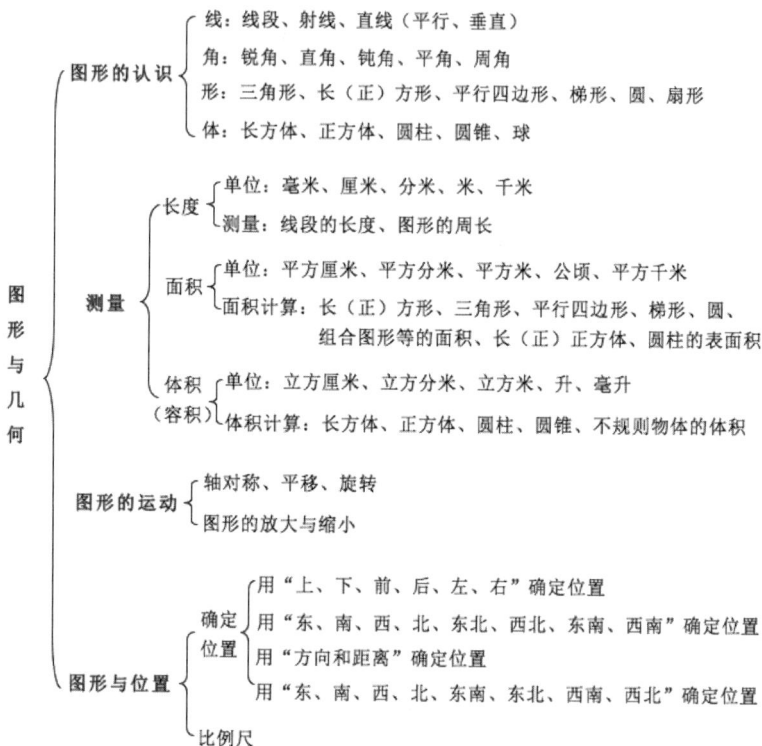

图 75

需要说明的是：

①整个内容领域知识网的建构不宜过细，主要是梳理核心知识和基本概念，关键是形成系统，建立整体认知。

②在整体建构基础上，后续每节课的复习可根据需要截取其中一部分进行细化。

③呈现的方式可以多样，以上只是其中一种。

④整体建构可以安排在每个领域总复习的第一课时，也可安排在最后一课时，即采用"总—分"或"分—总"的方式，个人倾向于"总—

分"方式。

关于复习课中的知识梳理，提出一个问题与读者探讨：即小学阶段如何系统规划、逐步培养学生整理与复习的能力，让学生获得应有的整理与复习的方法，养成自觉复习的习惯？阅读过诸多关于六年级复习教学的文章，大多都提到如何帮助、引导学生梳理知识，形成网络，其中一篇六年级总复习的文章中甚至有这样一句话——"这是一些没有任何复习经验的孩子"。读至此，我很诧异：六年来，难道学生没上过复习课？为什么会"没有任何复习经验"？以上现象说明：

①我们总习惯于就每一节课做孤立的思考，不善于用整体视角去审视和反思具体课例和教学行为。

②复习意识的养成、复习习惯的培养、复习方法的指导在小学复习教学中重视程度远远不够，学生没有得到应有的发展。

以"图形与几何"总复习为例，这一领域的复习是在学生经历了小学阶段六年数学学习，并在"数与代数"总复习基础上，进入的第二个领域的复习。六年来，学生经历了若干个单元整理与复习、11 个期末整理与复习，理论上分析，学生应该能够主动、独立完成知识梳理、构建知识网络。可现实情况如何？我想：一线教师应该深有感触。以上现象值得深入反思和研究！

二、有效运用现代技术，准确把握复习点

"查漏补缺"是复习教学另一重要功能。只有明晰学生的"漏"和"缺"在哪，才能有针对性地设计复习内容，从而提高复习效果。如何查"漏"和"缺"，方式有多种，如：基于学生平时的学习表现，特别是典型错例的收集；基于教师多年的教学经验等。"互联网＋"时代，可以借助技术手段，更精准地把握学生的"漏"和"缺"。如：利用问卷星、微信等工具或教育服务平台中的专用软件，提前发布

复习习题，对学生完成情况做详细的统计，基于数据准确确定学生对所学内容掌握情况，然后依学情设计复习内容，确定复习程序，选择复习策略。例如：有教师在复习"长方体和正方体的表面积和体积"一课时，课前设计了以下"检测单"，用于检测学生学情。

1. 一个长方体的长 9cm，宽 4cm，高 5cm，计算表面积的正确列式是（　　）。

　　A．(9+4+5)×4

　　B．（9×4+9×5+4×5）×6

　　C．9×4×5

　　D．（9×4+9×5+4×5）×2

2. 一个正方体的棱长是 4dm，它的体积是（　　）dm³。

A．16　　　B．48　　　C．64　　　D．96

3. 给一个棱长 2dm 的正方体包装盒的四周都贴上商标，贴商标的面积是（　　）dm²。

A．8　　　B．16　　　C．20　　　D．24

4. 下面（　　）问题与体积有关？

A．包装一份生日礼物需要多少彩纸？

B．一个玻璃球沉入装满水的杯子中，溢出多少水？

C．油漆大厅里的柱子，需要多少油漆？

D．给一个玻璃柜台各边装上角铁，需要多少角铁？

5. 把三个棱长 2cm 的正方体木块拼成一个长方体，表面积是（　　）。

A．24　　　B．72　　　C．28　　　D．56

通过统计每题的正确率，发现 1—3 题正确率均在 90% 以上，第 4 题为 81%，第五题为 63%。同时，对每道题出错的学生逐一进行统计和归因分析。基于以上数据，确定课堂复习内容、侧重点、对第 5 题做了题组设计，同时确定了针对每个复习点提问和个性化辅导的学生名单。这样的复习，有的放矢，针对性更强，效果更好！

三、注重基础，发展空间想象力

（一）落实基础、突出核心知识

总复习阶段，老师们容易出现以下两种倾向：一是搜集各类习题，恨不能把所有"好题"全给学生做一遍。二是忽视基础，偏向于让学生完成更多综合性强、思维难度大的习题。殊不知，学生如果没有巩固核心概念、掌握基础知识，一味做题，只会事半功倍。就"图形与几何"领域总复习而言，如何做到既落实基础，又适当综合提升？

1. 先梳理，再练习

梳理不仅仅是构建知识网，形成系统。梳理可以帮助学生唤醒记忆、巩固所学，对基本概念、核心知识进一步熟悉和掌握。

2. 基础性习题不可少

对于中下生而言，总复习是一次学习"补救"的机会。从某种程度上说，总复习更多是为这些孩子教学的。对他们而言，复习相当于"新知"学习，基础更为必要。当然，练的方式、时机可多元化选择，以更好地适应不同层次学生的复习需求。

3. 运用题组，兼顾基础和综合

题组一：

如图，一个圆柱体容器，底面半径为 5 厘米、高 20 厘米，里面水深 15 厘米。

（1）如果全部装满水，能装多少毫升？

（2）容器与水的接触部分的面积是多少平方厘米？

图 76

此题第（1）小题为基础题，考察学生对容积的理解及圆柱体积公式的基本运用；第（2）小题则有适当综合与提升，要求学生具备阅读理解、选择有用信息、计算圆柱侧面积、底面积等相关能力和知识基础。

题组二：

右图是直角梯形 ABCD，请根据图中信息解答下面各题。

（1）这个直角梯形的面积是多少平方厘米？

（2）如果以 AB 边为轴旋转一周，得到一个立体图形，这个立体图形的体积是多少立方厘米？

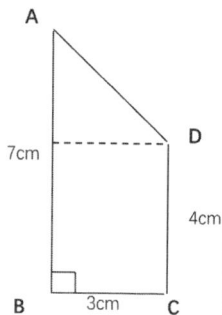

图 77

此题第（1）小题是梯形公式的直接运用，是基础题；第（2）小题则涉及空间想象、圆柱、圆锥体积的计算，难度和综合性都比较强。

（二）关注核心素养，发展空间想象力

国家基础教育质量监测项目对数学学业测评主要考察五个指标：运算能力、空间想象力、数据分析能力、推理能力、解决问题能力。"图形与几何"领域教学，空间观念的培养是核心目标，而空间观念的核心要素就是空间想象力。

空间想象力主要包括三个方面：①能根据空间几何形体或根据表述几何形体的语言、符号，在大脑中展现出相应的空间几何图形，并能正确想象其直观图。②能根据直观图，在大脑中展现出直观图表现的几何形体及其组成部分的形状、位置关系和数量关系。③能对头脑中已有的空间几何形体进行分解、组合，产生新的空间几何形体，并正确分析其位置关系和数量关系。

小学阶段，学生空间想象力主要体现在以下几方面：

1. 二维与三维的转化

（1）平面到立体

主要有两种类型：

一是展开图与立体图的对应关系，有以下两个层次。

①给出一个展开图，判断是否能折成相应立体图形（图78）；

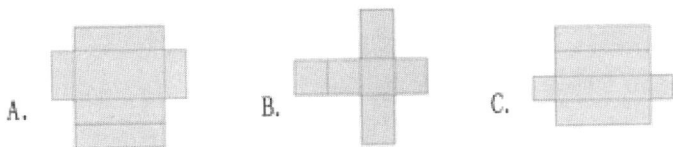

下面的展开图能围成长方体或正方体的是（　　　）。

A.　　　B.　　　C.

图78

②展开图与立体图各要素（面、线等）的对应（图 79）。

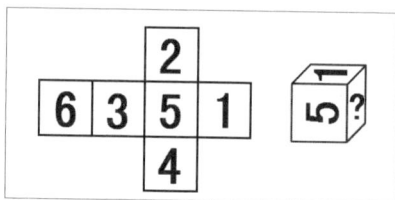

图 79

二是判断平面图形以一边为轴旋转 360° 所形成的立体图形（图 80）连线。

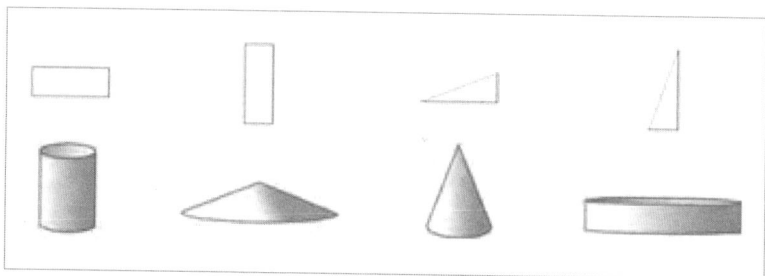

图 80

（2）立体到平面

主要包括：求长（正）方体、圆柱的表面积；求长（正）方体某个（或几个）面的面积；立体图形截面面积等。其中，求某个（或几个）面的面积对学生的空间想象能力要求最高，因为求所有面的面积时，学生通过套用公式可求得结果。但某个（或几个）面的面积，则需要建立准确的对应关系。如下题（图 81），不仅需要学生明晰要求的是哪几个面的面积，还需要将每个面的长与宽与长方体的长、宽、高相关数据建立对应关系，才能准确列式计算。如果没有右面的图形，只有文字描述，则对学生的空间想象要求更高。其对应的是"在大脑中展现出直观图表现的几何形体及其组成部分的形状、位置关系和数量关系"的空间想象能力。

> 一个长方体饼干盒，长 17 厘米，宽 11 厘米，高 22 厘米。如果在它的侧面贴满一圈包装纸（如右图），包装纸的面积至少有多少平方厘米？

图 81

2. 图形的运动。主要是图形的平移、旋转、轴对称

总复习阶段，要注意从以上几方面，进一步发展学生的空间想象力。除以上列举的习题外，还可设置以下习题促进学生空间想象力的发展。

（1）一个直角梯形，上底 4cm，下底 8cm，高 5cm，如果以它的一条直角边为轴，旋转一周，将形成一个立体图形，求这个立体图形的体积。

【分析】此题具有开放性，以不同的直角边为轴旋转后所形成的立体图形不一样。学生不仅要根据表述的语言在头脑中想象出直角梯形，更要在头脑中想象旋转后形成的立体图形的直观图，并准确建立各部分对应关系和数量关系，才能准确解答。

（2）请你制作一个无盖圆柱形水桶，有以下几种型号的铁皮可供搭配选择。

①你选择的材料是（　　）号和（　　）号。

②你选择的材料制作的水桶，容积是多少？

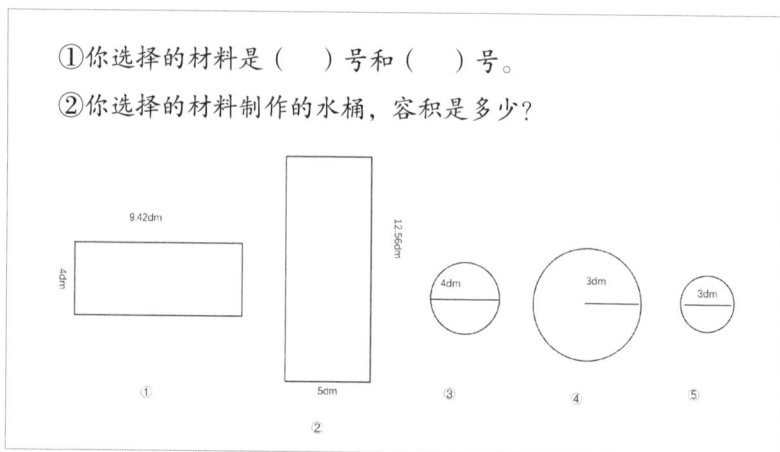

图82

【分析】此题同样是一道开放题，答案开放，且有干扰信息。同时，需要学生将圆柱与其展开图，以及展开图各部分（侧面与底面）的形状、位置关系、数量关系——一对应，对学生空间想象力要求较高。

　　以上案例，旨在说明总复习阶段要重视学生空间想象力的发展。空间想象力不是一日之功，需要经常训练、不断积累。六年级学生即将进入初中学习，中学数学对学生空间想象力要求更高，我们应该着眼于学生未来学习的需要开展总复习教学。

明要求　固方法　发展数据分析观念

——"统计与概率"总复习教学建议

"统计与概率"是小学数学四大内容领域之一，下面就此部分内容的总复习提几点建议。

一、明确要求

总复习时，教师需要先明确小学阶段"统计与概率"领域具体的变化。整体变化如下：难度降低，内容后移。"难度降低"体现在：在统计量方面，只要求体会平均数的意义；在概率的学习上只要求学生体会随机现象，并能对随机现象发生的可能性大小做定性描述。"内容后移"体现在：平均数、条形统计图、不确定现象全部由第一学段移至第二学段；中位数、众数、用分数表示概率的大小等内容移至第三学段。复习前，教师应对所用教材的相关内容进行梳理，明确所学内容及其具体编排。

"统计与概率"这部分内容，虽然知识点少，但在生活中有广泛应用。在总复习阶段，我们除了要帮助学生形成完整的认知结构，巩固所学的知识与技能，还应将复习定位在数据分析观念的进一步形成与发展上，以提高学生"统计与概率"的基本素养。

二、巩固复习方法

复习这部分内容时，学生已经经历了"数与代数""图形与几何"两大内容领域的总复习，掌握一定的复习方法。教师应该有意识地引导学生运用已掌握的复习方法，主动梳理知识结构、查漏补缺。如：正式复习前，布置任务，让学会通过查阅各册教材，运用图、表等形式，画出知识网络架构图。如：

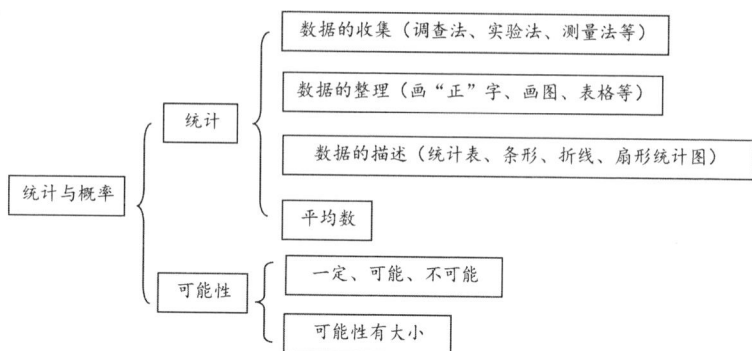

图83

数据的整理与描述	统计表		种类：单式、复式
	统计图	条形统计图	种类：单式、复式 作用：便于直观了解数据的大小及不同数据的差异
		折线统计图	种类：单式、复式 作用：不仅可以表示数量的多少，还能清楚地表示数量之间的变化情况
		扇形统计图	作用：可以清楚地表示各部分数量与总数量之间的关系

三、发展数据分析观念

数据分析观念的具体内涵包括：①了解在现实生活中有许多问题应当先做调查研究，收集数据，通过分析作出判断，体会数据中蕴涵信息；②了解对于同样的数据可以有多种分析的方法，需要根据问题的背景选择合适的方法；③通过数据分析体验随机性，一方面对于同样的事情每次收集到的数据可能不同，另一方面只要有足够的数据就可以从中发现规律。下面通过具体案例谈谈如何通过复习进一步发展学生的数据分析观念。

【例1】

根据要求，完成相关任务

（1）调查：设计一份调查表格，调查全班同学身高、体重、血型、出生月份等情况。

（2）收集和整理数据：用合适的方式收集和整理调查所得数据。

（3）根据整理的数据，按要求完成以下问题：

①表示全班男生、女生1—12月出生人数各是多少，应选用哪种统计图？请在学习单上完成统计图。

②表示每种血型人数占全班人数的百分比，应选用哪种统计图？请在学习单上完成统计图。

③计算本小组同学的平均身高和平均体重，并与自己的身高、体重对照。

④如果给全班同学编号后，任意取其中一个编号，根据"全班血型情况统计图"说一说：该同学是哪种血型的可能性大？一定是这种血型吗？为什么？

⑤想一想：要了解自己一至六年级身高的变化情况，有什么途径可以找到数据？用哪种统计图表示比较合适？

【分析】总复习阶段，学生已经完整地学习了小学"统计与概率"的所有知识，设置复习题时，应尽量考虑知识的综合。此题设计统计的全过程：设计调查表—开展调查—收集和整理数据—描述数据—数据分析，甚至综合了与可能性相关的知识。在收集和整理数据时，学生需用到数据记录的方法、统计表等知识。在描述数据时，涉及复式条形统计图、扇形统计图、折线统计图等知识；最后一个问题，进一步促进学生了解数据的来源可以有多种方式，例如：可以通过查找学校保存的体检档案，了解自己每年的身高情况，从而绘制出折线统计图反映自己身高的变化情况。

需要说明的是：此题需要教师及早布置调查任务，数据的收集与整理可要求以小组为单位于课前完成，以便在课堂上有更多时间进行讨论与交流。同时，需要准备学习单，让学生完成相应的统计图。教师还可以根据实际需要，预设另一个班级的统计图数据及根据数据绘制成的统计图，引导学生进行数据分析，从而更好地达成既巩固知识与技能又发展学生数据分析观念的目的。

【例2】

在网络、报纸、杂志或图书上分别找出条形、折线、扇形统计图（包括复式的），贴在复习本上，说说他们所表示的意思，并想一想：可以用其他形式的统计图表示这些数据吗？为什么？

【分析】此题一方面让学生充分感受统计在生活中无处不在，从而培养学生用统计的眼光看待生活中的现象，培养学生初步的数据意识及数据分析观念。另一方面，分享学生收集的各类统计图，有针对性地进行分析和解读，既可以巩固各类统计图相关知识，明晰每种统计图的特点和优势，又可以让学生进一步明确：①数据中蕴涵着大量信息；②要根据不同的问题背景与需要，选择合适的统计图描述数据。

当然，此题中，教师还应关注学生读图的水平。一般来说，学生读图的水平有三个层次：①数据本身的读取。即能看见的或通过简单推理得到的信息，包括单个数据、数据的比较、数据的整体变化等。

②数据之间关系的读取。即对统计图的解释，根据数据进行预测；思考统计图的作用；思考数据为什么会呈现这种状况。③超越数据本身的读取。即对统计图中的指标、收集数据的方法是否合理等进行思考与评价。三个层次中，第一和第二层次中的解释与预测是每位学生应达到的水平。

【例3】

盒子里装有红、黄两种颜色的乒乓球。每次从中任意摸一个，记录颜色后放回去摇匀再摸。

（1）设计一个实验方案，通过实验判断盒子中哪种颜色的球最多。

（2）以下是某四人小组每人重复摸20次的数据记录：

次数　　学生 球的颜色	小东	小红	佳佳	乐乐	合计
红球	17	16	15	18	66
黄球	3	4	5	2	14

①如果盒子中一共有5个球，红球和黄球可能各有几个？

②按以上方式，小红接着再摸一次，摸出哪种颜色球的可能性大？为什么？一定能摸到这种颜色的球吗？

【分析】此题是"统计与概率"知识的综合，涉及统计中的数据记录、统计与分析以及根据数据进行推断等知识，可以帮助学生进一步理解"只要有足够的数据就可能从中发现规律"。同时，对于随机现象而言，学生需要明白"'可能性大'不是'一定'""'可能性小'不是'不可能'"，从而更全面地了解和认识可能性问题。

下篇

学而有所悟

培训到底该给教师留下什么？

——读《36 天，我的美国教育之旅》有感

李希贵先生的书我特别喜欢，理性而又充满教育情怀的文字，带给人很多的思考和感动。《36 天，我的美国教育之旅》是他 2005 年的作品。该书采用日记的形式，记录了他在美国哥伦比亚大学教育学院做访问学者 36 天的"所见所闻、所思所悟"，为我们提供了一个了解中美两国教育精髓的极好视角。

在书店发现这本书时，有很意外的惊喜。买回后，花了整整一星期的时间很认真很认真地阅读，又向几位爱书的朋友推荐了它。读后，总想写点什么，无意中在《中国教育报》"深度阅读"栏目发现一篇——《用 36 天抵达教育内部》，是该书责任编辑的阅读手记。唯一遗憾的是该文没有提及书中关于教师培训的相关观点，而作为辅导员，教师培训是我们需要特别关心的话题，因此，单独列出李先生文中有关这一内容的观点，和大家共享。

一、培训能给教师留下什么？

"在国内，各种各样面向中小学教师的培训正如火如荼地展开，可以说丰富多彩，也可以说名目繁多，但似乎很少有人关注培训的效果。大家热衷的是：我做了，我请来专家了，大家集中在一起听了，鼓掌了，于是培训就完成了……至于培训的效果如何，那又另当别论了。"

想想如今的培训，还真就如此。再想想自己平时开展的教研活动，虽有考虑到活动的效果，但怎样评估却没有深入思考。

可是，在哥伦比亚大学教育学院的人们看来，这是必须首先想明白的事情。"必须先把评估的方法想好了，然后才能开始行动。"

那么，他们对培训效果的关注点在哪呢？以下是哥伦比亚大学林教授的一些研究成果：

1. 通过培训，教师思维是不是更开阔？
2. 与培训之前比较，教师处理问题的方法是不是更具体？
3. 遇到事情是不是先提问题，而且能否提出更好的问题？
4. 通过培训能否使教师更清楚在什么情况下用什么方法？
5. 培训是否使教师更加关注学生？

中美两国教育在如何实现培训效果上同样分歧多多！

"我们通常把培训效果更多地寄托在培训者身上，希望他们能口吐珠玑，妙手回春，教给教师取之不尽、用之不竭的智慧，或者是一些攻能克、战能胜的法宝。"

"戴维先生则更多地关注为受训者多大程度上提供了互动的机会，他主张把大部分时间留给教师，让他们分组讨论，在碰撞中产生智慧，共同分享。"

培训究竟应该给教师留下什么？李希贵先生如是说：

"培训会不会有效果，并不仅仅在于会场上一时的'头脑发热'，心潮澎湃，而是这种热度会不会持续下去并影响教师的日常教学行为。""培训应该留给教师一种思维的方式，一种学习的习惯和态度，一种独立思考的精神。"

二、从哪里寻找培训效果？

"经常地，我们开展的是一些没有什么明确目标的培训，任凭满天飞的教授们信马由缰地吊老师们的胃口。而对培训效果，我们更是从未想过用什么科学而严密的方式进行评估，开发培训评估模型的事当然也是闻所未闻。"

而在哥伦比亚大学教育学院，戴维先生却认为："一个成功的培训，关键是要有一个成熟的培训模型、完善的培训方案。"

为什么会有这样的分歧？很显然，我们看中的是培训者本身的作用，而美国人看中的是培训模型的设计和培训程序的实施。培训的前期工作比培训实施过程花的时间可能更多。前几日，香港小学数学教师交流团来我市观摩交流，他们也给了我同样的感受，他们对培训的前期策化和充分准备与美国人的观点十分相似。

那么，到底该如何评估培训效果呢？

国内，我们通常关注的是老师们对主讲人的评价。发一张问卷，十几项指标，请老师们填写，既简洁又方便。

哥伦比亚大学教授们认为："应该把老师们在培训前后真实的变化予以衡量，培训前就要对培训者的基础有所把握，培训后则应该以科学的方法重新测量老师们的变化，被培训者的'增值'状况才是真正的培训效果"。并且，他们特别强调，要防止主讲人"贿赂"被培训者，如果我们仅仅以培训现场的笑声和掌声作为培训效果的标志，那么，肤浅和空洞就会乘虚而入。

回想国内的很多培训，不得不佩服他们认识的深刻！

关于培训，对我们来说，如今不是多或少的问题。关键在于如何有实效？而实效从哪里来？或许李希贵先生的这些观点能带给我们一定的思考。

在书中，李先生还有很多独到的观察与思考，比如：教师就是专家、接好学生每一个"球"、在"Yes"和"No"之间、给学生一些犯错的机会、从学生和教师之外找原因、"应试教育"不是洪水猛兽、强化考试与选择艰苦、共同的难题——测量分数背后的素质、说得实在才能做得实在……

真诚地建议大家，有空一定读读这本书。

多元学习 博采众长

——广东省小学名教师培养对象苏、浙、沪学习考察报告

一、培训综述

2016年5月9日至22日，广东省新一轮"百千万人才培养工程"小学、幼儿园名师班第三次集中培训。

这次培训主要是国内教育先进地区考察、跟岗、专家讲学等。地点分别是杭州、上海、南京。9日，全体学员到达培训第一站——杭州。10日正式开启杭州学习之旅，14日下午离开杭州前往上海。

杭州5天的学习，分别听了赵群筠、方张松、彭加澍三位专家的专题讲座；到西湖区文三教育集团文三街小学跟岗学习三天，分别听了7节课和3节说课：文三街小学两位骨干教师的研讨课、导师朱雪莲校长的示范课、四位学员（李宇韬、刘占双、高红妹、李浩）的四节展示课及三位学员（王金发、邹晓婷、曾德统）的说课，并对所有课例和说课进行了研讨和评课。

14日傍晚到达上海。15日是周日，我们难得的休息时间（两周的学习，仅有的一天休息时间，弥足珍贵）。16—17日，分别到上海市静安区威海路幼儿园、静安区第一中心小学、第二中心小学参访，并听取了华东师范大学王祖浩教授关于优质教学的专题讲座。

18日，全体学员经历4个半小时的车程，到达南京。19—20日，分别参访了南京长江路小学、南京军区政治部幼儿园，听了周卫东校长执教的《确定位置》一课及周卫东、王九红、成尚荣、李静文四位专家的专题报告。

本次集中培训，历时两周，走过三个省市，听专题讲座8个、校（园）

长办学理念经验介绍4场、课例9节（8节数学、1节幼儿园小班活动课）、说课3节，并参与评课、互动交流、研讨等。完成学习日志5篇，记下很多富有哲理、发人深省的语录。同学之间的了解更多、更深，收获了友谊！当然，更多的是专业上的收获和成长，让自己走近名师，走向名师。

二、学习收获

（一）专家讲座，感受名家精彩教育人生

本次培训聆听专家讲座共8场：赵群筠副局长的《做一个从容而智慧的教师》、方张松主任的《理想课堂与课堂文化重建》、吴加澍老先生的《名师的成长与修炼》、王祖浩博士的《优质教学的理论与实践》、周卫东校长的《课堂：基于儿童》、王久红校长的《教学智慧的内涵与发展——以数学学科为例》、成尚荣所长的《名师的阐释与追求》、李静文辅导员的《课程游戏化项目推进中的行与思》。

八场讲座，风格、内容各异，但收获很多。赵群筠局长充满温度、诗意、文学化的讲述方式，让我们充分感受了女教育专家的温柔、从容和优雅，伴随她的娓娓道来，一个充满人文情怀和教育智慧的教育家款款向我走来。最喜欢她分享的关于人生中三个"爬山"的故事，其父亲那句"爬山的时候不要总是去看山顶"多么富有哲理。如今的教育，处处充满功利，每做一件事情都恨不得直接奔向"山顶"，有几人能做到"只在乎爬山的过程，不总盯着山顶"？另一句让我印象深刻的话是"一所好的学校一定要有一个能安放灵魂的地方"。的确，学校应该是教师和学生的精神家园。当然，赵局长关于学校的文化建设、学校管理、教学研究等方面的介绍，都非常值得学习和借鉴。而方张松主任则让我们充分感受了他幽默、风趣、极富表现力的演讲风

格。同时，他的博学多才、研究的深度、教育的智慧都给我留下深刻印象，是一位有自己的观点且敢于表达、善于表达的教育专家，对教育评价的研究十分专业和有深度。讲座中向我们传达了很多独到的观点和信息，如：好课的标准之一是"简单的课堂"。简单表现在都是"展示自己、过程与环节"；同时也是不简单，不简单表现在"把握教材、研究学生、教育智慧"等。教师的教育智慧包括：语言智慧、角色智慧、对象智慧、教材智慧、整合智慧、问题与反思智慧。语言智慧包括三方面：提问——课堂质量的生命，重点是问题指向水平；反馈——教学效率的难点，重点是专业导向水平；评价——师生关系的核心，重点是中性以上原则。同时指出：教师语言的底线是不能打碎学生的梦；反馈中的导向包括激励导向和专业导向，中小学教师的区别是小学教师激励导向做得好，专业导向差，中学老师则正好相反。讲座中还提到：教育的最高境界是"智慧"，而中国教师最缺的一项智慧是"学生智慧"……吴加澍老先生的讲座则让我们感受到一位75岁名师对教育的赤子之心。清晰的讲述、矍铄的精神、对自我的不断否定与反思……一位具有教育哲学思考高度的先生给我留下难忘的印象。南京周卫东校长、王九红校长都是数学名师，他们的讲座更贴近课堂教学，案例和思考更多来自自身教学实践，更微观。李静文老师虽是幼儿教育辅导员，但其对幼儿课程游戏项目的研究实而深，对项目研究的介绍既生动有趣、又发人深省。教研的相通之处，让我很有共鸣。讲座中不乏经典语录，如：说他们区的局长是专家型，"做每件事情都是想好了再做"（即"不折腾"）"适合自己的才是最好的""教育不仅是自然生长的状态，还是一种专业的促进""稳住脚步，不要跟风跑""教育中的环境必须有利于教学""一个教学游戏的水平，不是看它的设置，而是看儿童在游戏中的成长与发展"等。最佩服和敬仰的是成尚荣所长。成所长75岁高龄，精神矍铄，站着为我们讲课两个多小时，没有 PPT，没有讲稿，引经据典，出口成章，诗词歌赋、古今中外，甚至流行语、网络语等，真可谓旁征博引、记忆非凡，且逻辑十分清晰，真正让我们震撼！两小时的讲座，不在于讲座本身，在于其"先生的风骨"对我们的深远影响，正如他所引用的诗句："先生之风，山高水长"。

八位教育专家，八场风格各异的报告，触动我的远远大于讲座内容本身。从容、智慧、博学、优雅、理性、诗意、热爱、专业等词汇再一次聚集，让我再一次感受到教育追求之路上的多元、丰富和精彩。

（二）学科跟岗，体验苏浙教学风格

11—13 日为学科跟岗培训。我所在的小学数学组共 13 位学员，跟岗学校是杭州市西湖区文三教育集团总校文三街小学。这是一所"其貌不扬、内涵丰富"的学校。"其貌不扬"是面积小、校舍旧，用总校徐校长的话说就是"站在校门口，一眼可以看到整个校园"；"内涵丰富"是从课堂教学中学生的表现和最后一天朱校长的介绍中了解到的。其一，该校是省政府所在地和浙大所在地，学生很多来自这两个群体，学区房价格非常高。其二，数学学科是杭州市强势学科，校长朱雪莲是数学特级教师，也是我们本次跟岗学习的导师。其三，学生素养特别好，思维灵动、敢于且擅于表达。三天跟岗，我们在学校共听了 7 节课，其中 4 节为我们组学员所上，另 3 节为学校骨干教师的试教课和导师的示范课。算上在上海听的幼儿小班活动课和南京长江路小学听的"确定位置"，本次培训共听课 9 节（其中 8 节为数学课）。

所听课例中，印象最深、感悟最多的有四节：导师朱校长执教的"认识平行"、文三小学王老师执教的"圆柱圆锥的体积复习"、学员刘占双执教的"包装中的学问"、南京周卫东校长执教的"确定位置"。前面三节课，一方面让我们深刻感受了文三街小学学生的高素质，所学内容难度都较大，三位教师对知识挖掘都较深，但学生在课堂上思维十分活跃，敢想、能想、敢说、能说；另一方面，从课堂及教师的教学设计，可以感受到浙江小数教育在难度和深度上远超广东，他们非常注重学生数学思维的发展。本次学员设计的课例，应该说基本是基于广东学生的基础，用文三街小学的学生上课（有的课例因为进度原因，甚至用低一个年级的学生上课），显然有点水土不服，最主要的原因就是没有"依学情而教"。总体而言是学生的思维高于课例设计。可见，浙江小学数学教育在培养学生数学思维方面的成就（这是基于数次听浙江小数课得到的结论）。

　　南京周卫东校长的课例，通过海上救援的情境，采用逐步给出"距离、角度、方向"三个信息的层层递进的巧妙设计、放手让学生独立思考、尝试画图、耐心倾听和引导每个环节的展示与交流，充分践行其"课堂：基于儿童"的教学理念。遗憾的是在"角度""方向"两个环节，没有很好地把握学生的认知障碍，故而部分学生始终认为"北偏东 30° 距离 15km"不是一个点，而是无数个点。佩服周校长的是，当学生出现这种错误认知的时候，他非常有耐心地给了学生解释与说明的机会，并且给了 3 次。遗憾的是：周校长始终没能纠正学生的认知，最后不得已还是将结论强塞给了学生。我想：原因有两个方面，一是这节课的设计周校长的原意是让学生经历"距离 15km——确定点的集合（圆）"—"30° ——确定 8 个点"—"北偏东——确定 1 个点"这样的过程，从而明白确定位置的三要素。但三个信息是分别给出的，对小学生而言，部分孩子还缺乏整体和联系的视角，他们更擅长孤立看每个信息，因而，在第二环节"确定 8 个点"时，部分孩子就没有弄明白"为什么"，到第三个环节，他们仍然是孤立看"信息"，始终认为是无数个点。周校长一直没让学生的错误认知得到纠正，最主要的原因是"明白学生的认知是错误的，但具体障碍在哪不清楚"。由此可见："课堂：基于学生"不是一件易事！教学真的是一项很复杂的工作！

（三）标杆参访，学习先进学校建设与管理经验

上海的学习，主要是标杆校（园）参访。参访的三所学校都是静安区。威海路幼儿园和第一中心小学给我留下深刻印象。在南京，我们参访了南京长江路小学和小天鹅幼儿园（南京军区总政部幼儿园）。

静安区第一中心小学的"现代小公民教育"，国际视野的教育理念，气质高雅的张敏校长，古朴、典雅、精致、大气的校园环境，彬彬有礼且热情活泼的学生，特别是"现代小公民楼"类各类功能室的设计，处处感受到教育者的用心和品味！

我们在南京小天鹅幼儿园主要参观了"美术馆""科技馆""生活实践馆"三个功能场馆。与一般学校和幼儿园功能室设计最大的区别是：小天鹅幼儿园三个场馆的设计比类似的社会性场馆更大、更别具匠心，每一场馆占教学楼整一层一半的面积，约5间教室大小，里面各类幼儿体验、活动、学习的设备设施十分齐全，绝对的高大上，真正的儿童乐园！我们一致感慨：这里的孩子真幸福！真想回到小时候，再上一次幼儿园，特别是这样的幼儿园！

标杆参访，让我开阔了眼界，了解到学校、幼儿园原来可以设计得如此美、雅、大气又处处彰显教育功能、体现教育情怀，也让我明白了一位优秀校长须具有国际教育视野、先进创新的办学理念、智慧的管理、高雅的品味……

三、反思与追问

两周的培训，听、访、研、思，每天都有很多收获和感悟，也在

不断反思和追问。

1. 学科教学——如何提高学生的数学思维能力

大概是辅导员角色使然，听课过程中会特别关注学生的整体发展状态。本次学习，最深的感触是浙江小学数学教育对学生数学思维培养的重视程度，以及学生所表现出来的数学知识掌握的深度、难度、数学思维的开放度、灵活度远远超过我们的学生。令我不得不担忧和反思：相比而言，我省学生所学数学内容要浅很多，容易很多，但我们的老师、家长、甚至教育专家还在抱怨数学太难，还在呼吁降低难度。那么，长此以往，我们的学生与江浙的孩子相比，会不会有差异呢？浙江的数学教育普遍的深、难，但学生的思维状态却非常好，课堂参与度很高，这是否说明真正激发学生数学学习兴趣的并不是外在的形式和刺激，而是激发学生积极思考，感受理性思考的魅力！基于此，我们的数学教学是否应该学习浙江，在提高和促进学生数学思维方面加强研究。

2. 学科教研——课堂如何做到"让学习真正发生"

如前文所述，本次学科跟岗学习，数学组有 4 位学员上课。由于课例的设计是基于广东学生的学情，而课堂实践是在文三街小学。4 节课例均一致地显示了设计与学生学情不匹配的特点，4 位老师面对这种情况也采取了不同的处理方式：有耐心倾听，尽可能对设计做出调整以适应学情的；有对学生实际学习状态视而不见，依旧按部就班完成自己的教学设计……总体而言，课堂上多少都存在与学生实际学习（特别是学生思维状态）不匹配、硬拉、强加的现象。这让我反思（同时也感悟和积累了课例研究经验）：

①设计一节课，基于学情何等重要！

②课堂教学如何做到"让学习真正发生"？

"让学习真正发生"是导师朱雪莲校长在解读她执教的"认识平行"一课时提到的理念，课堂教学也真正实现了这一理念，而4位学员的课例，之所以在某些环节会有"硬拉、强加"的感觉，其实就是在这个环节学生没有真正参与学习。"让学习真正发生"说起来容易，真正落实到课堂对教师的要求非常高，但值得每一位教师不懈追求。

3. 学校建设——如何提高文化品味和教育气质

身为辅导员，到过的学校已不少。本次标杆参访，所见的学校真的开阔了我的眼界。其一，学校不在于大，而在于底蕴、内涵和气质（我认为学校和人一样，是有教育气质的，如静安区第一中小学）。广东很多学校校园面积都很大，功能室也多，但大多普通。提高校园文化建设的品味和学校的教育气质是很多学校校长需要学习和修炼的（气质不是习得，是修炼）。

4. 教师培训——怎样进一步增强针对性、提高研讨的深度

整体而言，本次培训内容多元、形式多样，收获很多！但也有小小的遗憾，那就是学科的针对性、研讨的深度不够！

班级学员涉及小学多个学科，还有幼儿园老师。虽说学科之间、幼小之间需要互相了解，但过于的综合必然导致学科本质和深度研究的缺失，因此建议课程设计能更细致，更有学科针对性。同时，对学习内容（无论听专家报告，亦或学科听课、标杆参访），学习之后应该组织学员开展交流和研讨。只有进一步的思维碰撞，才能让学习的内容进一步深化。只有深度的研讨，才能启发每个学员思想的火花，加深对问题的理解和认识。因此，建议后续的培训能在以上方面有所加强。

最后，想表达我的感谢！感谢学院各位导师每天为我们一行40多人的吃、住、学、行辛苦操劳。感谢缘分，让我们相遇相聚，留下

许多欢声笑语!

整整两周的培训学习,还有很多精彩的内容来不及记录,还有许多内容需要慢慢回味,需要在实践中进一步理解、感悟和践行!喜欢这种走在成长路上的感觉,因充实而宁静!

15 天，我的台湾教育考察之旅

——广东省新一轮"百千万人才培养工程"
小学名教师赴台培训总结

　　小时候，台湾是"日月潭""阿里山""外婆的澎湖湾"；青年时，台湾是余光中笔下那"一湾浅浅的海峡"；渐进中年，台湾是龙应台笔下的《大江大海　一九四九》，是齐邦媛笔下的《巨流河》，是廖信忠笔下的《我们台湾这些年》，是杨渡笔下的《一百年漂泊》……从小到大，台湾一直是我魂牵梦萦，心心念念想去的地方。

　　2016 年 12 月 17 日晚，当飞机降落在桃园国际机场时，我终于踏上台湾土地的兴奋感、不真实感、好奇感一起涌上心头。提取行李、兑换台币、通关，然后就见到了迎接我们的当地陪同吕老师，个子不高，有几分儒雅、帅气，眼睛大而有神，看不出年龄，台湾人特有的气质十分明显。点齐人数后，我们迫不及待在机场合影，兴奋之情远高于机车劳顿之疲惫。

　　登上将陪伴我们 15 天的双层大巴，完全超出我们平时的想象，一行人被干净、漂亮的环境惊到了。吕老师很贴心地拿出两个移动 Wi-Fi，车厢内顿时一片报平安的声音。一路边听吕老师介绍，边欣赏台湾的夜景。华灯下，看不清城市的真实面貌，夜色朦胧中，一片安静与美丽，是我喜欢的感觉。

　　车行 1 小时，到达台北首都饭店。办理入住，领到热腾腾的台湾粥，贴心的服务、暖心的美食、精致的酒店……很快进入梦乡，竟无半点陌生环境的不适感，一夜好眠。清晨准时醒来，开启台北教育考察之旅。

　　本次培训为期两周，走过 6 所小学、4 所大学（预定行程之外，还参访了 1 所中学、1 所大学）。聆听报告、参观校园、进入课堂，访问大学教授、小学校长，与教师、学生交流。从台北，到台中、嘉义、高雄、台东、宜兰，最后回到台北。15天，环岛行走了一圈，足迹遍布大半个台湾，见识了台湾的城市、乡村，欣赏了美景，品尝了美食，看到了"美"人。15天的行程很短，来不及细细了解，只能走马观花、浮光掠影，但触动心灵的东西很多，留下的记忆很美好，离开时有深深的不舍。

一、台湾印象：最美的风景是人

培训出发前，看到朋友转的一篇文章——《"梗着脖子"看台湾教育》，文中提到"台湾最美的风景是人"。

来到台湾后，最深刻的记忆果然是台湾人。特有的台湾腔，温柔、儒雅，自带文明、友好与和善，无论教授、专家、校长、教师、学生，亦或司机、导游、服务员、甚至路人甲乙，都非常敬业、热情、有礼，从骨子里透出来的儒雅之气随处可见。于教育而言，"最美的风景是人"还体现在所接触的每一个教育人身上那份浓浓的教育情怀。无论大学教授，亦或村小校长，那份发自内心的对教育的热忱、执着与自豪随时可感。遇到的每一个孩子在学校中那份放松与自由让人羡慕；其次，"最美的风景是人"——导游和司机。全程陪同的吕老师职业是导游，而整个行程，全然没有导游之感，俨然一位儒雅帅气的老师。但贴心的服务随时都在，动作敏捷、安排快速、妥帖，说话儒雅，让我们仿佛跟着自家大哥般亲切、安心。司机大哥个子瘦小，刚做完一个小手术，只能饮食流体，每餐不能和我们共食。但我们一行人20多个大大的旅行箱，每到一处，拎上拎下都是他，越到后来，行李越多，箱子也越来越重，但依然尽职尽责，热情友好，那一份敬业让我们很是感动。"最美的风景是人"还包括无数不认识的台湾人。同行的两位女老师傍晚时分在佛光山需要乘车，咨询一位的士司机，司机大哥说："因为约好人在此地等，所以不能载你们。但是刚才看到前面有的士，可以载你们过去（免费）。"载过去之后，发现的士已开走，又好心地载她们到附近巴士站，告知路线。——这些人，构成了台湾"最美的风景"。如此"美的风景"还有很多，让人感动、让人难忘。"台湾人"就是台湾最美的名片。

二、台湾印象：重视教育 关注个体

台湾教师普遍高学历，大学教授自不用说，小学校长也多为博士，小学教师基本是硕士。高学历却能安教乐教，可见教师地位之高，亦可推想整个社会是如何地尊师重教，教育的发达也就不难理解。

对个体的尊重首先体现在对教师专业的尊重。台湾教师的专业自主权很大，具体表现为：有自主选择教材的权利；有决定是否开放课堂的权利；有是否愿意参加培训和研习的权利……我们所行走的每一所学校，没有经过教师同意，不能随意走近课堂影响教师教学，更不能走进课堂听课。对教师专业的尊重，是大家的共识，这一点远超出内地教师。

经了解，台湾的公立小学，学校行政职务的设置是 1 位校长，2 位主任，4 位教学组长，没有副校长一职。教师与行政有明确的职责划分，行政十分尊重教师的专业自主。例如：关于听课，用竹崎小学教学主任的话说就是，教室是教师的专业场所，我的场所我做主。我们在东海大学附属小学参访时，正值上课期间，学校主任领着我们沿走廊参观综合楼的英语教学，路经教室，我们想透过窗户拍照，她会表现出紧张和不安，并示意和提醒我们不要打扰教师教学。高雄瑞祥小学校长在报告中也提到：只有当家长向学校反馈教师的教学存在问题或对教师教学有疑义时，校长可以向该教师提出进课堂听课。

教师的专业自主权还体现在教材选择权。在瑞祥小学参访时，我问及学校的数学教材是什么版本，总务主任介绍：各年级选用教材由年级组教师商议决定。也就是说不仅不同学校可以选用不同教材，就连同一所学校同一学科不同年级都可以选用不同教材，只要是通过审定的教材（数学目前是 3 套），教师有权自主选择。当我问及衔接问题时，主任介绍说：当选用与学生前期所学教材不同版本的教材时，年级组教师必须研究两套教材之间的衔接问题并制定衔接补救方案，经学校教学委员会审议，达成共识后可执行。

对个体的尊重还体现在对"后进学生"的重视与关注。台湾有一个"补救"教学项目。针对学力处于后三分之一的学生，当确定这些孩子对最基础的内容和能力掌握有所困难，则以政府行为实施"补救"教学，真正确保每个学生能接受最基本的教育，发展最基本的能力。

对个体的尊重还体现在无数细节中。如：校园的布置"童真、童趣"十分明显，几乎看不到成人的痕迹；课堂无"学习"压力，孩子如在家般放松，在自由、轻松的环境下才能更安心、专注地投入学习。

对个体的尊重也体现在我们行走所经过的每一个地方。如酒店马桶的自动化设计、窗帘开合部位的交错设计、一块"小香皂"撕开部位的设计，都十分人性化。电梯有专供残障人士按的按钮，每所学校、每个公共场所的残障设施十分齐备，丰源小学只有两层高的教学楼也设有电梯，为了方便需要特殊照顾的人。诸多细节，让我们随时随地感觉到温暖、人性化，在台湾 15 天，没有出现任何不适感，这是我人生中所有的出差旅行仅有的两次体验之一。

三、台湾印象：教育是整个社会的责任——家长与志工的参与

本次学习，我们参访了 6 所小学，其中 5 所公立（台北市大安区大安小学、台中市西屯区永安小学、嘉义县竹崎乡竹崎小学、高

雄市瑞祥小学、台东县丰源小学）、1 所私立（台中东大附小）。6
所学校中，除私立及临时拜访的学校之外，其他每所学校接待人员
中，必然有一位家委会成员，一般为家委会委员长或秘书长。校长
会特别为我们介绍，甚至安排其发言。第一次遇到此种情况，我有
那么一点小小的纳闷：一个纯粹的教育者内部的交流活动，家长为
什么要出席？当在第二所学校再遇到此种情况时，不免思考：家委
会成员出席对学校有何益处？我分析，学校大概出于以下几方面考
虑：一是让家长知道学校的大型活动，可以宣传学校；二是万一有
家长对学校的活动有疑虑或不满，家委会成员可以负责解释和证明；
三是显示学校对家委会的重视……

为了证实我的想法，参访竹崎小学时，我与学校主任聊起这个话
题，她指出：教材的选定由任课教师提出所选教材版本及补救方案（如
果有衔接问题），需经过学校和家委会组成的审核小组讨论同意，其
中提到一句"学校很多事务都必须有家委会成员参与"。而参访瑞祥
小学时，校长在介绍学校特色时特别提到："志工人力充沛，家长会
制度健全"，并指出其管理经验之一是"让志工、家长会力量成为重
要资源"。该校长任职五年，家长和志工不仅为学校出力，还帮忙策
划组织大小活动，甚至承担特色课程的教学。交流中，校长特别提到：
志工主要是出力，家委会主要是解决经费问题。

由此可见：在台湾，家长和志工资源的利用是每所学校的共识。
我的理解：一方面，家长对学校有重要的监督权（瑞祥校长介绍过教
师的压力主要来自家长，而不是学校和上级行政部门。如果家长对教
师的教学有不良反馈，校长才可以要求去听该教师的课），监督学校、
教师的教育教学及其行为是否规范合理；另一方面，家长是学校筹集
教育基金的重要人员，能帮助学校解决除政府补助资金外的经费问题。
即家长参与学校的管理和监督。志工则主要为学校的各项活动出力，

参与策划、组织，与老师、孩子一起作活动。仔细想来，家长作为孩子的监护人，有权利也有义务这样做。而志工，则自愿为社区孩子的教育出一份力，尽一份心。所以，在台湾，无论学校、家长，还是社会人士，大家都有一个共识：教育是全社会的责任。家长和学校不是对立的，而是共同承担和思考孩子的教育问题。

回想，虽然大多数学校也都有家委会，但似乎只是有其名而无其用。一方面是学校不希望家长监督，另一方面是家长不相信学校，大家彼此没有"一切为孩子着想"的共识，各自从自身角度出发，对对方寄予高期望，对自己则免责，进而形成家校对立。也有做得好的学校，但总体而言，如台湾这样建立良好关系，互相信任，形成共识的十分少见。这是内地学校值得思考的地方，更是教育行政部门需要推动的领域。如何更好地发挥家长资源和志工资源，为孩子的成长和教育创造更好的、更和谐的环境，需要我们做出更多的努力。

四、台湾印象：教育均衡 安教乐教

在台湾，城乡差别不明显。首先，无论在台北、高雄，还是嘉义、宜兰，亦或车行所经过的城市或乡村，我们没有明显的城乡差异感。干净、整洁，基础设施完善是城乡共同的特点，乡村因为绿化更多，感觉环境更好。其次，我们参访了两所偏乡小学——嘉义县竹崎乡竹崎小学和台东县丰源小学。这两所乡村小学，无论校园、校长、教师、学生，亦无半点乡村之感。竹崎小学几位行政对家乡的热爱、对家乡教育的热忱令我们感动。为了丰富乡村孩子的假日生活，学校图书管假日期间全天免费开放。丰源小学更是一所十分美丽的小学，蓝白相间的地中海风格教学楼让我们惊讶于"学校怎么可以这么美"。而只有 96 个学生（其中还包括幼儿班 25 人），却有 22 位教职工，让我感叹教育资源之丰富。拥有如此美丽的教学楼和校园面积，学生数却如此之少，在内地几乎不可能。这样的学生数恐怕早就设置成教学点，安排几位即将退休的老教师坚守。而丰源小学的校长是教育博士。两所乡村小学，再一次印证台湾城乡差别不大，也再一次说明台湾教育资源的丰富、均衡，以及真正做到关注每一个孩子。

教育均衡体现的另一个方面是公立学校是保底教育，即保障每一个孩子接受最基本的教育。在台湾，私立学校是优质学校，是作为基本教育之外的对优质教育需求的补充。台湾的私立学校比较多，约占60%。但与内地（特别是东莞）企业家以营利性质办私立学校不同，台湾的私立学校大致有三类：一是和内地一样，企业家为营利而办，这一类非常少，不到4%；另一类是企业家慈善办学，这一类多于前者，但不是主流；最多的是教会办学，主要有佛教、基督教、天主教等。小学毕业可以直接入读户籍所在学区的公立中学。如果户籍不在学区，则不可入读，除非迁户籍（据了解，台湾迁户籍比较容易，只要找到愿意接收的人家即可），否则没有其他方式可入读非户籍所在学区的公立学校；另一种方式就是选择私立学校（不需考虑户籍）。换句话说：台湾的教育是保障每个孩子有公立学校读，可以接受最基本的教育。而选择读私立学校则是对优质教育的需求，是有一定经济基础、对优质教育有更高要求的家长和孩子的选择，需要家长自己买单。

五、台湾印象："补救"教学 不让一个孩子掉队

"台湾中小学补救教学"项目是全台湾实施的一个项目。刚开始参访学校，看到课程表上有"国补""数补"课，觉得很奇怪，后来了解到这是整个台湾实施的一项教育工作，有专门的补救教材，于是对这个项目充满好奇。27日参访丰源小学，吴校长再一次提到这个项目，我也追问了相关问题，有了进一步了解。事后，吴校长介绍了项目网站给我，我下载了大量资料，对此项目有了进一步了解。

"补救教学"大概有以下实施流程：学校（主要是任课教师）提出需要补救学生名单—专业的测评机构实施测评—确定需要补救的学生名单（根据测评结果出测评报告，每个学生有一份测评报告）—确定补救方案和计划—实施补救—再一次测评—反馈补救成效。需要说明的是：1. 测评学生得通过专业的测评工具（委托第三方开发和实施测评，目前叫作"小学及中学补救教学方案科技化评量"）实施测评后确定，不由教师或教育局说了算；2. 补救班人数需 6 人及以上；3. 补救教师为在职任课教师或代课教师等，需参加培训并取得相应学时方能担任；4. 各学科、各年级有统一的通过审定的补救教材供教师选用；5. 补救效果由第三方评估；6. 补救教师课时费由政府发放，标准如下：工作时间内，260 台币 / 节，业余时间为400 台币 / 节。

刚了解这个项目时，我习惯用内地常用的思维思考：为什么要全台湾实施补救教学？为什么不是内地的"提优"教学呢？不过，稍一思考，马上就明白：在教育问题上，政府的职能首先是保障"不让每一个学生掉队"。保障每一个孩子接受最基本的教育，这样才能保障国民素养的整体提升。至于优质教育，则可以发展私立学校，让有需要的孩子和家长根据自己需求选择，家长为选择买单。

六、最大的收获：对自我生命的重新思考

台湾之行，收获很多。于我而言，两大收获必须特别记录：其一是竹崎县竹崎小学所赠数学教材。出于辅导员的工作特质，我向陪同的主任询问购买教材一事，主任非常热情，将学校一套出版社的教材样书赠送于我。这是一份沉甸甸的收获。当然，佛光大学也向我们每人赠书两本——星云大师的《贫僧有话要说》和赵无任的《慈悲思路两岸出路》，以及在华梵大学购买的晓云法师的《语丝》，此行收获

之一就是背了沉甸甸的书回来。其二是教育者身上所透出的生命活力
特别打动人。参访的几所大学，接待和主讲的校长、教授，大多都是
已退休再工作人员，如：台北大学创始校长李建兴、华梵大学副校长
简江儒、东海大学附属中学校长钟兴能、佛光大学副校长刘三锜，包
括负责我们这次行程的昌志鹄经理。但每个人身上全然没有内地退休
人员那种老态，个个精力充沛、思维活跃、动作敏捷，充满激情，每
当听到他们说自己已退休，我总要惊讶几秒，然后好奇地想：台湾的
退休政策到底是怎样的？（最后一天终于忍不住好奇，获得关于退休
的信息：工作满 25 年，年龄 55 岁即可申请退休。）因为无论怎么看，
他们都不像退休人士。那份生气与活力怎么也无法让我与"退休"二
字联系起来。而更让我难忘的是台北市立大学研发长郭家骅。我们研
习的最后一天，在台北市立大学运动研究所博士研习室门口遇到他时，
我的第一反应是：这是给我们讲课的教授所带的博士生。当开讲时，
我还在恍惚：是不是教授没时间，临时让学生代为接待和讲课。直到
他说"20 多年前，我在美国留学"时，我才凭数学人特有的敏感推算
出"哦！原来他有 50 岁了！"可是我一直无法相信，因为怎么看都
只有 30 岁的样子，笔挺健美的身材、时尚的打扮、充满活力的一举
一动，实在无法将眼前的这个"小伙子"与 50 多岁的人联系在一起。
直到终于有人按耐不住好奇，追问他的年龄，才知道他是 1965 年出生，
已经 51 岁。说实话，那一刻，我们全部人员都窒息了几秒。平时在
电视上看到的明星"感觉年轻"，我们多少觉得有不真实感，这一次
却是真真切切看到，不由得不信，但真的觉得不可置信。台东县丰源
小学的吴秀金校长也是如此。她是一位温柔、细腻、内敛的女校长，
十分真诚地与我们交流，为我们介绍学校及台湾校长的遴选机制和任
职情况，当最后说到"过几年就退休"时，我们全体人员也一惊，
怎么看也就 40 岁左右，她却说"小孩已经工作"，如此，我们不得

不相信她的确可以退休了。

台湾行，遇到这一系列已退休或即将退休、却充满朝气、活力、热情的教育人，让步入中年的我对自己将要到来的老人生活有了新的定位和追求，让我重新思考：如何面对岁月？面对老去？使我明白：老年生活还有另一种精彩，有更美好的安放。要说此次台湾行最大的收获，与我而言，大概就是这一最最触动我心灵，对我生命有所改变的感悟。正如佛光大学的"三生三好"教育（生命有品德、生活有品味、生涯有品质；说好话、存好心、做好事！），我要努力践行，让自己的生活有品味、生涯有品质！

七、结语

有一句话如是说：我们看到的或许仅仅是我们愿意看到的；我们看到的其实也只是我们能够看到的。

15天，很短，所见所感所思所想，也许都只是我愿意看到和能够看到的，并不能代表全部。但于我而言，圆了多年的梦，看到我愿意看到的美好，足矣！

成就每一个孩子

——台湾中小学补救教学及其启示

台湾中小学补救教学是台湾地区一项重要的教育行为，是政府通过落实学业低成就学生的学习辅导，以达成"确保学生学力品质""成就每一个孩子"的教育目标，从而实现教育公平。2016 年 12 月 17—31 日，我作为广东省新一轮"百千万人才培养工程"小学名教师培养对象，赴台湾学习交流，对此项目有一定了解，深感其对内地义务教育阶段推进"学困生"辅导、促进教育公平有一定借鉴与启示。

一、台湾中小学补救教学概述

1. 实施背景

台湾中小学补救教学始于 2006 年的"携手计划—课后扶助"方案和"教育优先区计划—学习辅导"方案。"携手计划—课后扶助"方案即运用现职教师、退休教师、经济弱势大专学生、大专志工等教学人力，于课余时间提供弱势且学习成就低落之中小学生小班且个别化的免费辅导。"教育优先区计划—学习辅导"则针对原住民比率偏高及离岛地区等地域性弱势的中小学生，对原班级进行免费的补救教学。[1]

2011 年，台湾开始启动十二年基本教育（2014 年正式实施），中学生可免经升学考试直接进入高中（职）或五专就读。于是，如何避免中学生的基本学力不因免试入学而下降成为重要的课题。为此，台湾教育主管部门整合 2006 年起推行的"携手计划—课后扶助"方案及"教育优先区计划—学习辅导"方案，于 2013 年出台了《国民小学及国民中学补救教学实施方案》，通过系列机制和措施，落实补救教学，以辅助每一位学业低成就学生。

台湾补救教学秉承的理念是"教育有爱，学习无碍""有教无类，因材施教"。目的是：

①筛选学习低成就学生，施以补救教学；

②提升学习效能，确保学生基本学力；

③落实教育机会均等理想，实现社会公平正义。

实施原则是："弱势优先""公平正义""个别辅导"。

2. 补救教学的对象与师资

台湾补救教学主要针对弱势地区及家庭之学习低成就学生，具体对象包括：

（1）一般扶助学校

经筛选测验，语文、数学或英语任一科目不合格者；经学习辅导小组认定受辅可提升学业成就的身心障碍学生；其他经学校辅导小组认定有需要补救教学学生（不超过全校各科目总受辅人数之35%）。

（2）特定扶助学校

原住民学生占全校总人数40%以上者；澎湖县、金门县、台东县绿岛乡等离岛地区学校；偏远地区学校（住宿学生占30%以上）；中学教育会考成绩待提升学校（语、数、英三科任两科"待加强"等级人数超过50%以上）；少年矫正学校或少年辅育院。以上学校学生经筛选测验，语、数、英任一科目不及格者。

实施补救教学的教师主要为在职教师、退休教师、大学生、社会人士。均需取得相应资格并接受由台湾师范大学教育研究与评鉴中心开发的18小时补救教学师资研习课程的培训（现职及退休教师为8小时）。并且规定，补救教学教师由校内现职教师及不支领钟点费之退休教师优先担任，其他教学人员需公开招募。

3. 基本学习内容

台湾补救教学针对的是学业低成就学生，目的是达到基本学力。因此，台湾教育部门从 2011 年 6 月开始，着手从课纲以及各种版本教科书中，萃取中小学各年级语、数、英等工具学科之学生必须学会的基本内容，于 2012 年 6 月发布试行版。"基本学习内容"指无论课程纲要或课程标准如何改变或教材如何重编，学生在该年级之工具学科中必须习得之内容。在确定"基本学习内容"基础上，教材研发者以其为依据编写各年级补救教学补充教材。补充教材不是另一本课本，是帮助教师协助学生达成基本能力的教材。教师使用时可根据学生实际的学习落后点，对应基本学习内容的指标，自行选择相关内容。教师也可以自主研发适合学生学习特点的补救教材。

4. 补救教学的评量

台湾补救教学实行的是"评量—教学—再评量"的循环过程。每个受辅学生都需接受"补救教学科技化评量系统"的"筛选测验"和"成长测验"，以确定其是否需要受辅及受辅后是否达到该年级基本学力。"筛选测试"为每学年第二学期末。其中，一、二年级为纸笔测试，三至八年级为电脑化测试，科目为语文、数学、英语（含听力）。通过筛选测试确定受辅对象。同时，科技化评量系统为每个受辅学生提供诊断报告，教师可根据诊断报告掌握受辅学生学习上的落后点，以此为依据规划学生的个别化辅导策略。"成长测验"则在每学年第一学期末进行，同时，受辅学生需参加次一年的"筛选测验"。通过这两次测验检验学生及教师补救教学成效，确定该学生是否继续接受补救教学。"补救教学科技化评量系统"还可以进行个案追踪及班际、校际、县际间的补救教学成效比较，以便随时监控。

5. 补救教学的具体实施

台湾补救教学在具体实施中对开班人数、编班方式、实施时间、科目、范围及教学节数都有明确规定。如规定原则上每班为 10 人，最多不能超过 12 人，最少不低于 6 人；教学人员为大学生者，每人以辅导 3—6 人为原则；不支领钟点费的退休教师，可采用一对一或一对二的方式进行辅导；编班时，以抽离原班级，依学生筛选测验不合格科目实际学力程度编班；关于教学节数，学期中每班各期教学总节数以 72 节为原则，寒假 20 节、暑假 80 节以内，且每天最多 4 节。

6. 组织系统与经费

台湾补救教学的组织系统为三级，分别是：台湾地区教育主管部门、县（市）政府、学校。现阶段经费主要由台湾地区教育主管部门负责筹措。除政府拨款外，鼓励民间及社会资源自发性加入。经费主要用于：县市整体行政推动（政策宣导、行政督导、辅导咨询、研发推广、教师成长、教材印制、设立资源中心、差旅费等）、学校开班经费补助（钟点费、行政费、教材编辑及活动费等）。每项费用的使用都有明确规定，例如，关于"钟点费"：在职教师实施补救教学，周一至周五下午四时以前（以第七节课下课时间为节点）：小学补助新台币 260 元 / 节，中学 360 元 / 节；其他时间：小学 400 元 / 节，中学 450 元 / 节。其他教学人员按相应规定领取钟点费。

二、台湾中小学补救教学主要经验及其启示

1. 教育公平——给每个孩子适性的教育

教育发展至今，教育公平已不仅仅是指名义上的机会均等，而是指要让每一个人都能受到适性的教育及保证所有的人都受到基本的、最低标准的教育。

台湾补救教学，在教育内部给予弱势者更多的学习机会保障，在教育内容和方法方面做适当调整，对学业水平达成度低的学生实施补救教学以确保其基本学力，是教育公平的具体体现，也是促进教育均衡的重要手段。

2. 对"学困生"教学辅导工作的启示

一直以来，"学困生"（即学业低成就学生）问题始终困扰广大一线教师。没时间、没科学的评量、无具体明确的标准、内容与要求、无经费支撑等系列问题，导致"学困生"转化工作付出多、成效低，转化成效多停留在文字总结层面。台湾中小学补救教学对我们如何从地区政府、教育主管部门角度整体推进"学困生"教学辅导有很好的启示与借鉴。

（1）定义基本学力，明确基本学习内容

目前而言，我们对于"学困生"究竟如何定义？每所学校、每个班级都不同。对这一部分学生究竟应该学到什么程度，掌握哪些知识，形成哪些能力？没有一致的衡量标准。定义基本学力，明确基本学习内容，统一要求与标准，是一种合理的做法，是确保每一个学生接受最基本的教育，保障其学力品质的有效方式。

（2）加强师资培训和教材开发，确保补救质量

目前，"学困生"教学辅导工作多由任课教师自觉从忙碌的工作中见缝插针地实施。实施情况和效果依教师责任心、时间、能力、外部氛围等因素而定。台湾补救教学则十分重视师资培训，2011年起，由台湾师范大学研究与评鉴中心依据"补救教学基本概念""低成就学生心理特质与辅导""班级经营""测验与诊断""分科补救教学策略""分科教材教法与实务策略"等主题制定了18小时补救教学师资研习课程，以标准化的培训课程对补救教学人员进行培训。同时，

依据"基本学习内容"开发补救教学课程与教材，供教师选用，确保教学质量。

（3）科技化评量，明确对象、追踪成效

谁需要被补救？为什么需要被补救？我们通常的做法是凭教师经验或学生在同年级及班级内的成绩排名确定，主观经验成分偏多。台湾补救教学则有系统的筛选机制和检验追踪机制。首先，通过定义基本学力、确定基本学习内容，以此为依据制定评测试题，对学校提报的学生实施"筛选测验"，确定补救对象，同时运用评测结果诊断学生学习弱点，利于施教教师进行针对性教学。其次，通过"成长测验"及下一年的"筛选测验"评量补救成效，追踪学生学力发展状况。科技化评量，有利于精准实施补救。

（4）明确权责，完善支持及督导系统

"学困生"教学辅导是系统工程，需要全社会共同关注与参与，特别是政府及教育主管部门制定政策、建立机制、明确权责。台湾补救教学方案中，明确规定了各级政府及学生、教师、学校、家长、教育主管部门、相关教育机构各自的权责范围；建立了三级督导机制，制定"提报率""实测率""受辅率""进步率""因进步回班"五项督导指标，通过分层督导，确保掌握补救教学执行进度。

（5）政府出资，经费保障

"学困生"教学辅导如果单靠任课教师的自觉，在目前教师普遍"忙碌"的情况下，很难保障时间与质量。台湾采取政府筹措预算，整合社会公益资源的方式，通过招募和培训补救教学师资，规划课程与课时，发放课时补贴，从人力、时间、经费上保障补救教学的有效实施，值得我们学习和借鉴。

参考文献：

[1][5] 我国台湾"教育行政部门". 国民小学及国民中学补救教学实施方案 [EB/OL].[2014-06-20]http://priori. moe.gov.tw/index.php?mod=download.

[2][3][4][6] 我国台湾"教育行政部门"."教育行政部门"国民及学前教育署补助办理补救教学作业要点修正规定 [EB/OL].[2016-04-06] http://priori.moe.gov.tw/index.php?mod=download.

澳大利亚小学教育印象及其启示

2017 年 2 月 26 至 3 月 18 日，本人参加了广东省中小学新一轮"百千万人才培养工程"第二批小学名教师培养项目赴澳大利亚的培训学习。先后到南澳大利亚州首府阿德莱德及维多利亚州首府墨尔本的 8 所小学、1 所大学参访交流。聆听主题报告 8 个，听课 20 多节，在阿德莱德 Hawthordene Primary School 跟岗一周。21 天的学习，对澳大利亚的小学教育作了一定了解，发现中澳两国小学教育的巨大差异。这种差异无法简单用好与不好来评价，本人尝试尽可能以客观、理性的视角来记录、理解及反思 21 天的所见所感。

一、澳大利亚小学教育的特点与印象

1. 全科（包班）教学

澳大利亚小学的学制一般为"1+6"年（或"1+7"年），即学前班至六或七年级，年龄为 5 岁到 12 或 13 岁。小学开设的课程有英语、数学、科学、历史、艺术、体育、信息，还有一些学校的特色课程，如表演艺术、厨艺、第二语言等。小学每学年分为 4 个学期，因地处南半球，暑假在每年的 12 月中旬至 2 月中旬，故圣诞节后的 2 月份为学年开始。每周五天上学制，一般 8:30 到校，3:30 前放学，中午约有 40 分钟的 Lunch Play 时间，上午 10:30 左右有约 20 分钟的茶歇时间。

澳大利亚小学全部采用包班制，每个班配一名班导教师，除音乐、体育、美术、表演艺术、第二语言等专业性强的课程由专任教师教学外，其他课程全部由班导教师教学。也就是说，从学生 8:30 到校一直到下午 3:30 前放学，班导教师基本和孩子在一起。教室既是教学区，又是办公室。班导教师可以根据自己的特点、喜好及教育教学的需求将教室布置得十分个性化。

2. 混班教学

所谓"混班教学"，即将不同年级的孩子编为一个班，一般由相近的年龄混班，如一二年级、二三年级。在澳大利亚，小学混班教学十分普遍。本人参访的 West Beach Prlmay School 全部采用混班教学，跟岗的 Hawthordene Primary School 共 13 个班，有 7 个班为混班。有数据显示，澳大利亚各州公立学校中，混合编班的比例达到 40%。之所以采用"混班教学"，一是与教育理念相关。他们认为，一个班级中有不同年龄的学生，可以为孩子提供更多的角色经验，促进角色承担能力的发展，同时可以学习与不同的人交往的正确态度与技能，为将来适应社会奠定基础。学习上也可以采用"大教小"，互帮互助，有利于学生各方面的进步和发展。二是从节约经费角度考虑。澳大利亚政府规定，小学每班班额不能超过 30 人。政府每年按照学校上报的各年级人数计算出班额数，然后按核定的班额数拨给学校相关教育经费。学校如果多开班，则多出来的班级所产生的费用需由学校承担。Hawthordene Primary School 校长 Dian 女士为我们举了一个例子：该校七年级 24 人，六年级 36 人，如果按年级编班，须编 3 个班，混合编班则只需 2 个班。因此，学校有两个"六七年级"混合班。

这种编班方式很容易让我们想到国内的复式教学。但在实际教学中，混班教学与复式教学有很大差异。混班教学中，所有孩子一起上课，集中教学时教师讲授的内容也是相同的，只有分组或个别学习时，则根据学生的实际水平和能力布置难度不同的个性化的任务。也许国内教师很难理解这一点，这与澳大利亚小学教育能真正做到针对个体因材施教有关。在澳洲老师眼里，年级只是一个孩子年龄的区别，不是学习水平的区别，同年级的孩子和不同年级的孩子都存在学习差异，而他们要做的是针对每个孩子安排个性化的学习内容，这种安排与年级无关。

3. 课堂特色——人本、轻松、快乐

（1）随意、松散的课堂管理

澳大利亚小学的课堂管理十分松散，看不到似国内班级里摆放整齐的桌椅，坐得整整齐齐、腰板挺直、认真听讲的孩子。一节课的结构一般分为集中教学和分组学习。集中教学时，孩子随意席地围坐在教师周围（图84）；分组学习时，则三五成群，坐在凳子上的、躺在沙发上的、趴在地上的（图85）……总之，允许孩子以最放松的方式按自己的节奏学习。

图 84

图 85

（2）"玩"中学、"做"中学

澳大利亚小学教育没有统一的教材，对知识的要求比我国低很多。他们的教育理念是教会学生学习和思维的方法。因此，每节课知识点非常少，内容十分简单。学生没有课业的负担，没有学习的压力，基本是边玩边学，在游戏和"做"中学，学得十分轻松快乐。

此外，澳大利亚十分注重培养孩子的动手能力、探究能力和创新能力，多所学校开设 IB PYP 课程，大多数学校都采用"Project"（项目）学习。无论哪个年级，老师每个学期都会给学生布置几个"Project"任务。如："中国年"活动，让孩子了解中国"年"的来历，设计中国"年"表演剧本，表演中国"年"等。在这样的任务中，孩子需要通过网络查阅大量资料，要撰写剧本，还要练习表演技巧。整个任务完成下来，孩子多方面知识和能力得到发展（如历史知识、表达能力、写作能力、表演能力、资料检索能力等）。

（3）"无序"中"有序"

澳大利亚小学的课堂，形式上十分松散、随意，看似乱而无序。但听课后发现，"无序"中十分"有序"，体现在以下方面：一是课堂无打闹吵架现象。课堂上，学生个体十分自由，但能做到互不干涉、不影响他人。教师、学生说话都轻言细语。教师基本不用组织教学，更不需要管理课堂纪律。集中学习时，老师轻轻地说一句话或做一个暗示性动作，孩子们就迅速围坐在一起。分组学习时，各组完成各组的任务，不打扰别人，也不受他人影响。二是自己的事情自己做。从学前班到七年级，课堂上要做的事情孩子都能自己独立完成。收发学具、准备各种学习材料，甚至茶歇、午餐等，都是自己独立完成，且十分自觉和有序。老师告诉我们："轻言细语""不影响他人""自己的事自己做"这些素养是从孩子在幼儿园就开始的教育课程。

（4）以人为本、因材施教

在澳大利亚，"以人为本""关注每一个孩子"不是一个理念、一句口号，而是落实在每一个细节中的具体行动。首先，政府、学校为每一个需要特殊帮扶的孩子（自闭症儿童、学习困难学生、新移民语言障碍学生等）配有相应资质的一对一辅导教师。课堂上，我们几次见到教室后面或某个孩子旁边坐着一位成人，校长告诉我们：这就说明该班有一个需要特殊帮扶的孩子；其次，分组分层教学做得十分到位。通常20多个孩子，分成4—5组，每组人数不等，组内再分层。并且这种分组与分层会依据孩子对不同教学内容的掌握水平随时调整。所以，同一个班级，不同的课分组不同，不同的学习内容分组也不同。基本依据每个孩子的实际学力制定个性化学习内容，真正做到因材施教。

二、反思与启示

1. 包班教学与分科教学——关于小学教育功能定位之思

如前所述，澳大利亚的小学教育，采用小班化的包班教学，基本由1名教师负责全班所有课程。我国则从小学开始，分科明确，目前小学共10个学科，基本由专任教师教学，实现10个学科配齐配足专任教师是我们一直努力的目标。两种截然不同的课程制度与教学模式，我们如何理性分析与看待？

客观地说，包班教学对于知识的掌握，特别是数学、科学等学科的学习是有一定制约的，对教师综合素质的要求也更高，澳洲教师教学难度和工作量均大于国内教师。但包班教学有利于项目式学习、综合性学习等探究性课程的教学。分科教学则对于学科知识的掌握有明显优势，对教师而言，备课的难度相对也小于包班教学。

包班教学与分科教学，两种模式背后最本质的区别是两国对于小学教育的功能定位的不同。澳大利亚将小学教育定义为启蒙教育，他们认为：小学阶段应该更多地关注孩子的身心发展、学习兴趣、学习习惯、思维方法等，对于具体学科知识不宜过多过高要求；而我国则重视孩子的智力"开发"与知识接受，强调学生的学习结果，强调掌握更多的知识。那么：小学究竟属于启蒙教育？还是专业化教育？是保持学习的热情？还是被迫学习更多的知识？这个问题值得我们思考。个人以为：只要孩子学习的习惯与方法初步建立，有好奇心和求知欲，随着心智的成熟，在他需要的时候，学习知识比健康发展要更容易。

2. 集中教学与个性化教学——关于教学效率与尊重个体之思

澳大利亚小学课堂管理松散，每节课知识点非常少，有时甚至没有知识点，纯粹"玩"。与国内小学每节课大容量、"高难度"的知识量相比，相差甚远。我们这群中国老师不免"担忧"——这样行吗？学习期间，我也常将两国的课堂教学进行对比。其实，两种教学形式各有利弊：从知识掌握与技能形成的角度而言，国内小学课堂的组织形式，其教学效率远高于澳大利亚小学课堂，尤其是大班额情况下，统一的节奏、统一的要求无疑能提高效率。弊端是无法顾及每个孩子，无法为每个个体提供合适的教育。而澳大利亚的课堂教学则正好相反。个人以为：理想的小学教育形态，应该是取两国教育之长，即：小班化、个性化基础上，适当提高教学效率，增加知识容量。

3. 教材与学材——关于"教之工具"与"学之工具"之思

澳大利亚小学没有教材。对于将教材视为"圣经"的中国老师，不太理解，也很不习惯。总疑惑："没教材怎么备课""没教材教什么"。与没有教材相比，澳大利亚的学材却十分丰富，丰富到远远超过我们的想象。教学中需要用到的学习材料，包括笔、尺子、剪刀，各类具有教学功能的玩具、操作材料等，教室里应有尽有。在此，我们不得不追问：教材的作用与功能是什么？学材的作用与功能又是什么？教材与学材对教学各有何益处？

显然，教材是教师备课的重要资源。教材可以规范教学内容，降低教师备课的难度，节省备课的时间（相对无教材而言）。但其弊端是限制了教师的自主性和创造性，同时目前国内的教材尚不利于具有综合性、探究性的项目式课程的实施。而学材可以直接为学生学习所用，是加强课堂教学的活动性、趣味性，增加学生学习参与度的重要工具，也是教师创造性使用教材的保障。试想：如果每节课都需要教师想尽办法准备各种学习材料，其难度有多大，教学的丰富性、活动性和操作性也就可想而知。教材与学材的配备，从某种程度上折射出我们更多地是考虑如何保障教师的"教"，而澳大利亚则更多地考虑如何促进学生"学"。所以，他们的学校为每个班级配备丰富的学习材料。那么，我们在保留教材的同时，有必要借鉴澳大利亚，加强对学材的开发与设计，配备丰富的学材。

最后，再一次强调：教育方式没有绝对的好与差之分。我们应有的态度是：互相学习，互相借鉴，取长补短，寻求最合适、最理想的教育形态，促进孩子健康快乐地学习与成长。

澳大利亚基础教育印象（一）：
忙碌、敬业的小学教师

在阿德莱德学习两周，参访 3 所学校，听了 5 场报告。在 Hawthordene Primary School 跟岗一周。见到四位校长，接触了十几位教师。在墨尔本参访了 3 所学校（今天为止）。因为语言的关系，没法直接交流，对他们的任职要求、工作制度、文化、教学情况、学习进修等都无法深入了解。仅能凭自己的观察、感受、翻译的解说及仅有的一些资料（资料也全是英文）做大致的了解。对澳大利亚小学教师及校长有以下几点十分深刻的印象。

1. 校长服务意识很强

我们跟岗的 Hawthordene Primary School 学校，校长叫 Dian，是一位十分有教育情怀、专业能力强，理念先进，热情、干练、充满活力的女士。非常忙，总是行色匆匆，但很周到，没有一点我们所认为的校长的架子。跟岗第一天是教师培训日，全校老师在认真学习，总见到她为大家服务的身影，准备茶歇所有的食物（茶水、咖啡、糕点、杯盘、叉子、纸巾等），老师们茶歇结束后，继续投入学习，Dian 又在忙着收拾。午餐快到时，又见她忙着端来各种食物。在国内，恐怕这是很少见的现象。一周的跟岗，我们无数次见到她为老师、为孩子服务的身影，同时，为我们订每日的午餐，每天早上准时和我们见面，交代一天的安排，解答我们的疑问和需求。然后匆匆忙自己的工作。但只要有时间，Dian 基本和学生在一起。例如：我们前面日志中提到的到学生家上课的生活实践课，周五的六七年级学生野餐等活动，她都全程参与。

2. 教师工作量远大于国内教师

澳洲小学采用的是全科教学，即包班教学。每个班配一位老师，学生的课程除艺术、体育、语言（第二语言，如日语、汉语等）、表演艺术等专业性很强的课程有专任教师上课外，其他所有课程全部由包班教师一人上。也就是从早上上班开始，一直到下午 3:30 学生放学，基本都在教室上课。南澳州（阿德莱德）及维多利亚州（墨尔本）教育局规定：学校必须保证包班教师每周有 5 小时休息时间（这里说的休息时间是指不用上课，不是不上班）。也就是每天有 1 小时不上课，其他时间都得和孩子们一起待在教室里。可想而知，老师们备课、学习、与家长沟通等工作需另外找时间完成。而且一人要任教多个学科，需要较全面的知识储备，且澳大利亚十分注重学生的个性化教学，在个性化教学、分层教学方面做得十分细致和到位，虽然学生少（一个班20—30 人），但工作量、工作强度大于国内教师。老师们都说：在澳洲做教师，是因为他们热爱这项工作，更多的是出于喜欢，发自内心地热爱和喜欢。

3. 教师入职门槛高，一般都有多个领域的学习和研究背景

小学教师基本是硕士毕业，而且很多人有多个硕士学位。学校的首席教师一般负责某一个领域课程的设计与管理。在墨尔本Templestowe Valley Primary School，有一位首席教师，是环境与生物博士毕业，两个硕士学位，该校还有一位专门学习图书馆管理学专业的教师，教学生如何查阅资料，如何引用文献等。此外，大多数学校都配有特殊教育辅导教师，对需要特殊帮助的孩子进行个性化辅导，例如：自闭症儿童的辅导等。这些教师均需取得特殊教育资格证；在学校，还设有学生托管中心，专门服务于早上需要提前到校及放学后需要留在学校托管的孩子，托管中心采用家长自愿方式，

需要收取一定费用。但有意思的是，负责托管的老师也需要取得相应资格证，并不是任何任课教师都可以担任托管工作。总之，在澳大利亚，每一类工作都有相应资格证，取得相应资格证方可从事相应工作，否则就是违法。哪怕水电工，安装空调、清洁等之类都必须由专业人员进行，否则就是不合法。

4. 敬业、专注

用敬业这个词也许不合适，正如前面所说，他们大多数是因为喜欢、热爱才从事这份工作。所以，对于他们而言，因为喜欢，所以不累。另一方面，大概也是因为习惯，大家都如此，习惯成自然。此外，澳大利亚教师没有评优、评先、评职称之说，政府对学校也没有评估（南澳洲对学校划分等级的依据是按照学校所在区域的经济水平，划分目的是用于衡量政府对学校经费的投入，经济水平越好的区域，政府投入越少，因为家长有钱；此外，对小学唯一的评估就是3、5、7年级的全国性标准化测试，但成绩不用于评价教师的教学水平），因此，教师可以专心从事教学，他们的工作只要全心全意考虑如何更好地服务于孩子，促进孩子的发展。从这个角度而言，澳大利亚小学教师比国内教师职业幸福感要强。

澳大利亚基础教育印象（二）：
亲历教师培训

今天，开启澳大利亚培训第二周。我们分成 5 组，分别到 5 所小学跟岗一周。我在第五组，跟岗的学校是 Hawthorndene Primary School。很幸运的是遇上学校的教师培训日，我们一起全天参与学校教师培训。

经了解，南澳洲政府规定：每所学校每年可以有 4 天教师培训日。教师培训日时间学生全部放假，便于教师整天专心参与培训。因此，虽然今天是周一，但是学校没有学生。Hawthorndene Primary School 和另一所学校的全体教师共同参与培训。

本次培训的主题是"创建思维文化：如何促进所有学习者的参与、理解和独立"，主讲者是学校邀请的 Simon Brooks Simon Brooks（教育机构）的 Simon Brooks（西蒙•布鲁克斯）。据校长介绍：她原来所在学校在学生批判性思维、创造性思维培养方面做得比较好，而 Hawthorndene Primary School 在该方面有所欠缺，西蒙•布鲁克斯是该领域的顶级专家，所以特邀其来做此主题培训。培训前，老师们已经阅读了西蒙的两本专业方面的著作。

培训从早上 8:30 持续到下午 3:30，上午中间有 20 分钟茶歇，老师们可以喝咖啡饮料、吃糕点；中午 1:30—2:00 午餐。培训采用小组学习形式，共 10 个小组（我们在第 10 小组），约 60 人。培训参与性强。西蒙介绍主题后，让每位老师在白纸上写下关于此主题的 3 点感受、2 个问题及其他想说的内容，然后粘贴在墙上，老师们互相观看，西蒙老师也很认真地看了每位老师写的内容，然后开始正式讲座。

整个讲座参与性很强，一共有 5 次小组或个体的学习与讨论。主要采用案例、讨论、直接参与等方式进行。整一天，老师们参与十分自觉主动，无论听老师讲或其他组汇报，还是小组讨论交流，亦或个人独立完成的任务，每位老师都认真、积极参与，自觉性很强，汇报和组内讨论都十分有序。分析案例时，思维很活跃，基本不会有雷同、重复的观点；有不同观点时，勇于表达。整个培训没有人玩手机甚至用手机拍照，也完全没有国内培训要求老师们参与时要么冷场要么闹哄哄的场面，十分有序。

培训结束后，西蒙老师要求每位学员从墙上取下自己之前书写的白纸，在右边写下讲座后，关于此主题：有哪些新的认识？有哪些新的疑惑？以及是什么原因使你有这些改变？

此次培训，我们跟岗的为一组，全程参与。虽然语言不通，但通过翻译，加上教育的共通性，还是了解到很多信息。对于我而言，则是更有收获。让我感触最深的有以下几方面：

1. 培训应该设计教师参与点，激发教师主动参与

西蒙老师通过观察一幅画，让每组写下"看到什么""想到什么""问题与疑惑"以及两个视频案例、一次三人小组交流的实操，很好地调动老师参与的兴趣，激发参与热情，并在参与中获得启发和思考。相当于用生动的、具有实操性的例子给学员进行示范，指导，让学员感受到可操作、有用，从而转变观念，学到具体的实施方法。培训效果可想而知。

2. 关于敬业、有序及时间观念的培养

很惊讶于整整一天的培训，老师们认真的态度；也很惊讶于老师们无论组内讨论亦或各组汇报或随机发言时的有序，说话声音并不大，听者非常认真，毫不影响表达和倾听。完全没有国内闹哄哄的场景。

此外，培训中有一个小环节让我颇有感触，即上午课程结束时，西蒙老师交代下午的学习内容，要求回忆上午的笔记，想想有什么收获、思考或困惑？午餐后，三人为一组，进行组内交流。组内交流前，要求三人各自默看自己的笔记，梳理自己即将交流的内容。几分钟之后，全班三人一组进行交流，西蒙要求每组先确定发言顺序，然后提出每人发言 2 分钟，一人发言后，安静 30 秒，思考发言者的内容，然后接着照做，西蒙老师控制时间。一说"开始"，各组第一发言者都在小声说自己的内容。2 分钟一到，西蒙老师喊"安静"，大家迅速安静，整个过程非常有序，20 个小组，20 个人同时说话，大家都注意控制音量，没有出现一个不和谐的声音。（小声说话，不影响他人是他们认为做人最基本的素养）

3. 批判性、创新性思维培养是教育共同的话题，无论国内外

从西蒙老师主讲的内容可以了解到：培养孩子的思维，帮助其养成良好的思维模式、思维习惯，在教育中，这是国际性话题，也是一个人的核心素养。而我目前研究的批判性思维培养的课题与此有很多相同性。关于批判性思维、创新思维的培养，我们可能更多还会在概念、观念层面，而西蒙老师的研究更落地，更具实操性。他在结束讲座前，关于思维文化、模式的建立总结了 5 个方面，分别是：

①学习是思考的产物！

②思考的目的是让学生学会分析！不是让学生去就事实进行分析，而是让学生成为分析者（学会分析）。

③发展思考能力不是个人的行为，而是社会互相影响的过程！

④对于学生而言，如果要让学生有好的思维文化，首先教师得有好的思维模式、思维文化和思维氛围。

⑤让思考模式变得可视化，只有变得可视化，才有可能纠正、调

整和加强。

我十分欣赏西蒙老师提出的"让思考模式变得可视化"。这一点对我的课题及国内核心素养的研究具有很重要的借鉴意义。

最后，西蒙老师还指出："思维方式相当于一项工作，别人无法替你完成，需要自己锻炼和培养。"

出国前，我查阅了澳洲教师专业发展的部分文献，本想在教师培训方面做较深入的了解，而今天参与的全天培训，的确对我受益匪浅。关于教师培训，后续还要进一步了解。期待有更多的收获，能形成一个小研究主题。

[补充] 后来还了解到，澳洲教师每年有 60 学时的培训要求，像今天这样的培训，可以计算 7 个学时。

澳大利亚基础教育印象（三）：
生活即教育

Hawthordene Primary School 跟岗第四天，今天有一节特别的课程需要特别的记录。

戴安校长昨天问我们：明天有一节课是去学生家里，你们是否愿意一起去？

我们当即答应"去"，对这节"去学生家里上的课"充满各种好奇与想象。

今天依然 6:30 起床，7:20 出发，7:40 坐上 196 路公交车，8:25 准时到达学校。戴安校长依然热情地迎接着我们，并跟我们确认一天的安排。告知我们 9:00 出发去学生家里。

9:00，我们来到操场，见到一群可爱的孩子。他们已经排好队准备出发。简单的打招呼之后，我们跟着孩子们快乐出发了。一方面是对这节课充满好奇，另一方面也为能深入澳洲家庭，看看普通家庭的房子、院子而感到兴奋。一路上，孩子们欢声笑语（声音不大，兴奋的表情洋溢在脸上），上坡、下坡、过了几条公路，大约 10 分钟，来到第一位孩子的家。我们不进家门，只是在院子里。这家院子很大，我们首先穿过一段约 20 米的鹅卵石铺成的砂石路，尽头有一个儿童篮球架，方便孩子们运动。从篮球架左转，来到约 30 平方米大小的草坪上，院子和房子都修得十分精致漂亮，阳光下非常美。

图 86

　　班主任老师招呼孩子们在院子里的木阶梯上坐下，20 几个孩子随意坐成 3 排，很放松。一位女士从走廊上抱出一个大大的白色储物箱。我们好奇地走近一看，原来是两只非常漂亮可爱的荷兰猪。翻译告诉我们，这位女士是这家的女主人，学生的母亲。这时，一位棕色皮肤的小男孩站到储物箱旁，抱起其中一只荷兰猪，给同学们介绍饲养过程，荷兰猪的习性、特点、吃什么，如何饲养以及他饲养他们的时间等。说得很流利、大方。介绍完之后，孩子们开始提问，小男孩一一回答大家的问题。整个过程大约 6 分钟。老师组织孩子们排队准备出发去下一位同学家。于是，我们又一路快乐出发。

　　第二个孩子的家是在回学校的路上（老师安排路线的时候先到较远的男孩的家）。是一个女孩。院子同样很大，房子和院子没有男孩家修得那么整齐、别致。但同样很注重让孩子运动。院子里有秋千架，秋千架旁有一个 10 平方米左右的鸡圈，全班孩子在鸡圈旁围成半个圈，只见一位个子高高的女孩钻进鸡圈，开始介绍，一边介绍，一边掏出写好的稿子，我一看，足足写了 A4 纸的一页半。介绍她家的鸡是如何饲养的，有哪些种类，吃什么，生活习性怎样，其中有一只"年轻的时候"一年可以下 340 个鸡蛋，现在"年老"了，下蛋少一些了等等。介绍完之后同样是孩子们提问，孩子们提问后，老师也问了两个问题，校长也问题了一个问题，可惜我和翻译没听清。

结束后，孩子们快乐地回学校。

校长告诉我们：这样的课，每学期都有几次，大约一节课时间（1 小时左右）。基本上一年走完班上所有孩子的家。一方面是让孩子们更多地了解彼此的家，促进同学之间的相互了解，另一方面，也可以培养孩子表达、演讲的能力。我则认为：除此之外，孩子们在课程中锻炼了身体，懂得生活中可以学到很多知识。

这是一门很好的户外实践课程。孩子们在课程中可以获得多方面的知识与能力，得到多方面的发展。这样的课程很好地落实了"生活即教育"的理念，值得我们借鉴。

【补记】

3 月 10 日，我们再一次体会 Hawthordene Primary School "生活即教育"的理念。今天的茶歇（澳洲学校每天上午都有约 20 分钟的茶歇时间，平时的茶歇是孩子们自己带水果、便当之类的食物），孩子们不用带食物，而是带澳币购买食物。因为今天的茶歇是一次义卖活动，家长做好各式蛋糕、饮品之类拿到学校操场，孩子们象征性地购买。

看到以上场面，联系澳洲的课堂，实在觉得澳洲的孩子真正幸福！难怪他们脸上总洋溢着快乐、自信的笑容。

图 87

澳大利亚 NAPLANP 评估项目及对我国基础教育质量监测的启示

NAPLAN 是澳大利亚中小学生读写与数学能力评估项目 National Assessment Program:Literacy and Numeracyd 的简称。此项目 2008 年起在其 6 个州和 2 个领地全面实施。本文对该项目的实施背景、具体操作、测试特点及发展趋势进行介绍的同时，阐述其对我国基础教育质量评估的启示。

一、NAPLAN 项目介绍

（一）实施背景

澳大利亚是一个联邦国家，各州（领地）政府对课程的设计、实施、评价拥有自主权。所以，长久以来，联邦政府一直难以了解整个国家的教育质量状况。直到 1999 年，澳大利亚国家教育部发布《阿德莱德宣言》，针对以上情况制定了"国家评估计划"（National Assessment Program，简称 NAP），用以收集、分析和报告学生在英语、数学、科学、ICT 及政治与公民素养方面的可比性成绩数据。在《阿德莱德宣言》之后，澳大利亚国家评估始于 2003 年。2008 年，国家教育部在对《阿德莱德宣言》进行补充和修订的基础上，颁布了《墨尔本宣言》，共制定了八项行动，其中与教育评估相关的是"创立世界级的课程与评估"。于是，自 2008 年 5 月开始，NAPLAN 评估项目在全国范围内正式实施。这项评估旨在了解全国各地学生的学业成绩，提高学生学业成就跨州、跨地区的可比性，并将这些评估结果用于未来的政策制定、资源分配、课程规划以及必要时的干预计划，以促进澳大利亚国家课程标准的统一，提升教育体制的透明度，促进学生的发展。

（二）具体实施

①测试年级：三、五、七、九年级。

②测试领域：阅读、写作、语言（拼写、语法与标点）、数学（数与代数、图形与几何、统计与概率）。

③测试时间：每年 5 月的第二个整周。

④测试方式：2017 年前为纸质测试；2017 年开始采用纸质和在线两种测试方式。

（三）项目特点

1. 独立、专业的评估机构

NAPLAN 项目由澳大利亚教育部领导，澳大利亚教育、就业、训练及青少年事务部（Ministerial Council for Education,Early Childhood Development and Youth Affair）指导运行，具体负责管理的是澳大利亚课程、评估与报告局（Australian Curriculum,Assessment and Reporting Authority, 简称 ACARA）。ACARA 是国家法定的独立机构，主要处理国家课程改革事宜，其目标是开发高质量、诊断性、形成性的评价工具与策略。

2. 清晰、明确的测试标准

NAPLAN 测试设定了每个领域的"国家水平标准"，分年级描述其具体的标准要求，十分详细、具体。同时，规定了测试年级的能力标准及需达到的最低标准，以数学为例，基础教育阶段数学能力标准共分为 10 级，每个年级分别有 6 个不同层级的水平：三年级为 1—6 级，2 级为国家最低标准；五年级为 3—8 级，4 级为国家最低标准；七年级为 4—9 级，5 级为国家最低标准；九年级为 5—10 级，6 级为国家最低标准。对每个年级最低标准的描述非常具体。如：三年级数学的最低标准，分别从"数""空间""代数、函数与模型""测量、可能性与数据"及"数学应用"五方面具体描述，每一方面分若干小项。其中，"数"中的"分数与小数"最低标准描述如下："认识二分之一，并在熟悉的情况下识别出四分之一。在货币背景下解释小数。例如：认出一半，找到一半的离散量或数量；找到对称物体的一半；在货币背景下解释美元和美分的关键小数。"

3．基础性与应用性相结合的评估内容

从确定最低标准可以看出，NAPLAN 测试是一项基础性测试。同时，测试试题都要求有实际背景，体现应用性。例如：2016 年五年级测试卷共 40 题，其中 36 道题有实际背景。七年级测试卷共 32 题，其中 30 道题有实际背景。

4．详细、易读的评估报告

NAPLAN 测试对每年的测试结果分别发布国家报告、州报告、学校报告及学生个人报告。报告主要采用箱式图、箱线图、折线图、条形图及二维统计表等大众较为熟悉的统计图表直观地呈现评估结果。报告的内容十分详细，分别从各个角度对不同年级、不同领域进行详细分析，如：性别、种族、语言背景、父母职业及其受教育水平、所处地理位置等。其中，国家报告、州报告向公众开放，学校报告只针对学校开放，学生个人报告只针对学生个体及家长、任课教师开放。个人报告中，提供了学生在所测领域中达到的水平，并将其与"国家最低标准"进行详细的比较，并附有"家长手册"，为学生、家长及教师促进改进提供针对性参考。除以上报告外，每年还附有一份技术报告，用以说明每年的评估试题设计、测试数据收集、处理、分析的方法等方面的信息，帮助公众更好地了解评估的实施流程及科学性。

同时，为让读者进一步了解报告中的相关信息，报告中提供了丰富的链接，阅读者可以根据链接随时查阅相关信息。

（四）发展趋势——在线测试与定制测试

2008 年至 2016 年，NAPLAN 测试一直采用纸质测试。2017 年开始，全面实施计算机在线测试（部分无法采用在线测试的地区仍采用纸质测试）。在线测试基础上，NAPLAN 目前正研究"定制测试"。所谓"定制测试"，即针对每个个体量身定制的测试，主要通过在线交付评估实现多级计算机自适应测试。即测试过程中，计算机通过对学生在线提交的解答情况进行评估，根据评估情况（学生能力水平）向学生提供下一组测评题，以更好地将测试题与每个学生的成就水平相匹配。其具体设计如下：

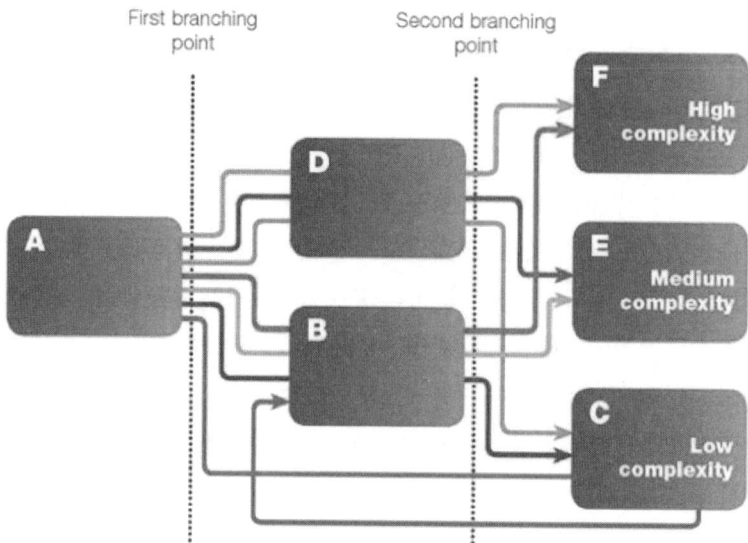

图88

每年级的所有学生都从同一组问题开始（题组 A）。计算机系统自动对学生的答案进行评分，然后学生进入第二个题组。根据学生的成就，第二个题组可能比题组 A 更容易（B）或更难（D）。在第二题组的末尾，学生再次依照成就被引导到第三题组[5]。其优点：一是可以在不增加每个学生测试时间的情况下更准确地衡量学生的表现；二是可以减少学生测试时的焦虑，让低学力学生在测试时不气馁，同时给予高学力学生更具挑战性的问题。

二、对我国基础教育质量评估的启示

目前，我国基础教育质量评估总体可以分为两大类别：一类是教育部基础教育质量监测中心实施的"全国基础教育质量监测"。2007年，国家教育部在北京师范大学成立"教育部基础教育质量监测中心"，尝试实施全国范围内的基础教育质量监测，先后经过近 8 年的试测，2015 年开始正式实施。三年一轮，分别监测数学、体育、语文、艺术、科学、品德六个学科。监测采用抽样方式，样本覆盖全国各省。目前，已完成 2015 年数学与体育，2016 年语文和艺术四个学科的监测工作，2017 年 5 月实施科学和品德的监测。这项测试可以说是我国基础教育质量评估的国测，权威性可想而知。但由于其为省级层面的抽样，评估报告也只针对国家和各省。目前并没有被广大一线教师和教育工作者所了解和认识。其原因一是各省并不是全部地市（区、县）参与测试，被抽到的地市（区、县）所抽到的样本校和学生数也非常有限；二是监测结果迟迟未发布，其影响力并未关系到大多数地方教育部门、学校、教师及学生个体，更没有引起大众的关注。相反，另一类测试则是广为人知，深入人心。那就是地方教育部门以及学校组织的各类大小考试。大到中考，小到每学期的期中、期末考，每个月的月考，每周的周测等，因为就目前而言，这类测试的成绩关系到每个孩子、每所学校、每个家庭。基于我国目前基础教育质量评估的现状，与澳大利亚 NAPLANP 评估项目比较，个人以为：以下几方面值得学习和借鉴。

1. 制定明确、详细的评价标准

目前，我国基础教育质量监测以国家颁布的各科课程标准为依据。课程标准与澳大利亚的能力标准相比较，描述显得笼统，不够具体明确。NAPLAN 测试对每个领域、每个年级的测试标准都有详细、具体的描述，特别是对于各年级应达到的最低标准的描述尤为具体。例如：七年级数学"数"领域中的最低能力标准为"利用多种方法对整数与常见分数进行识别、表示、比较和排序；能够使用或不使用计算器进行加、减、乘、除四则运算；可以解决涉及简单的比和比例的常见问题；可以使用策略形成合理的估计"，并分别从"有理数""计算""数的运用"三个方面进一步做具体阐述。又如：对于七年级数学应达到的4—9级的能力标准，同样有具体的描述并附有详细的案例。明确、具体的评价标准，有利于教师、学生及家长了解每个年级应达到的能力要求，有利于平时教学和学习，也有利于评估后的比较与分析，从而真正实现评价诊断、激励和改进作用。

此外，NAPLAN 项目在其网站上有样题，并且每年的测试题施测后即全部公开。而我国基础教育质量监测从 2007 年成立至今，在全国范围内多次试测、监测，评价标准、试题、样题至今未发布，对评估促进教学这一功能尚未发挥应有的作用。

2. 提供及时、具体的评估报告

由上述介绍可以知道：NAPLAN 测试针对不同的读者群提供不同的评估报告。既有公开发布的结果报告，以增加公众的参与度与监督权；又有针对学校及学生个体的隐私性报告，保护学校和学生的隐私权，降低评估测试结果的负面影响。目前，我国基础教育质量监测项目已在全国范围内实施。但测试报告迟迟未发布，在"教育部基础教育质量监测中心"网站上，"监测结果"一栏暂无任何文章。另一方面，我国各地及学校组织的大大小小的考试，学校、教师和学生所能拿到的只是各科成绩汇总表，除了分数和排名，没有其他任何内容。不提供全面、科学、客观的测试报告，以及教育行政部门对测试成绩数据的不合理使用，导致"考试"成为大家共同诟病的话题。这种评估（考试），只会让学生成为考试的机器，对学生学习改进、对教师教学改进、对教育政策制定都无法提供全面支持和帮助。

3. 建立科学使用成绩数据的评估观

其实，考试本没有错，关键是对考试结果的使用。目前，大家对成绩排名的非议主要来自于排名的作用，排名变成了甄别和选拔的唯一依据，影响到学生、教师、学校的各方面发展。成绩成了评估学生、教师、学校的重要标准。所以大家对其深有"恐惧"。成绩结果如果仅用于了解情况、促进改进，为政府、学校教育决策提供依据，为教师教学改进提供参考，促进学校与学生的发展，促进教育的优质和公平，也许大家不会再有非议。NAPLAN测试每年公布成绩数据，但我们了解到：它不成为学校评价教师的依据，也不成为地区教育部门评估学校质量的指标。它主要用于教育部门掌握全国教育状况，制定有针对性的政策和措施，促进教育的公平和优质；也用于学校及家长了解学生的学习情况，及时提供有针对性的帮助和指导。因此，我国基础教育质量监测也应减少甄别和选拔功能，应引导各级政府、教育主管部门建立科学使用成绩数据的评估观，更好地发挥成绩数据的诊断、反馈和促进改进与发展的功能。

参考文献：

[1]National Assessment Program. http://www.nap.edu.au/about/why-nap.

[2][3] National Assessment Program.http://www.nap.edu.au/about.

[4][6]National Assessment Program:Home NAPLAN Numeracy Minimum standards.http://www.nap.edu.au/naplan/numeracy/minimum-standards#year7.

[5] National Assessment Program: Home NAPLAN Online Research and development Tailored tests.http://www.nap.edu.au/online-assessment/research-and-development/tailored-tests.

[7] 教育部基础教育质量监测中心. http://www.eachina.org.cn/eac/jcjg/index.htm.